让我们
一起追寻

卡特 贝京 与 萨达特 在 戴维营

九月的十三天

THIRTEEN DAYS IN SEPTEMBER

Carter, Begin, and Sadat at Camp David

Lawrence Wright

〔美〕劳伦斯·莱特 / 著

邓海平 / 译

社会科学文献出版社
SOCIAL SCIENCES ACADEMIC PRESS (CHINA)

本书获誉

技艺高超……精彩绝伦……莱特提醒我们，卡特组织戴维营峰会需要多么大的政治勇气。非常优秀的作品……在对会谈细致入微的描述中，莱特穿插讲述了自摩西出埃及以来的埃以关系简史。更为重要的是莱特对萨达特、贝京和卡特的独特理解，理解他们不仅仅是政治领袖，也是圣地上三个争斗不休的宗教传统各自的代表性人物。

——《纽约时报书评》

对一个重大事件的富有启发的阐述……引人入胜，发人深省。

——《波士顿环球报》

在描述三个主要参与者的个性和动机的过程中，莱特先生展示了他对中东地区的敏锐理解，同时也展示了他精妙的写作技巧。

——《经济学人》

引人入胜……悬念迭出……爱不释手。

——《芝加哥论坛报》

富有引人入胜的人物和历史细节。

——《基督教科学箴言报》

出色而又深刻的学术作品……清晰地阐明了依旧困扰中东的有关问题……莱特高超地把握住了这场三方角力的政治棋局的每一步。

——《娱乐周刊》

格外均衡，可读性高，而且保持了恰当的清醒。

——《洛杉矶时报》

对最终达成了戴维营协议的有关谈判进行了精彩绝伦而又悬念迭出的描述。

——《明尼阿波利斯星坛报》

这是一个外交成就的记录……本书的核心是在 1978 年的 13 天中，每天甚至每个小时都在发生的战术、姿态、立场的改变。

——《平原商报》

精巧把握住了一个独特的历史时刻……对塑造了那次历史性会谈的紧张谈判逐日进行叙述……是莱特的又一次成功。

——《科克斯书评》（星级）

研究细致入微……非常权威而且引人入胜。

——《出版人周刊》

献给安·克罗斯

安瓦尔·萨达特、吉米·卡特和梅纳赫姆·贝京
在山杨屋的门廊上

* 感谢杰拉德·拉夫逊先生授权本书使用其个人收藏的照片。

目　录

地　图

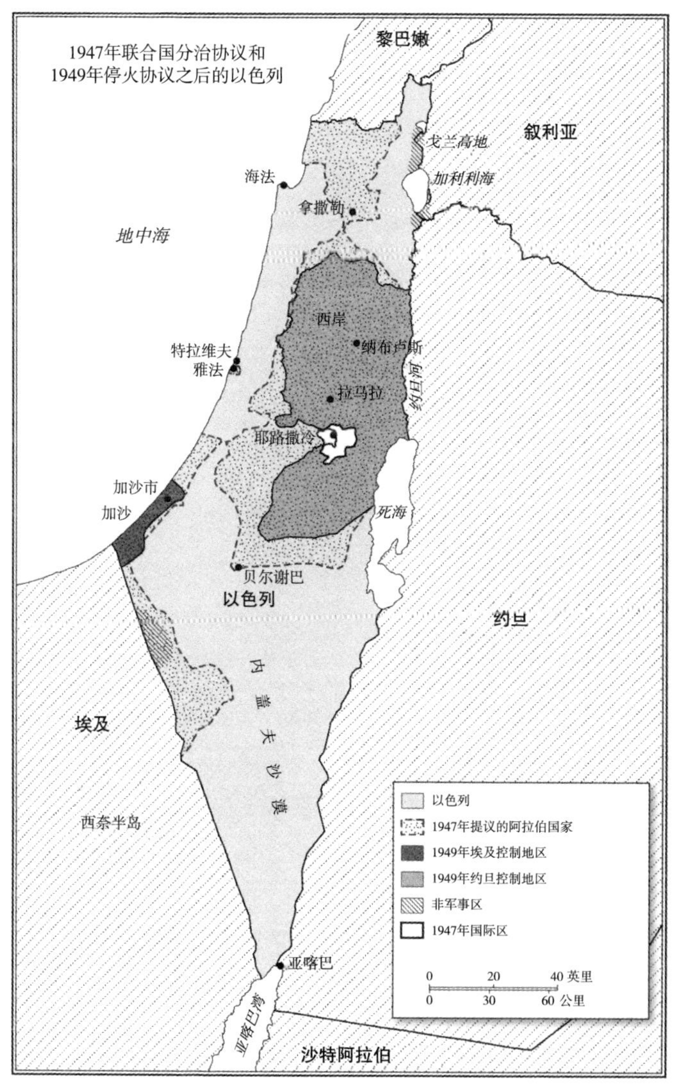

1947年联合国分治协议和
1949年停火协议之后的以色列
黎巴嫩
叙利亚
戈兰高地
加利利海
海法
拿撒勒
地中海
西岸
纳布卢斯
特拉维夫
雅法
约旦河
拉马拉
耶路撒冷
加沙市
加沙
死海
贝尔谢巴
以色列
约旦
埃及
内盖夫沙漠
西奈半岛
以色列
1947年提议的阿拉伯国家
1949年埃及控制地区
1949年约旦控制地区
非军事区
1947年国际区
0　20　40 英里
0　30　60 公里
亚喀巴
亚喀巴湾
沙特阿拉伯

图一

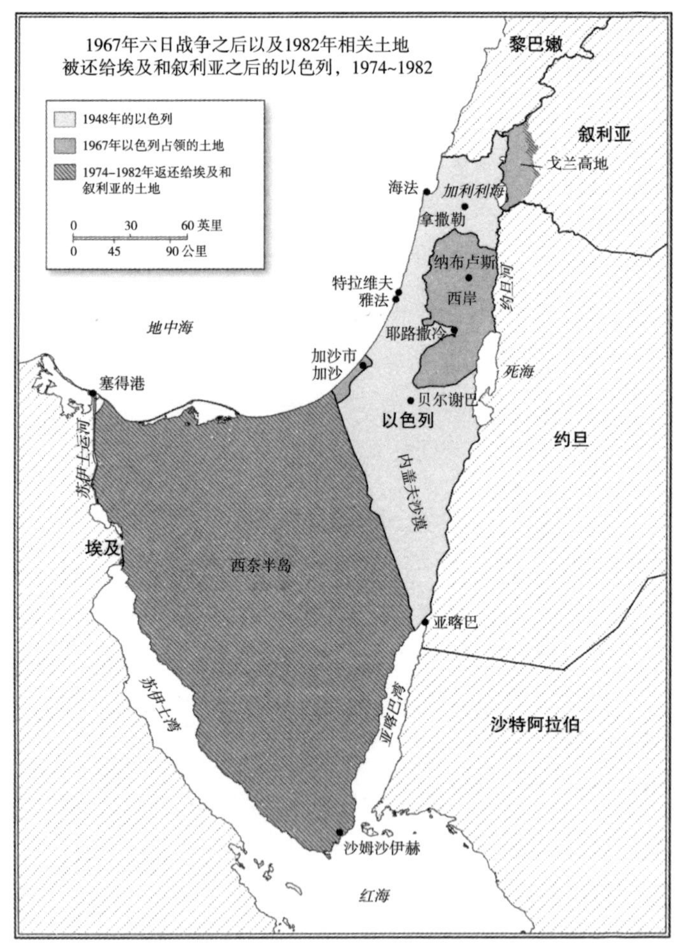
1967年六日战争之后以及1982年相关土地
被还给埃及和叙利亚之后的以色列，1974~1982
1948年的以色列
1967年以色列占领的土地
1974–1982年返还给埃及和叙利亚的土地
0 30 60 英里
0 45 90 公里
黎巴嫩
叙利亚
戈兰高地
海法
加利利海
拿撒勒
纳布卢斯
西岸
约旦河
特拉维夫
雅法
地中海
耶路撒冷
加沙市
加沙
死海
塞得港
贝尔谢巴
以色列
约旦
苏伊士运河
内盖夫沙漠
埃及
西奈半岛
亚喀巴
苏伊士湾
亚喀巴湾
沙特阿拉伯
沙姆沙伊赫
红海

图二

作者的话

1978 年秋天，三个人，代表三个不同宗教的人，在总统 xiii
度假地戴维营举行了十三天的会谈，为的是解决一项很大程度上由宗教导致的争议。建立在古老经典和传说上的信念，造成了当代历史上最为棘手的冲突，这种冲突让中东地区不断地陷入流血冲突，让当时的超级大国面临核战争的险境，让整个地区难民如潮水涌动，并催生了恐怖主义运动，这种恐怖主义运动给全世界带来混乱，让全世界的人心碎。三个各有缺陷的人，他们坚忍不拔，但同样也囿于各自的信仰，这本书记录了他们是如何实现部分的、不完整的和平。这是二十世纪外交历史上最重大的胜利，至今尚无任何其他事件可以与之比肩。

埃及和以色列的领袖出席戴维营会谈之前，两个国家在过去的三十年中进行了四场战争，或者说五场，如果把 1969 年到 1970 年发生在两国之间所谓的“消耗之战”（War of Attrition）也算在内的话。这种战争冲突是以色列生存斗争的一部分，却逐步演化为一场地区拉锯战（主要在西奈半岛），以及巴勒斯坦人回到他们祖居地的权利的问题。尽管以色列和邻国之间的冲突持续存在，但戴维营协议使得对以色列的未来构成唯一真正军事威胁的阿拉伯敌人，不再与以色列作对。然而，这份协议所设想的以色列和巴勒斯坦之间的和平从未完整实现过，这正是这个地区持续处在混乱之中的原因。

读者朋友将会注意到，这本书由三个层次的故事组成。为 xiv
期十三天的戴维营峰会是本书的主干。在这之下的，实际是参加戴维营峰会那些卓越人物眼中的当代中东历史——在很大程度上，正是这些人造就了这一历史。最底层的，则是犹太律法（Torah）、《圣经》和《古兰经》所体现的宗教信仰。在戴维营实现和平的努力，是当代生活中宗教持续发挥着作用的证明：宗教不仅可以塑造历史，也使得人们难以抛弃那些不断把社会带入冲突的神话观念。

战争很少实现那些参与战争的人原来希望实现的目标，实际上，一场胜利往往意味着后续会有一场失败。中东地区，自古至今，实际上就是一个发人深省的例证，证明战争无法造就持久和公正的和平。从来就没有所谓的结束流血冲突的最佳时机或最佳人选，而且，与战争天赋不同，缔造和平的天赋往往极为罕见。本书的目标是告诉人们这一艰苦卓绝的努力是如何由那些崇尚武力的人们完成的，尽管他们受限于各自的经历、国内政治争斗以及个人信仰。戴维营告诉我们为实现和平需要做出何种妥协，也告诉我们政治领袖们需要怎样的勇气和牺牲——这些领袖们所面临的最大挑战是超越他们自己的局限。

前　言

一天深夜，在大提顿国家公园，杰克逊湖边一个古朴的房 2
屋中，吉米·卡特总统正在休假，他抽空翻开了中央情报局为他编制的一本厚厚的情报档案。前一天，1978 年 8 月 29 日，他过得非常愉快，他在斯内克河上钓鱼，骑马漫步公园，还和女儿艾米一起采摘了黑果，并做成了餐后甜点。这是他从华盛顿的嘈杂以及日益不受欢迎的总统任期中的一次短暂逃离。这本档案中有两位政治领袖的个人档案，一位是埃及总统安瓦尔·萨达特（Anwar Sadat），另一位是以色列总理梅纳赫姆·贝京（Menachem Begin），这两个人不久之后就要飞赴美国，希望在中东缔造看起来不大可能实现的和平。这个历史性博弈的成功或失败，取决于卡特与这两个人之间以及这两个人之间如何互动。

卡特总统是在外交政策上没有什么经验的情况下就任总统的。他在南方乡间长大，只担任了一届佐治亚州州长。在戴通纳赛车比赛场坐在一个阿拉伯人边上之前，他从来没有见过阿拉伯人。孩童时代他唯一知道的犹太人是路易斯·布朗斯坦，此人是查塔努加市的一个保险推销员，也是卡特的姑父。姑父路易喜欢职业摔跤，他能够用一只手做引体向上，这让年轻的卡特觉得非常惊奇。离卡特老家平原市（Plains）不远的佐治亚州阿梅里克斯市（Americus），有几个犹太商人，卡特经常认为他们是“高贵的”人，[1] 这部分是因为他读到的《圣经》的缘故，因为《圣经》告诉他，犹太人是上帝的选民。直到后来成

4 为佐治亚州的州长并移居亚特兰大，他才逐步了解到，在南部城市地区，有一种隐隐的、根深蒂固的反犹主义，在这种反犹主义的影响下，犹太人根本进不了乡村俱乐部和政府机关。

1973 年，他担任州长的时候，卡特和妻子罗莎琳，到圣地做了一次朝圣。时任以色列总理的果尔达·梅厄（Golda Meir）借给他们一辆梅赛德斯旅行车并配了一名司机，他们借此机会穿越了这个面积不到佐治亚州八分之一的迷你国家。罗莎琳为圣地被商业化而伤感，[2] 卡特则告诉妻子，这正和当年基督在圣殿掀翻那些钱商的桌子的情景一模一样。他们来到以色列占领的西岸，在那里，他们得到特别的准许，在基督受洗的约旦河中洗濯自己的身体。这条河比佐治亚南部的那种小溪大不了多少，但它正好与卡特的想象契合。从孩提时代起他就研读《圣经》，[3] 他对古巴勒斯坦的地理比对美国地理更为熟悉。他可以在自己的想象中，在基督出生前的两千年，追随亚伯拉罕的脚步，从美索不达米亚平原的吾珥市，来到干枯而又岩石丛生的迦南地带。漫步于基督曾经走过的道路，在空空如也的神龛中驻足，走在约旦河中，这一切让卡特总统充满敬畏，一种神圣的使命感充满全身。

很少人知道他正秘密地计划竞选总统。实际上，在佐治亚州之外也很少人听说过他。但熟悉以色列和这个国家的问题，对于任何一个有抱负的全国性政治家来说，都是至关重要的。卡特访问了 1967 年六日战争以来以色列占领地区的多个定居点。以色列那个时候还沉浸在自己对四个阿拉伯国家取得闪电般的胜利的喜悦之中，这种胜利使得它完全控制了叙利亚的戈兰高地，埃及的整个西奈半岛、加沙地带、约旦西岸，以及最重要的——耶路撒冷古城。战争结束后通过的联合国第 242 号决议，规定了结束冲突的行动指南，包括结束交战状态，承认该地区国家的主权地位，尊重当地居民不受武力威胁地居住在安全的、获得认可的边界内的权利。这份决议还要求以色列从其在战争中占领的土地上撤出，但以色列的领导层对于撤出其占领的 28000 平方英里的土地根本不上心，这些土地让整个国 5
家变成原来的三倍大。如何处理在该地区居住的 150 万名阿拉伯人，这一问题很少被考虑，尽管他们对这个犹太国家构成了一个潜在的、致命的人口威胁。当时，以色列只有 238.5 万名犹太人，10 万名基督徒，以及没有逃亡到其他地方的 29 万名阿拉伯穆斯林。[4]

梅纳赫姆·贝京当时是新组成的少数派联盟利库德（Likud）的首脑，他特别强烈地主张应该极力保留战争的成果，特别是西岸地区，他用《圣经》上的名字来称呼西岸地区：朱迪亚和撒玛利亚。贝京所设想的是一个广袤的以色列国家，他甚至不承认约旦王国的存在。他认为应该征服约旦，[5] 使约旦成为一个纯粹的犹太国家的一部分，他从来没有完全放弃过这个梦想。许多以色列人认为他是一个怪人，一个法西斯主义者，[6] 甚至是不光彩的地下恐怖主义活动令人尴尬的遗孽，玷污了这个国家为了争取独立而进行的光荣斗争。“贝京是一个典型的希特勒主义者，”[7] 以色列令人尊敬的创立者以及第一任总理大卫·本－古里安（David Ben-Gulion）这样描述自己政治生涯的终身对手，“为了占领整个以色列地区，他可以杀害所有阿拉伯人。”著名的美籍犹太人，包括汉娜·阿伦特和阿尔伯特·爱因斯坦，都认为贝京是一个恐怖主义头目。“老师们都因为反对他们而受到责打，成年人则因为不愿意让自己的孩子们成为他们的同伙而被射杀，”[8] 他们在 1948 年这样写信给《纽约时报》，当时是贝京第一次到美国访问："通过暴徒式的手段、殴打、砸碎窗玻璃以及广泛的抢劫，恐怖主义者震慑普通民众，并收取高额的进贡。"

当时作为州长的卡特访问了圣地，而贝京还处于以色列政治的边缘，很少有人能够在那个时候想到，四年之后，他们这两个门外汉居然都开始领导各自的国家。

卡特所亲历的以色列，充满希望、繁荣，踌躇满志得有些令人意外。唯一穿着制服的是交通警察。来自西岸的阿拉伯人自由地进入以色列地区，[9] 而大批犹太游客以及自由的投资环境，提高了巴勒斯坦人的生活水平，比他们在约旦统治之下的生活
6 状况好多了。然而，还存在一些令人不安的迹象。卡特估计，当时西岸和加沙地带大约有 1500 名犹太定居者，[10] 他明显感觉他们对于那里的和平构成了重大威胁。他和罗莎琳在加利利海边上的一个犹太教堂做礼拜，并对那里只有另外两个人一起做礼拜感到震惊。当他们把旅行车还给果尔达·梅厄的时候，梅厄问他们是否看到什么令他们不安的东西。卡特知道，就像曾身处那个职位的所有前任一样，梅厄是一个世俗的犹太人，所以他在提到自己在犹太教堂的经历，以及他发现整个国民对宗教缺乏热情时，还有一丝犹豫。他指出，《圣经》上说，一旦犹太人背离上帝，他们在政治上和军事上都会遭受挫败。梅厄冲着他笑了。看看这个佐治亚州州长！但正是在那个秋天，安瓦尔·萨达特派遣埃及军队通过了苏伊士运河，打了以色列一个措手不及，让这个国家从不可战胜的幻梦中惊醒过来。梅厄在第二年春天被迫辞职。同时，卡特夫妇回到了美国，竭尽所能地做一些可以帮到以色列的事情。卡特州长开始以"老朋友"来称呼梅厄，尽管当时他们只见过一面。[11]

在白宫就职后不久，卡特就开始聚焦中东地区。对于他在就职第一天就宣布中东和平是他最优先的事务之一，副总统沃尔特·蒙代尔（Walter Mondale）感到震惊，[12]这看起来非常天真。一任又一任的美国总统不断尝试，付出了巨大的政治成本，但都鲜有成效。曾经长时间在理查德·尼克松和杰拉德·福特总统手下工作、努力想化解中东好战气氛的前国务卿亨利·基辛格，则警告卡特说，美国总统不应该介入那种结果无法确定的谈判之中。[13]卡特身边最亲近的顾问也告诉他应该等等，等到第二个任期再来用他那脆弱的政治资本冒冒险。[14]就任总统满一个月时，他在美国人民中的满意度达到了75%的高位，但之后就不断下降。然而，对于卡特来说，这不仅仅是一个政治决定。他相信，上帝希望他带来和平，他应该可以发现一条通往和平的道路。

他之前的竞选经理汉密尔顿·乔丹（Hamilton Jordan），
在写给他的一个备忘录中，概要地说明了这个政治探险的危险 7
性。这个备忘录非常敏感，因此，汉密尔顿亲自打字，而且只在白宫保险柜中保留了一份副本。[15]乔丹解释说，犹太人在美国政治生活中的存在感相对比较高。“犹太人大力支持民主党及其候选人的传统，从第二代和第三代移民美国的犹太人就开始确立了，后来又被威尔逊和罗斯福的政策强化了。”[16]他这样写道，“哈里·杜鲁门总统在以色列建国中的作用又进一步巩固了这种联系”。尽管犹太人仅仅占美国人口的百分之三，但他们的投票几乎占到了百分之五。在大部分选举中，犹太人的投票率达到了90%。例如，在纽约州，犹太人和黑人在总人口中所占比例几乎一样，但在卡特竞选总统这一年，只有35%的黑人参加投票，而犹太人的投票率则达到了85%。“您获得了94%的黑人选票和75%的犹太人选票，”他继续写道，“这意味着您在选举中每获得一张黑人选票，就获得了两张犹太选票。”乔丹指出，民主党的大额捐款人中超过60%是犹太人。犹太人还有一个“强大而又偏执的游说团体”，即美以公共关系委员会（AIPAC），这个机构代表的是以色列政府的态度和目标，而且稳稳地控制着美国参议院的多数选票。卡特是从南方来的无名小卒，至少对于犹太人来说是如此。他公开发表声明，以色列应该有安全且获得认可的边界，同时巴勒斯坦人也需要建立家园，而这种东西通常应该是在幕后谈论的，这使得乔丹担心犹太人可能已经开始采取反对卡特的立场。“我相信您熟悉基辛格在1975年春天的经历。当时犹太游说团体发布了一份由有76名参议员署名的信函，这份信函重申了美国对以色列的支持，从而完全打碎了福特和基辛格要推行一个全新的、全面的美国和平计划的希望。”这份备忘录的大意是，如果卡特总统想向以色列施加压力，那么犹太人必定会成为他强大的敌人；而他如果希望达成和平协议，又不得不向以色列施加压力，作为卡特的首要政治顾问，乔丹告诉他这将是一个毫无胜算的局面。这是一个矛盾：对于以色列而言，没有
8 比和平还重大的礼物，但对于一个美国政治家而言，又没有什么比实现这种和平更危险的了。

卡特立即着手的计划是恢复中东问题在日内瓦会议上的谈判。日内瓦会议在1973年举行了一次，当时是在联合国、美国和苏联的主导下进行的。之后就休会了并慢慢地消失于各方无实际效用的好意之中。就任总统的第一年，卡特开始与最重要的阿拉伯国家领导人会面，这是一个令人沮丧的活动，充斥着各自过于激烈的外交辞令和不切实际的要求。那个时候正好

安瓦尔·萨达特来白宫访问，卡特立刻就被他吸引了。与其他阿拉伯国家领导人比起来，萨达特是“一束闪亮的光芒”，“果敢异常”。[17]最终，卡特相信，他找到了一个缔造和平的伙伴。卡特总统有一种夸大他与别人之间亲近关系的强烈倾向。这或许是因为要向其他人掩盖自己高度自制、性情孤冷、不希望别人太接近他这一实情。不过，卡特的助理这次发现这两个人还真是惺惺相惜。在第一次会面之后不久，卡特已经开始称呼这位埃及的政治独裁者“我最亲爱的朋友”了，[18]这在国家首脑之间是很罕见的。

卡特还会见了以色列总理伊扎克·拉宾（Yitzhak Rabin）。他发现拉宾爱争论，而且对于和平的前景持悲观态度。“就好像对一条死鱼说话”，他回忆道。[19]不久之后，拉宾就因为财政丑闻而被从总理职位上赶了下来。梅纳赫姆·贝京在这次以色列历史上最奇怪的政治起义中被选为总理。

卡特对以色列这位新领导一无所知，中央情报局也是一头雾水。卡特非常吃惊地看到贝京在一档美国新闻节目中宣布过去十几年和平谈判的基础——联合国第 242 号决议——作废。当有任何人问到以色列在六日战争中“占领”的土地时，他都会纠正说这些土地不是被“占领”的，而是被“解放”了。他还说他计划让犹太人在西岸成为多数。当有人问他，这种主张不是正好与卡特总统众所周知的和平解决以巴争议的观点冲突吗？贝京则回答道：“卡特总统对《圣经》了然于心，因此他知道这这片土地应该属于谁。”[20]

卡特总统正在怀俄明州阅读档案，[21]起因是他几周之前与 9
中央情报局的一次会面。他指示分析人员回答几个有关贝京和萨达特的问题：

是什么让他们成为国家领袖？他们的主张的最初根源在哪里？

他们的目标是什么？

之前有哪些事件塑造了他们的性格？

他们的宗教信仰是什么？他们在信仰上是否虔诚？

谁对于他们来说是重要的？他们的家庭关系如何？

他们的健康状况如何？

他们做出了什么样的承诺，揽下了什么样的责任？

他们在压力下是如何反应的？

他们的优点和弱点有哪些？

他们对美国和卡特个人的态度是什么？

他们如何看待彼此？

他们信赖谁，特别是在他们各自的党派内？

结果发现贝京和萨达特是完全对立的两个人。[22]萨达特是一个梦想家，他大胆，只要认为对实现自己的总体目标有利，就愿意保持灵活的态度。他认为自己是一个伟大的战略思想家，注定是划过历史天空的一颗耀眼的彗星。中央情报局注意到他特别喜欢抛头露面，[23]认为他有著名电视人芭芭拉·沃尔特那样的“芭芭拉·沃尔特综合征”。不过，在提交给卡特总统的档案中，这已经升级为“诺贝尔奖情结”了。贝京则完全相反，他是一个神秘、保守的人，对任何重大改变都保持警觉。对于贝京而言，历史就是一个充满悲剧的盒子，只要人们打开它，就会后悔不迭。当处在压力之下时，萨达特就会开始讨论一般性的问题，贝京则会揪住细节不放。冲突和误解是注定要发生的。制作这份档案的部分分析人员，对是否应该让这两个在性格上完全对立的人物待在一个房间中，有些迟疑。这两个人唯一的、令人不安的共性是，他们的手上都沾满鲜血。他们都曾长时间坐牢和逃亡，对于搞阴谋是一等一的高手。[24] 10
卡特以前从来不认识这样的人。

然而，卡特认为他从直觉上了解萨达特，尽管他们来自两个相距遥远的文化。两人之间的部分联结在于他们都曾是农民。在孩提时代，卡特就在佐治亚南部的红土地上牵驴犁地，闻到过他脚趾间新翻出的泥土带来的新鲜潮湿的气息。他心有所动，觉得在二十世纪上半叶深南部地区*的农场上，基督和摩西都应该会怡然自得。[25]在地球另一端的埃及，与佐治亚平原市纬度相同的地方，有一个泥土屋村庄名叫米特·阿布尔·昆姆（Mit Abul Kum），萨达特在那里度过了自己的早年时光。在尼罗河三角洲冲积平原的黑土地上，农民们用阿基米德螺旋抽水机浇灌自己的田地。据说这种抽水机是这个古希腊圣人在公元前三世纪来到埃及时发明的。埃及法老墓上农村生活场景的绘图和三千年后的情景一样。

一成不变是这种农村孩童时代生活的基本特征：一种被束缚的感觉，既被保护又被拘束。然而，即便在孩童时代，这个来自尼罗河三角洲的黑皮肤小农民，已经感到自己在埃及历史上会发挥独特的作用。一次，当他与其他一些孩子在一个灌溉渠边上玩耍的时候，孩子们跳入了灌溉渠中，萨达特也跟着跳了进去。那个时候，他才想起来自己不会游泳。他想：“如果我淹死了，埃及就失去了安瓦尔·萨达特！”[26]

---

* 深南部（Deep South），美国南部的文化与地理区域名。与之相对的是上南方（Upper South）。——编者注

尽管他很少谈论自己的种族历史，不过往祖上追溯两代，他们家还是奴隶身份。他的外祖父名叫凯拉拉（Kheirallah），被当作奴隶贩卖进埃及。直到英国占领军要求废除奴隶制，他才获得解放。凯拉拉的女儿，希特·埃尔-巴玲（两岸之女）也是一个非洲黑人。她被选作穆罕默德·埃尔-萨达蒂*的妻子，[27]他当时是英国医疗队的翻译。她穿着传统的黑色服饰，长袖且裙摆一直搭到地面。她是穆罕默德的第六任妻子。前五
11 任妻子都没有给他生孩子。因此他先后和她们离婚了。希特·埃尔-巴玲给他生了三男一女，安瓦尔是第二个孩子。

萨达蒂家族的这种种族渊源是非常有争议的，这在整个埃及都是如此。穆罕默德·埃尔-萨达蒂的母亲，习惯上被称作穆罕默德妈妈，[28]是一个独断专行的人物，正是她安排了和希特·埃尔-巴玲的婚事。对于她为什么这么安排，总有些令人疑惑。因为穆罕默德妈妈是土耳其裔，有白人特征，她蔑视这个黑皮肤的儿媳妇。穆罕默德继承了他母亲的土耳其特征，有蓝眼睛和金色头发。根据伊斯兰法，一个男人可以同时有四个妻子。移居开罗后，穆罕默德又结过两次婚。除了三个妻子和强势的母亲，穆罕默德家越来越大，有十三个孩子。因为她的种族原因，希特·埃尔-巴玲在家中的地位是最低的。她比女佣好不了多少，有时候还在自己的孩子们面前挨丈夫的打。[29]萨达特很少提到她。

他的奶奶，也就是穆罕默德妈妈，这个家庭中最强势的人给萨达特留下了最深刻的印象。“我是多么喜欢她！”[30]他在自

---

* 安瓦尔·萨达特在 1952 年革命之后将家族姓氏后的 y 拿掉，从萨达蒂（Sadaty）改为萨达特（Sadat）。

己的回忆录中这么写道。她是文盲，但她坚持让自己的孩子和孙子获得教育。安瓦尔在夏天经常待在穆罕默德妈妈位于米特·阿布尔－昆姆村的土屋中，她在那里的影响无处不在。从孩童时代起他就想象自己是一个身负使命的人，而这种想象是由他的奶奶给他讲的故事激发的。

他最喜欢的是扎赫兰（Zahran）的传说，这是一个关于殉道的故事。在 1906 年 6 月，安瓦尔出生前几年，一队英国士兵在附近一个叫登沙维（Denshawi）的村庄猎鸽子。结果他们打死了村民驯养的鸽子，这引起村民的愤怒。村里一片混乱。一个士兵不小心开枪了，打伤了一个伊玛目*的妻子。村民们用石头猛烈还击。士兵开枪射击，打伤了五个人。或许是因为子弹打偏，一个筒仓着火了。两名士兵跑回营去寻求支援。其他人则向村民投降了。其中一名逃跑的士兵因酷热中暑死了，尽管他也可能在村民的石头攻击中受了伤。赶来救援的一名士兵误将试图帮助那名濒死士兵的老农当作杀害其战友的凶手而杀死了他。英国占领军决定杀一儆百。五十二名村民被聚集在 12
一起，并被快速审判。大部分都被判鞭刑或者长期徒刑，有四个人被绞死。

这个混乱的悲剧性事件成为英国占领的一个转折点。激发了埃及的民族主义情绪，而且在英国本土也引起强烈愤慨。登沙维成了帝国主义不可避免的副产品的代名词。没有谁比一个名叫扎赫兰的年轻人更能代表登沙维了，他是第一个被判绞刑的。在萨达特奶奶的口述故事中，他是一位黑人母亲和混血父亲的孩子，就和安瓦尔一样。[31]“这个故事详细描绘了扎赫兰

---

* 伊斯兰教里的领拜人，也可理解为伊斯兰法学权威。——译者注

在这场战斗中的勇敢和不屈服，他高昂着头走向了绞刑架，为自己勇敢地站出来抵抗侵略者并杀死了其中一人而感到自豪无比。”萨达特写道。[32]他夜复一夜地听到这个故事，将它深深地印入了脑海。“我经常看见扎赫兰”，他写道，“并日夜想象自己和他一样成为英雄——我希望我就是他。”

在开罗，安瓦尔第一次正面遭遇他们所憎恨的占领者。他回忆说，“一个典型的英国巡警，日夜骑着摩托车就像一个疯子一样急速穿梭在大街小巷。他的皮肤像番茄那样红，眼睛暴突，嘴巴大张，就像一个傻瓜，大大的脑袋上还扣着一顶耷拉到耳朵的大毡帽。每个人都害怕他。我看见他就充满厌恶”。[33]

1931 年，安瓦尔十二岁，圣雄甘地穿越苏伊士运河到伦敦去，展开关于印度前途的谈判。他坐的船在塞得港停留。埃及记者蜂拥而至，围在这位苦行僧一般的领袖身边。《金字塔报》（*Al-Ahram*）的记者注意到，甘地几乎只“穿着一块仅值五个比索的布，戴着一副只值三个比索的线框眼镜，穿着一双只值两个比索的夹脚趾拖鞋。这十个比索的装束告诉英国人无数东西”。[34]这个贫穷的黑皮肤的人居然把整个英帝国搞得颠倒
13 错乱，这给年轻的安瓦尔留下了深刻的印象。“我开始模仿
他，”他写道，“我脱掉了所有的衣服，只在腰间围了一个围裙，我做了一根长棍子，开始在我们开罗家中屋顶的一个隐蔽角落隐居下来。我在那里待了几天，直到父亲劝我放弃。他说，我所做的事情不论是对我自己还是对埃及都没有好处，相反，我肯定会因此得肺炎。”[35]萨达特痴迷于伟大人物的做法看起来有些滑稽，[36]特别是当他模仿甘地坐在一棵树下，假装自己不需要吃东西，或者穿着一个围裙赶着一只山羊的时候。他有意识地给自己“拿来”伟大的个性，尝试实践伟大人物的

特点和观点。吸引他的不仅仅是甘地苦行僧式的形象，还有甘地那种独断的作风，敢于行动，而不是坐而论道、非要达成意见的统一不可。

尽管萨达特憎恨英国人，他却是通过其父亲认识的一位英国医生才得以进入皇家军事学院。他从自己生来卑微的命运中被拯救出来了。皇家军事学院仅向埃及贵族开放，直到1936年英国允许埃及军队扩大之后才不再如此。在这个时期，萨达特涉猎了有关土耳其革命的著作，变得越来越痴迷于凯末尔·阿塔土克——现代土耳其的创建者。萨达特开始把自己认定为一个划时代的伟大人物，他将以钢铁般的意志引领他们所处的社会进入一个新的时代。在这个意义上，他和贝京是非常像的。

矛盾的是，也正是这些品格，让他认同希特勒。“当时，我正在我们村度暑假。希特勒从慕尼黑一路进军到柏林，完全抹掉了德国在一战战败的阴影，并重建了他的国家。”萨达特回忆道。[37]“我把我的朋友们召集起来，告诉他们我们应该追随希特勒的脚步，从米特·阿布尔·昆姆一路进军到开罗去。我十二岁。他们大笑着跑开了。”二十年之后，德国已经成为废墟，六千万人死于战火，一份开罗的杂志请萨达特和其他一些著名的埃及人写一封信给希特勒，假装他还活着。“我亲爱的希特勒，”萨达特写道，

> 我从内心崇拜您。即使您看起来已经被打败，实际上
> 您是胜利者。您成功地让那个糟老头丘吉尔和他的盟友之
> 间产生了裂痕——他们就是撒旦之子……尽管东西两边都
> 有强权，但德国将获得重生……您犯了一些错误……但是 14
> 我们对您的国家充满信心。您应该为自己成为德国不朽的

> 领袖而感到自豪。如果您哪一天突然又在德国出现，或者一个新的希特勒取代了您，我们一点儿也不会感到奇怪。[38]

萨达特是黑人这个事实，可能唤醒了卡特内心想给予他呵护的兄弟般的感情。吉米四岁的时候，他家搬到一个名叫阿尔切里（Archery）的小村庄，这个村在平原市以西两英里。那里有五十五个黑人家庭，他们家是唯一个白人家庭。[39]吉米平时的玩伴就是这些黑人农民的儿子。实际上，他的口音在当时和他们是一样的。吉米和他最好的朋友，阿伦佐·戴维斯，有时候会被允许一起坐火车到附近的阿梅里克斯市去看电影，尽管他们在火车上和电影院都必须分别进入“白人区”和“黑人区”。那个时候，卡特觉得这是这个社会的自然特点从而接
15 受了这种做法，因为白人是地主，黑人是佃农。

吉米·卡特和他的狗，博佐摄，1937 年

从五岁开始吉米就出售他采摘的花生，他把花生煮好并包装好，然后坐车来到平原市城区，将花生卖给那些在车马行前玩西洋棋的残疾的退伍军人和流浪汉。1932年，在大萧条最严重的时期，棉花的价格暴跌到了每磅五美分。当时，吉米已经八岁了，通过卖花生存了足够多的钱，他用这些钱买了五大包棉花，每包二十五美元。几年之后，棉花价格涨到了十八美分，他卖出棉花，买了五间出租屋，按月出租，成了白人房东阶层中的一个孩子房东。大约是那个时候，他的两个黑人朋友为他打开大门，然后往后站了站，以便让他通过。他认为这是他们开的一个玩笑而已。但这个象征性的行为体现了强大的社会变化。“我们这个小团体中持续的领导权斗争已经结束了，但我们个人友谊中珍贵的平等感却消失了，”卡特这样写道，“我们之间再也回不到从前了。”[40]

卡特和萨达特都沉醉于宗教之中。萨达特上了他们村的伊 16
斯兰学校，在那里他作为一个孩子熟记了《古兰经》。结束，他刻意显露出额头上的黑色老茧，这个老茧是由无尽时光中不断虔诚地跪拜祷告带来的。当时，开罗市还远远没有到大家都愿意这样显露自己的宗教热情的地步。卡特自命为“信仰总统”。[41]尽管卡特很少这样宣扬自己，但人们也是这样认为的。他在三岁的时候就开始背诵《圣经》章节，十一岁时，在一次复兴布道会上，他公开了自己的信仰。他在平原市浸礼会教堂受洗。[42]那个教堂的牧师罗耶尔·卡拉维（Royall Callaway）宣称，犹太人将重返巴勒斯坦，并带回基督，真正的基督徒将在极度欢喜中升入天堂。这种宗教观念被称为前千禧年主义。

和萨达特一样，军旅生涯对于吉米·卡特来说也是一种逃避。卡特有一个叔叔在海军，并非常崇拜他。整个童年，卡特的梦想就是进入马里兰州安纳波利斯市的美国海军学院，而这需要国会批准。卡特的父亲不断地游说当地的国会议员，但直到卡特从高中毕业两年之后，那个珍贵的批准才终于到来。卡特十八岁时，就作为海军学校学生，开始在安纳波利斯的主日学校教课，一生中他一直都这么做。即便是在潜艇上，他也会在堆满鱼雷的狭小空间中举行宗教仪式。

卡特的南方背景让在安纳波利斯的同学们对他的种族态度有一些想当然。然而，当海军学院终于招收了一名叫卫斯理·布朗的黑人学员时，卡特却保护他免受无数民权先驱曾遭受过的骚扰和偏见。卡特被称为“黑人之友”,[43]并且如同另一个同学所回忆的那样，大家觉得他“就好像是叛徒一样”。

在 1949 年，卡特在纽约州斯克内克塔迪市（Schenectady）联合学院（Union College）学习了核物理学和反应堆技术。被称为“核海军之父”的海军上将海曼·里科弗（Hyman Rickover）选择他担任“海狼”号的大副，而“海狼”号是当时正在研发的两艘核潜艇之一。里科弗和梅纳赫姆·贝京一样，都是波兰裔犹太人。他的缺乏耐心和他的智慧一样出名。第一次面试的时候，他让卡特谈谈自己感兴趣的任何一个话题。卡特是一个非常勤奋的自学者，但他谈起的每一个话题，
17 不论是当代时事、文学、电子、炮术、战术还是航海术，里科弗都问了一些越来越难的问题，显示出他对这些话题有更高的知识水平。例如，当卡特谈到古典音乐时，里科弗详细分析了卡特提到的自己非常喜欢的音乐作品，比如，瓦格纳的《特里斯坦与伊索尔德》（*Tristan und Isolde*）中的“爱之死”。在整个面试过程中，毫无笑容的里科弗一直盯着卡特的眼睛。他主要是想看看一个申请人在压力之下是如何表现的。最后，卡

特浑身冒汗，羞愧得无地自容。

最后，里科弗问卡特在海军学院时在班上的排名情况。“长官，我在 820 名学员中排名第 59！”卡特自豪地说道。[44]

“你尽了自己最大的努力吗？”里科弗问道。

卡特开始说是的，但之后打住了，并承认自己有时候并没有尽最大努力。

里科弗只是盯着他。之后转动自己的椅子，面试结束了。“为什么不尽最大努力呢？”在离开的时候，他问道。

卡特无法回答。他安静地坐了一会儿，完全被这个直接的问题和有些冷漠的告别弄得不知所措。之后，他站起来，离开了房间。“他会不断地问问题，直到他证明我实际上对于任何事情都一无所知为止。”卡特后来对罗莎琳抱怨说。[45]多年之后，她注意到，在卡特担任州长的时候，当被告知要与里科弗通话的时候，他还是会冒冷汗。[46]

作为里科弗的门生，卡特在军事生涯中可谓平步青云。但在 1953 年，卡特的父亲被诊断出癌症，他只好回家，告别了军队。那个时候他离家已有十一年之久了。他被数百人排队来向躺在病床上的父亲道别的场景深深地触动了。这些送别的人，多年以来，都接受了他默默的帮助。尽管卡特有一个前程远大的稳定工作，但他觉得自己的人生不可能像他父亲在这个小小社区中的人生那样有意义。而且，家里没有其他人可以掌管父亲留下来的农场和花生仓储生意了。吉米的弟弟比利还在
上高中，而收割季节马上就要到了。深思熟虑之后，他对自己 18
说：“上帝不希望我的一生都耗费在杀人的毁灭性武器上。”[47]他从海军退役，回到了平原市。

佐治亚州西南部是三 K 党的地盘。由于他的进步思想，

卡特成了三 K 党的眼中钉。他并不是一个活跃分子，但他是萨姆特县（Sumter County）唯一一个拒绝加入白人公民委员会的白人。[48]白人公民委员会是一个种族隔离组织，主张美国南部保留奴隶制。卡特的生意被抵制。当他在 1966 年第一次竞选州长的时候，他曾指望佐治亚州已经准备好抛弃它种族主义的历史。他败给了莱斯特·马多克斯（Lester Moddox），这个人因为拿着手枪和斧头把黑人赶出他在亚特兰大的酒店而出名。卡特很沮丧。“我难以相信上帝，或者说选民，居然会让这样一个人击败我并成为这个州的州长。”[49]他悲叹道。他败给马多克斯给他一生的信仰带来了一次危机。他的姐姐——一位作家和福音会教徒——鲁思·卡特·斯塔普莱顿，和他谈了一次。她引述了雅各书中的一些经文，这些经文的意思是说应该为失败感到开心，因为失败给人带来智慧。那个时候卡特并没有心情接受她的说教，但他后来说那是一个转折点，是一次“重生”的经历。他再次宣布竞选州长，这次他决定为赢得选举不择手段。

种族问题在佐治亚州依旧是最危险的话题。在 1970 年的竞选中，他将自己刻画为一个民粹主义者和工人阶级之友，以便取悦马多克斯和佐治亚州其他一些野心家所培养出来的选民。许多时候他还表示自己是亚拉巴马州州长乔治·华莱士以及其他著名的种族隔离主义者那样的人物，甚至还借用了华莱士的竞选口号“我们这样的人”[50]，为的是取悦普罗大众中的种族主义者。他甚至还宣布支持莱斯特·马多克斯（他由于不能竞选连任，因此在竞选副州长），说他是“民主党的化身”。卡特在民主党内初选的主要竞争对手之一卡尔·桑德斯有一张照片，这张照片中他站在亚特兰大棒球队鹰队的黑人队

员身边（桑德斯部分拥有这个棒球队），这些队员们正往他头上倒香槟。亚特兰大的记者们说，卡特竞选团队将带有这张照
片的宣传册邮寄到佐治亚州的白人理发店和教堂，甚至还邮寄 19
给三 K 党的同盟。尽管卡特与这些行为没有关系，[51]因为他是佐治亚州南部的花生农场主，人们已经推定他是一个种族主义者和种植园主。“我不是一个大地主，”卡特最后不得不宣布，“我在平原市的农场上也没有奴隶。”[52]

来自佐治亚州萨瓦纳（Savannah）的伊朗裔犹太富翁大卫·拉班，是卡特的一个主要支持者。他拥有一个不那么稳固的商业帝国，从鲇鱼养殖场到疗养院，什么都有。拉班很高也很健壮，剃一个光头，经常穿着蓝色的连衣裤和跑步鞋。他也是一个作家、雕塑家和美食厨师。他还是一个飞行员，在竞选过程中，他驾驶着他那架双引擎的塞斯纳飞机带着卡特在佐治亚州穿梭。他们在空中待在一起的时间非常长，卡特在拉班打盹的时候，学会了驾驶飞机。

拉班是一个自由主义者，在种族问题上更是如此。还是孩子的时候，他就看到了一具被白人谋杀的黑人尸体。成年以后，他与亚特兰大市有影响力的黑人社区中的一些重要人物建立了友谊。他悄无声息地将卡特介绍给了他们，还有州内各地的黑人牧师和葬礼师。这些会面是秘密进行的，这样不会影响卡特获胜的概率。知情的黑人选民知道卡特是一个秘密的进步人士，与此同时白人种族主义者则认为卡特是自己人。

在竞选最后阶段的某一天，他们正从佐治亚海岸边驾着飞机穿越佐治亚州，当时拉班正在闭目休息，卡特驾驶着飞机。他们的飞行高度是八千英尺，这时两个引擎噼里啪啦响了几声之后都失灵了。卡特恐慌了，他用拳头打拉班，但拉班一动不

动。他又使劲打他。“怎么了？”拉班问。[53]

“我们没有油了！”

哦，这样啊，拉班说，那我们就要坠毁了。

拉班让飞机噼里啪啦地响了一会儿，之后他不紧不慢地打开了一个阀门，启动了另一个备用油箱。飞机引擎开始慢慢恢复了动力。

很少人能够和吉米·卡特开这样的玩笑而不被责怪。

在卡特冷静下来之后，他意识到拉班为他做了太多的事情。“竞选活动已经结束了，”他说，“我认为我已经有很大的机会获胜。有什么我可以为您效劳的吗？”

20 “没有。我不需要您作为州长的帮助，”拉班回答道，“我希望您做的事情是，告诉佐治亚人民，种族主义的巨石压迫着我们这个州。”

卡特拿起一份飞行地图。在地图背后他写道：“我和任何人一样熟悉这个州。我很坦白地对您说吧，种族主义完蛋了。”之后他把地图交给拉班。“如果我当选，我会在胜选演说中做出这样的声明。”

“签上您的名字。”拉班要求。

这位佐治亚州州长于 1971 年 1 月 12 日在州长官邸做出的这个声明，让卡特登上了《时代周刊》杂志的封面，并给他后来的总统选举埋下了胜利的种子。

美国的情报界几乎没有注意到安瓦尔·萨达特早期的政治生涯。后来，他又被魅力非凡的埃及革命缔造者迦玛尔·阿卜杜尔·纳赛尔的光辉形象给遮盖了。1970 年纳赛尔因为心脏病去世，副总统萨达特被认为不过就是一个过渡角色，之后会有强人把他踢到一边去。不过，他证明了自己是出人意料的杰出人物。首先，他把那些把持政府主要职位的纳赛尔腐败的追随者都逮捕了，并把他们送入了监狱。1972 年，他驱逐了一万五千人的苏联军队和军事顾问。[54]在那之前，埃及基本上一直是苏联的一个军事基地，是俄罗斯在中东的主要据点。华盛顿对这既兴奋又困惑，这太出人意料了。以色列人相信，没有俄罗斯人的帮助，埃及人根本没有能力发动战争。[55]然而就在第二年，在犹太赎罪日，萨达特派军队渡过了苏伊士运河，打了以色列一个措手不及，并差点儿把超级大国拖入核大战。那个时候，这个总是出人意料的埃及领导人，成了美国政治决策层和情报分析员着迷的对象。

萨达特做过的所有出人意料的事情中，最为登峰造极的是在 1977 年 11 月 9 日，他把事先准备好要对埃及人民议会发表的长篇演说稿搁到一边，并宣布，“我愿意去世界的各个角落拜访，只有这样做才可以保护我们埃及的男孩、士兵或者军
官，使他们不受伤、不被杀害……以色列人听到我说我愿意去 21
他们的议会，并与他们展开辩论，一定会感到惊讶”。[56]很少有人把他的话当真，埃及议会不过是例行公事地欢呼而已。甚至作为访客在场的亚西尔·阿拉法特，也不过是附和着鼓鼓掌而已。开罗第二天的报纸没有报道那句话。每个人都认为，这不过是一个空姿态而已。

十天之后，萨达特的飞机起飞，飞往以色列的本·古里安机场。那个时候，整个世界都被他吸引了。由于萨达特即将到访，以色列既兴奋又困惑，这可是阿拉伯世界领导人第一次访问以色列。[57]一万名士兵、警察和安全人员都在紧张待命以保护这位埃及总统，[58]保护涌入以色列来报道这一历史事件的

2500 名外国记者。[59]晚上八点三十分，安息日结束两个小时后，探照灯照到了在夜幕下飞行的那架白色飞机，它在低空飞行，在特拉维夫上空盘旋。埃及的红、白、黑三色国旗与以色列的蓝白国旗交相辉映，尽管这两个国家还处于战争状态。尽管没
22 有埃及国歌的谱子，以色列军队乐队通过听开罗电台的方式，学习了如何演奏埃及国歌。[60]狙击手都被安排在了航站楼的屋顶，以防不是萨达特而是恐怖分子突然从总统的飞机上冒出来。[61]不过，从飞机走出来的，正是萨达特。

萨达特的敌人在停机坪上迎接他，[62]他在他们的簇拥中前行，并与以色列将军和内阁成员开着玩笑，与梅纳赫姆·贝京和以色列的前领导人们打招呼。

“夫人，我很久之前就想见您了。”萨达特亲吻果尔达·梅厄的时候，这样说道。[63]

“我们一直都等着您呢。”她回答道。

“现在，我来了。”

他和阿里埃勒·沙龙，这位或许是以色列历史上最伟大的战场指挥官，开玩笑说，下次他再过苏伊士运河的时候，会逮捕他。“哦，不行，先生，”沙龙回答道，“现在我不过是农业部长而已。”[64]

通过来到以色列，萨达特将两个完全不了解的文化带到了一起。除了那些从埃及回来的犹太人之外，很少有以色列人碰到过什么埃及人。因此，萨达特突然来到他们身边，既带来了冲击，也带来了好奇。在电视机前看新闻报道的埃及人也是如此。看到萨达特正看着敌人的脸庞，而这些敌人在此之前都是传说中的人物，突然间埃及人在心中觉得这些以色列人也是人，尽管这种想法令他们有些不安。萨达特认为，以色列和阿

拉伯世界之间的冲突有70%都是心理原因造成的，[65]如果他可以让和平看起来是真实的、可以实现的（不仅仅对以色列人如此，对阿拉伯世界而言也是如此），那么许多事情就都可以达成。这种情况下，或许埃及人急切盼望的繁荣和平就有希望实现，而这种希望一直以来都在不断地被摧毁。

萨达特访问以色列的决定，打破了不与以色列人对话甚至不承认犹太人国家的禁忌。埃及外交部长辞职了，萨达特任命的继任者也辞职了，他们抗议说，现在埃及将被阿拉伯世界孤立。萨达特选择在宰牲节前的那个晚上访问以色列，使得阿拉伯人的心里更受伤害，因为那可是最神圣的伊斯兰节日之一。那天，沙特阿拉伯的国王会打开克尔白（Kaaba）天房的门，天房是所有去麦加朝圣的穆斯林都会面朝着它祷告的方形石造建筑。“我以前去天房都是要为他人祷告，从来没有因为反对
某个人而祷告，”哈利德国王这样说道，“但是这次，我发现 23
自己这样说：‘哦，主啊，让载着萨达特到耶路撒冷的飞机，在到达之前就坠毁吧，这样他就不会成为我们大伙儿的丑闻了。’”[66]

当总统车队在颠簸的山路上穿行、向耶路撒冷驶去的时候，路边的群众高声唱着“我们赐给你和平”。[67]以色列没有装甲豪华轿车，只好从美国大使那里借了一辆给萨达特坐。[68]一路上人们都忍不住哭泣。[69]有些人穿着T恤衫，上面写着“你所需的是爱”。埃及随行人员对这个场面惊讶不已，他们似乎来到了另一个星球。车队在耶路撒冷的大卫王酒店门口停了下来，在三十年前英国托管时期，贝京的游击队曾将这个酒店炸毁。250人在大堂中等着，大声喊着萨达特的名字。街对面，基督教青年会用钟琴演奏着《开始认识你》。[70]

耶路撒冷，这座历史上争夺最为激烈的城市，是三大亚伯拉罕宗教教徒朝圣的地方，也是无数个世纪以来流血冲突的温床。十年前，在1967年战争中，以色列占领了东耶路撒冷，这让全世界的基督徒和犹太人都异常兴奋，却让穆斯林陷入了绝望。现在，在大卫王酒店的房间内，埃及代表团可以看到这座古城中用石灰石砌成的壮丽城墙，同时也可以看到周围无数个建筑塔吊如森林一般包围了这座城市。“这么多建设项目！”[71]代表团的一个成员说：“我觉得对于阿拉伯人来说，耶路撒冷已经消失了。”尽管萨达特本人看起来无动于衷，但埃及代表团内交织的焦虑、希望和恐惧，也给他造成了很大的压力和困惑。萨达特的一个保镖在酒店内死了，死因是心脏病，[72]但他的尸体被偷偷装入了一架货运飞机，以防有关他被谋杀的谣言传播开来。

耶路撒冷古城中心屹立着圣殿山。根据犹太传统，亚当就是在这里被上帝用泥土捏成的，该隐正是在这里杀死了亚伯，而上帝的精神也正存于这里。据说，所罗门王在基督出生的一千年前，在这里建造了第一圣殿，目的是为了存放约柜（Ark
24 of the Covenant）。约柜中存放着石板，石板上面记载着上帝在西奈山上向摩西颁布的十诫。第一圣殿一直屹立着，直到公元前586年，古巴比伦的统治者尼布甲尼撒二世将它摧毁，并将犹太人驱赶到巴比伦。七十年之后，波斯国王居鲁士二世解放了犹太人。那个时候，在同一地点第二圣殿被建造起来，希律王将它扩建为古代世界最为宏大的建筑之一。就是在这里，基督将那些钱商和卖用作祭品的动物的人赶了出去。基督当时说：“把这些都从这里拿走，不要将我的父的房子变成一个市场。”[73]在公元70年第二圣殿又被洗劫了，这次是罗马人干的，之后犹太人起义反抗罗马帝国的统治。

1099 年，十字军抵达耶路撒冷，杀害了城里面的每一个人。犹太人被集合起来，并在他们的教堂中被屠杀。一个目击者描述说，屠杀了在圣殿山避难的一万名穆斯林之后，基督教骑士们骑着马，蹚过了一片血的湖泊。[74]这座城市的控制权不停地在基督徒和穆斯林之间换手，这种状况一直持续到十二世纪。那个时候，萨拉丁和平地取得了耶路撒冷，并允许不同的宗教教徒在这片圣地进行礼拜。后来的继任者无法做到他那样。奥斯曼帝国在 1517 年占领了耶路撒冷，并持续统治了这座城市四百年之久，直到后来英国人在第一次世界大战结束后将土耳其人和他们的德国顾问赶出去为止。那个时候，耶路撒冷已经退化成了一个瘟疫横行的小镇，里面居住着 5.5 万名饥饿的居民，娼妓和性病横行。由于了解之前的历史，取胜后的埃德蒙·艾伦比将军以徒步而不是以炫耀军事力量的方式，进入了耶路撒冷。当艾伦比接下这座城市的钥匙的时候，他宣布，“十字军的历史结束了”。[75]不过，恰恰是在那个时候，英国和法国正在瓜分奥斯曼帝国。在这场帝国主义的盛宴中，欧洲的犹太复国运动成功取得了英国的支持：为在巴勒斯坦的犹太人建立一个国家。一个流血冲突的全新时代，开始了。

穆斯林将圣殿山称为穆斯林圣所、神堂。根据《古兰经》，这里正是亚伯拉罕准备牺牲自己的孩子以赛玛利，以此向神表示自己的忠诚的地方。（基督教和犹太教则认为，亚伯
拉罕的儿子以撒，犹太人的始祖，才是真正准备牺牲的人）。 25
现在，圣殿山上曾经建有犹太圣殿的地方，矗立着两座清真寺。

萨达特抵达耶路撒冷后的第二天就是宰牲节，这个节日是为了纪念上帝的仁慈：他放过了以撒。在电视摄像机和直升机的簇拥之下，萨达特阔步来到了银色圆顶的阿克萨清真寺（Al Aqsa Mosque）做晨祷。他出现在这个神圣的地方，给整个伊斯兰世界带来了巨大的冲击，希望与背叛在人们内心交织。一方面，失去耶路撒冷比失去西奈半岛和整个西岸有更大的象征意义，因此，当这个城市的未来又一次被放到谈判桌上时，毫无疑问会让人感觉异常兴奋。另一方面，萨达特居然和这个城市的占领者谈判，又让人们充满恐惧和不安。1951 年，正是在这个清真寺，一名巴勒斯坦裁缝刺杀了约旦国王阿卜杜拉一世，原因正是他胆敢和以色列人谈判。在白色大理石柱子上，弹孔依旧清晰可见。在萨达特祷告的时候，清真寺外巴勒斯坦示威者大声斥责他犯下了同样的罪过。

萨达特接着来到了七世纪的圆顶清真寺，这是一座古老的伊斯兰建筑，呈八角形，墙上贴着华丽的马赛克，金色的小圆顶，在耶路撒冷有唯我独尊的地位。这是伊斯兰精神的一个显著象征，也是巴勒斯坦人对建立巴勒斯坦国的强烈渴盼的政治象征。圆顶清真寺正好将圣殿山顶部露出地表的岩石包裹起来。根据犹太传统，这块岩石就是上帝创造世界时站立的岩石。穆斯林则认为先知穆罕默德是从这块岩石上，骑着他那名叫“闪电”的坐骑，升入了天堂。伊斯兰教认为，在世界末日，最终审判将在这个教堂进行，受到祝福的人和受到诅咒的人，将在这里永恒地分离。[76]

萨达特从圣殿山的山脚进入耶路撒冷，在圣墓教堂停了下来。一个修道士带他看了一块石头，被钉在十字架上的耶稣的身体就是在那块石头上被清洗的，并带他看了传说中耶稣的墓地。外面，示威者开始冲破安保防线。“萨达特，你到底想从我们这里得到什么？”[77]当他离开的时候，巴勒斯坦人大声喊： 26
“我们讨厌你，不需要你在这里。”

之后，萨达特向纪念以色列建国以来牺牲的士兵的纪念馆献了花圈。然后，他和贝京一起来到大屠杀纪念馆。一顶无边小圆帽被递到了萨达特的手上。“这是起帕帽，”贝京解释道，“我们在祈祷或者进入教堂的时候戴这种帽子。”[78]

萨达特默默地进入了光线阴暗的纪念馆，那里展示着各种用于种族屠杀的工具。有通往奥斯维辛集中营的大门，上面有非常具有讽刺意味的格言：“工作让你自由”。一百多万名犹太人就是穿过这个大门，走向死亡的。名字堂则记录了在大屠杀中死去的六百万名犹太人中大约二百万人的简短介绍。屋子的中间是一个大圆锥体，上面刻画着受害者的形象；它高高耸立，就像集中营的烟囱一样。“所有这一切发生在我们身上，就因为我们没有自己的国家。”贝京对萨达特说。[79]

贝京自己的父母，泽夫·多弗（Ze'ev Dov）和蔡莎（Chasia），以及哥哥赫茨尔（Herzl），也在这个令人心情沉重的名单中。1942 年 7 月 22 日，纳粹占领了他的家乡布瑞斯克*，并开始系统性地消灭那里的波兰裔犹太人。纳粹到来的时候，泽夫·多弗正想着移民到巴勒斯坦去，而蔡莎因为肺炎在医院住院。德国人将她连同其他病人一起，杀死在病床上。布瑞斯克的五千名犹太人，包括泽夫·多弗和赫茨尔，都被赶在一起。有一些人被射杀，并被扔在土坑中。[80]泽夫·多弗则

---

* 布瑞斯克是犹太人给布雷斯特－立托夫斯克取的犹太名字，位于俄罗斯和波兰之间。两国曾多次宣称这是它们的领土。在十六世纪，曾短暂地成为立陶宛的首都。现在则被称为布雷斯特，属于白俄罗斯。

被绑上了石头，淹死在布格河中。梅纳赫姆听说，他父亲最后的遗言是诅咒杀害他的刽子手，“复仇之日终会降临到你们头上的！”[81]

“愿上帝指引我们走向和平，”萨达特在访客签名簿上写道，“让我们结束人类的一切苦难。”[82]

萨达特是一个特别善于做出大胆举动的人，他对于那些细枝末节根本就不在意。而他困惑的以色列招待方，则对细节问
27 题孜孜不倦。萨达特做出这么大胆的举动，希望获得什么？他是否希望获得西奈半岛？他们试图搞明白萨达特的意图，但萨达特总是躲躲闪闪。“我们必须集中精力处理问题的核心，而不是技术细节和形式。”[83]他宣称，他希望达成一个“一致的计划”——有关以色列承诺退出占领地区，并找出巴勒斯坦问题的解决方案的一系列原则性宣言。但这到底是什么意思？对于巴勒斯坦人来说，到底什么是“解决方案”？“每一方都希望把细节问题夯实，”贝京坚持道，“而不仅仅是一般性的声明。”[84]以色列人忙着解读萨达特话中的细微变化，以致他们忽略了萨达特来到耶路撒冷这个事实本身，才是萨达特想要传达的信息。

以色列的困境部分是因为，他们实际上没有正面问过他们自己真正想要什么东西。不断的冲突将回答关于永久边界到底在哪的问题无限期地推迟，而现在这种实际可能到来的和平又要求立即对这个问题做出回答。和平对于他们来说，到底值多少？在 1948 年和 1967 年获得了大量土地之后，以色列变大了许多，从黎巴嫩南部的山脉延伸到了红海，从约旦河延伸到了地中海。这么大的地方给了以色列战略深度，这是以色列以前

从来没有过的。历史上，西奈半岛一直是敌人用来进攻以色列的集结地，戈兰高地则曾经是叙利亚的炮兵阵地，而西岸则是恐怖主义分子出没的地方。为什么要放弃这些地方？和平是否会给他们带来像现在通过军事控制这些地方所获得的那种安全？

而且，通过占领这些土地而获得的巨大空间是非常诱人的。从美学上来说，以色列看起来完整了。在占领西岸之前，以色列好像是被咬成一半。沙姆沙伊赫（Sharm el-Sheikh）这个位于半岛最南端、红海和亚喀巴湾交汇处的小渔村，已经成了以色列的一个度假胜地，满街都是高级酒店和潜水俱乐部。特拉维夫的广播电台定期播报红海海滨的天气预报。以色列人对于拥有所有这些已经有些心安理得了，哪怕战争的阴影从来没有消散过。而且，西奈半岛有原油，资源贫乏的以色列正采
得欢呢。最后，还有耶路撒冷问题，这可是数千年以来犹太人 28
的目标和焦点所在。难道为了和平，真的值得将这些都交出去吗？

午餐后，萨达特来到以色列议会发表演说。他进入以色列议会，是有些奇特又史无前例的事情。以色列以吹奏小号的方式欢迎他，以色列议会历史上第一次允许议员鼓掌——尽管并不是每个人都鼓掌了。[85]他们之间还横亘着一堵心理隔阂之墙，萨达特正要拆掉这堵墙。即使是他最顽固的敌人，也认识到萨达特正冒着极大的风险。他让两个民族不再那么容易憎恨彼此，而双方都因为突然失去了这种强烈的憎恨之感，而激起了想谋杀他的刻骨仇恨。

“女士们，先生们，各个国家和人民的历史上都有这样的时刻，那些睿智而又有清晰远见的人们，有责任带领人民勇敢

地突破过去，以及过去所有的复杂历史和沉重记忆，来到一片新的天地。”萨达特在开场白中这样说道。[86]他用的词是阿拉伯世界领导人从来没有用过的，也是以色列议会议员从来没有想过会听到的。萨达特宣布，“你们想与我们在这片土地上共同生活。我非常诚挚地告诉你们，我们欢迎你们，并希望你们十分安全”。“我们曾经拒绝你们，”他承认，“我们那样做的确有我们的理由和主张。我们以前确实将你们称作‘所谓的’以色列。我们一起参加国际会议和组织，各自的代表却从不打招呼，现在也还是没有。这些都已经发生了，而且还在发生。”

这时，他的语调提高了。“我觉得我有责任坦诚地告诉你们下面这些，”他说，“我来这里的目的不是让埃及和以色列签署一份单独的协议。”议会中的许多人，都曾希望将巴勒斯坦问题放在一边。实际上，萨达特自己有时候也显得对这个问题游移不定。但现在他非常坚决。“让我毫不犹豫地告诉你们，我来到这个圆顶大厦不是为了请求你们的军队退出被占领的土地。你们从1967年之后占领的阿拉伯世界的土地上完全退出去，这是符合逻辑的，也是必需的。没有必要对这个提出什么请求，”他继续说道，“如果不是建立在公平的基础上，如果还占领了其他人的土地，和平将不是名副其实的。你们拒绝给他人的东西却要求他人给你们，这肯定是不合适的……你们必须放弃，而且永久地放弃征服的梦想，放弃这样一种信
29 念：武力是与阿拉伯人打交道的最好方式。”

萨达特许诺以色列可以与阿拉伯邻居们安全地相处，当然，是要在一定的条件之下。“任何有关建立在正义基础上的永久和平的讨论，以及任何旨在确保我们在这片土地上和平共

处的行动，只要你们还继续通过武力占据着阿拉伯的土地，就都是毫无意义的，”他这样说道，并补充说，“我们要求以色列完全退出那些土地，包括阿拉伯耶路撒冷。”

议会中原来那种乐观的情绪，马上就消散了。议员们现在发现，这些不过是阿拉伯人的陈词滥调而已，虽然没有任何其他阿拉伯领导人许诺过可以通过这样的交易来实现真正的和平。“拒绝承认巴勒斯坦人和他们建立国家、返回这片土地的权利，是没有用的，”萨达特继续说道，擦了擦额头，因为屋里非常闷热，“如果你们认为在一片并不完全属于你们的土地上建立一个国家，有法律和道德上的正当性，那么，你们就必须理解巴勒斯坦人要求在他们自己的土地上建立一个国家的执着努力。”当时的国防部长埃泽尔·魏兹曼（Ezer Weizman）快速地写下“我们必须准备好开战”。[87]贝京拿过来看了看，并点头同意。

这真是有些奇怪。怎么会有这样的事情？被打败的一方，而且被打败了四次，来到敌人的首都提出和平的条件。萨达特说完了之后，贝京没有鼓掌。

尽管贝京的演说能力在议会中很出名，但这次他是即兴反应并完全驳斥了萨达特的说法。任何情况下贝京的嘴上都挂着他们受了委屈的话，而现在萨达特居然反过来认为阿拉伯人受了委屈。贝京没有提出自己的和平条件，而是为以色列生存的权利进行了辩护。“不，先生，我们没有占领任何人的土地，”[88]他高声说道，“我们只是回到了家园。我们的人民与这片土地之间的联系是永恒的。从人类历史开端的时候，就是这样了……我们在这里建立了一个国家。当我们被用武力赶出这片土地的时候，当我们在遥远的异乡漂泊的时候，我们从来没 30

有忘记这片土地，哪怕一天也没有。我们为她祈祷，我们渴望回到她身边。”他提到了萨达特当天早些时候到大屠杀纪念馆参观的行程。“您亲眼看见了，当这片土地被夺走之后，我们这个民族的命运是怎么样的，”他说道，“没有人来拯救我们，不论是西方还是东方。因此，我们这整整一代人，大屠杀和犹太复国的这一代人，发誓团结一心：我们再也不能置我们的人民于危险之境了。”

当萨达特的飞机降落在以色列的时候，和平看起来唾手可得，但当他离开的时候，和平似乎还很遥远。

1977 年 7 月，贝京就任以色列总理一个月后到美国访问时，卡特会见了他。卡特马上认识到这个人有非凡的智慧。“他的智商或许是我见到的人里面最高的。”卡特写道。[89]卡特还注意到贝京的《圣经》知识，他希望从这个角度入手，找到他们之间的共同点。然而，贝京的傲慢，以及他对这位美国总统为实现中东和平而做出的努力似乎无动于衷，这让卡特很震惊。在卡特看来，贝京从一开始就摆明了态度，“他不可能做任何事情”。

贝京体格较轻，基本秃顶，下巴很长，这让他的头看起来就像一个灯泡一样。厚框眼镜后面隐藏着一双蓝灰色的眼睛，头上稀疏的几根头发是红褐色的。当他笑的时候，一眼就能看见门牙那儿的豁口。他对着装的毫不留意已经成为他的个人符号了。但另一方面，他性格上又特别严谨，对于仪式非常在意。尊严对他来说绝对重要。他那种固执的荣誉感和特别注重细节的做派，经常引起对手的嬉笑嘲讽。“贝京确信真理就在他裤子的后兜里，”埃泽尔·魏兹曼写道，“因此，在和其他人说话的时候，包括面对最强大国家的领导人，他总是像老师对学生那样不停地说教。他的言行举止中透露出一种傲慢。”[90]与他坚持的人生观不相符的观点，都会被他认为是天真的或者破坏性的。“贝京把任何与他有不同观点的人都逼到墙角。”美国驻以色列大使萨缪尔·路易斯（Samuel Lewis）这样写 31
道。[91]路易斯认为这仅仅是贝京狡猾多端的战术中的一种而已。“他拥有品类丰富的武器：愤怒、讥讽、夸夸其谈，夸张、令人厌烦地重复自己的观点，犹太历史上最黑暗篇章中的教训，以及固执。”[92]

这位总理先生有一种很沉重的心理负担，这种心理负担对于大屠杀的幸存者来说，尤为强烈。“在这个民族每个儿子的眼皮底下，死亡之车循环往复。”这是他在地下运动时期发出的令人绝望的宣言之一。[93]“黑夜之中，车轮发出的地狱般刺耳的声音、被诅咒人们的叹息声，不断从远处传来，压迫得你无法睡一个安稳的好觉。这让人不断想起自己的母亲、父亲、兄弟、儿子、女儿，还有整个人民所遭遇的一切。在这种无法逃避的时刻，这个国家的每一个犹太人都因为自己过得很好而感到非常不安。他问自己：自己的苟活是不是包含了某种背叛的成分？他问：对那里的死亡和这里的活着之间恐怖的矛盾，难道他可以坐在这里视而不见？”他最后说：“根本没有办法逃避这些问题。”

私下里，贝京防御心很重，情绪波动很大，这会让他躲在自己的办公室里面，并取消会议。[94]这位总理先生在身边安排了许多助手，但这些人不过是一些随从而已。他们都来自地下运动，只是一味迎合他，而不敢对他提出任何质疑。无论如何贝京都不是一个有经验的管理者。他对于经济和地区之外的国际政治知之甚少。在整个生涯中，他有一个主要的政治思想，那就是扩大以色列的地盘。他对居住在以色列边界内的阿拉伯人的态度是矛盾的。一方面，他坚定地认为以色列完全属于犹太人；[95]另一方面，他又认为以色列如果兼并了占领的土地，就应该让那些居住在这些地方的每一个阿拉伯人获得公民权。[96]

他没有那么强烈的宗教信仰，一般只在节假日才去教堂。[97]但是，他完全沉浸在犹太人历史上的悲剧性难题之中。他相信，其他国家可以是多宗教的，其他宗教可以是跨民族的，但对于犹太人而言，只有一个国籍、一个宗教，而这种国籍和宗教是不能分开的。他的顾问和撰稿人耶胡达·阿夫纳
32 （Yehuda Avner）回忆说，在贝京飞往华盛顿之前的那个晚上，他们在贝京家里学习《圣经》。贝京提议大家学习第22～24页的经文。那个故事中，犹太人离开埃及已经有四十年了。他们在荒野中的漂泊之路也快要结束了。胆怯的摩押国王巴勒试图贿赂先知巴兰，让他在以色列人进入摩押人占据的应许之地之前，给以色列人施加诅咒。巴兰拒绝了。“我怎么能够诅咒上帝不诅咒的人呢？”他这样告诉国王，并补充说，以色列人“是独居之民，不列在万民之中”。

“这难道不是对我们以色列人在整个历史长河中的经历异常准确的预言吗？”[98]贝京问参加读经的客人，为什么以色列在这个世界忍受着孤独？这个世界有许多基督教国家、伊斯兰国家和佛教国家。他们说着英语、法语和阿拉伯语，等等。但世界上只有一个犹太国家，只有一个国家说希伯来语，以色列是特立独行的。“为什么我们在世界上任何地方都没有主权国家做我们的朋友呢？”他问道，“世界上没有哪个国家认同我们

独特的故事。”以色列人与其他民族之间唯一令以色列人欢喜的纽带，是与流散在世界各地的犹太同胞之间的纽带。“在任何地方，他们都是少数族裔，他们在任何地方都没有享受民族或文化上的自治。”

贝京与卡特在白宫见面的时候，先回顾了一下以色列的当代历史，重提了阿拉伯人在 1948 年独立战争中对以色列的进攻。“那个时候（在巴勒斯坦）只有 65 万名犹太人，但同时必须面对三支军队，而且还不包括伊拉克人，”他说，“我并不是夸张，我们有时候必须赤手空拳地战斗，有时候用自制武器，但这些武器并不总是好用。在那场战争中，我们失去了百分之一的人口，也就是 6000 人。”[99]贝京在谈到巴勒斯坦人的恐怖主义袭击时，有一些激动。“流血自此一直发生着，我的孙子也在耶路撒冷爆炸案中受伤。”*

“1967 年 5 月，我记得是在独立日游行活动中，我们突然 33
得到了埃及在西奈半岛进行军事动员的消息，”贝京继续说道，“连续两周我们都被包围得像铁桶一样。攻击我们的坦克，比德国人 1941 年攻击苏联时的还多。所有阿拉伯世界的首都都大喊着要我们去死，希望把我们扔到大海中去。”在面对这样的威胁时，他说：“我们决定主动出击。六日战争是合法的自卫战争，它使得我们免遭灭顶之灾。”

贝京把什穆埃尔·卡茨（Shmuel Katz）博士也带来了，

---

* 很明显贝京是指 1966 年 10 月在耶路撒冷郊区罗密马·埃立特（Romema Elite）发生的一个事件，在那个事件中，与巴勒斯坦恐怖主义组织法塔赫有关的潜伏在以色列的人炸了两幢建筑物。四个人受伤，但都不严重。贝京的儿子贝尼和他的家人，住在其中一幢建筑中。但他们不在受伤人员名单中。

他是一个典型的意识形态论者，是他在犹太地下抵抗运动时期的同志之一。这次会面进入了一片令人焦虑的黑暗森林，这种焦虑感一直缠绕着贝京和他的亲随。卡茨打开了地区地图，地图上显示，标为蓝色的小国家以色列被二十一个红色阿拉伯国家包围着，就好像新泽西州被美国的其他地方包围一样。卡茨宣称，在以色列建立之前，巴勒斯坦人生活在以色列所在的土地上，这纯粹是虚构的。为了证明这一点，他提到了马克·吐温讲述他关于圣地旅行的《异乡奇遇记》（*Innocents Abroad*）。在那本书中，他描述了1867年的上加利利地区。（“整个土地上根本就没有一个村庄——方圆三十英里都是如此。有两三个贝都因人的帐篷，但肯定没有任何永久定居点。”）卡茨继续说，1948年之后逃离的阿拉伯人，根本在这片土地上没有真正的根。“农民是不会逃跑的，哪怕是在战争中。”他这么轻巧地说道。[100]

耶胡达·阿夫纳注意到，当不知疲倦的卡茨滔滔不绝地证明巴勒斯坦这个地方除了曾是犹太人的家园，不是任何人的家园的时候，卡特紧闭着嘴唇，脸上也没有什么表情。最后，贝京打断了他的老战友。“我希望探讨您提到的定居点的问题，”他对卡特说，“我就开诚布公地说吧，定居点问题不应该成为谈判的障碍。”然而，他的政策是犹太人可以在他们喜欢的任何地方定居。西岸有一些历史上对于犹太人来说很重要的城镇。“在美国有许多城镇名叫希伯伦（Hebron），还有许多叫伯特利（Bethel）和示罗（Shiloh）。”他指出。在《创世记》中，伯特利是雅各睡着并梦到进入天堂的梯子的地方。当他爬到最顶端时，上帝正在那里等着他，并许诺将迦南这个地方给他。在耶路撒冷以前，示罗是古以色列人的首都。

“大约在离我家乡二十英里的地方，那里就有一个伯特利和一个示罗，每一个地方都有一座浸礼教堂。”卡特指出。 34

“想象一下，这个州的州长宣布，除了犹太人，美国人都可以在那些城镇中居住。”贝京大声说道，“我们能够要求以色列政府阻止以色列人在原来叫伯特利或者示罗的地方建立自己的家园吗？这不会是谈判的障碍，‘无法谈判’这个词不在我们的词典里。但这是一个重大的道德问题。我们无法告诉住在自己家乡的犹太同胞，说他们不能够在示罗安家。”

中央情报局的分析人员匆匆忙忙地编写了有关贝京的档案。他们读了他的两本回忆录。一本是《白夜》（*White Nights*），讲述他在苏联劳改所中的关押生活。另一本是《起义》（*The Revolt*），讲述他作为国民军事组织头目的历史［国民军事组织在以色列叫埃泽尔（Etzel），但在国际上被称为伊尔贡（Irgun）］。这是一个地下组织，在以色列独立之前对英国军队发动恐怖袭击，之后则对巴勒斯坦村庄发动恐怖袭击。在他的自传中，贝京把自己描述为毫不妥协的人，对自己的智慧非常自信，充满激情，充满负疚感，充满了复仇情绪。他说自己是从大屠杀的灰烬中幸存下来的“一个新的人种”——“战斗的犹太人”。[101]他能言善辩，但有些诡辩和夸夸其谈。他有那种将一个词的意思搞得清清楚楚的天赋，例如，“战斗者必须有仇恨，这是不证自明的，不是恨某种东西，就是恨某个人，”他写道：

> 我们首先必须最痛恨的是，犹太人一直以来存在的、令人震惊的、无法原谅的“毫无防备”状态，几千年以来就在一个残酷的世界漂泊，对于这个世界的大部分居民

> 来说，犹太人的毫无防备就意味着邀请他们来对犹太人进行屠杀……我们必须憎恨……在我们的土地上存在的外国统治。
>
> 谁会谴责对邪恶的憎恨？这种憎恨来自对美好事物和正义的热爱，这种憎恨实际上是世界历史进步的驱动力……“不是和平而是剑”推动了人类的进步。就我们
> 35 自身而言，这种恨正是爱这一最高尚的人类情感恰如其分的体现。因为如果你爱自由，你就必须憎恨奴隶制；如果你爱你的人民，你就必须憎恨毁灭他们的敌人；如果你爱你的国家，你就必须憎恨企图吞并它的人。[102]

巴勒斯坦人也说他们为战胜弱点、赢得正义而斗争，但贝京却对此充耳不闻。他的人生经历让他对于其他人的痛苦铁石心肠。他告诉卡特，他最早的记忆就是波兰士兵在公园中鞭打一名犹太人。[103]他的父亲泽夫·多弗是一个木商，将犹太复国主义灌输到他三个孩子的脑海中，却坚持要让他们在波兰人办的中学，而不是在犹太人的私人学校中读书。公立学校是免费的，贝京一家没有什么余钱。而且，泽夫·多弗的观点是，读波兰人的学校，他的孩子们更有可能成为专业人士。他希望他最年轻的孩子，梅纳赫姆，成为一名律师。（最终，梅纳赫姆确实从华沙大学法律系毕业，获得了法学学位）。

一天，泽夫·多弗在街上与一名犹太拉比散步，一名波兰警察试图将拉比的胡子剪下来。“那个时候，对于那些反犹主义的混蛋来说，这是一个非常流行的做法。”贝京在第一次与卡特见面说到这个故事的时候，他解释道：“我父亲毫不犹豫，他用自己的拐杖打了那个警察的手。而在那个年代，这基

本上就是自己找死。”[104]拉比和泽夫·多弗最后被责打了一顿。“我父亲那天回到家，形容枯槁，但他很开心。他之所以开心，是因为他捍卫了犹太人的荣誉，也捍卫了那个拉比的荣誉。”贝京继续说道：“总统先生，从那天开始我一直记着我青年时代的两件事情：一是对我们手无寸铁的犹太人的迫害，二是我父亲捍卫他们的荣誉的勇气。”后来，贝京告诉他的私人秘书，他之所以向卡特讲这个故事，是因为他希望卡特了解“他到底是在与一个什么样的犹太人打交道”。

梅纳赫姆·贝京是一个矮小的、脸色苍白的孩子。戴着厚厚的圆框眼镜，嘴唇饱满。他自然而然成为混混们欺负的对象。他不逃跑，相反，他学会了如何反击学校中的反犹主义者——“打那些打我们的人，骂那些骂我们的人”。[105]他看起 36
来那么瘦弱，并不会引起攻击他的人的警惕。“我们被打了，流着血回到家。但我们知道，我们没有被羞辱。”他回忆说。尽管他身体力量不行，但他凭借公开演说的天赋来弥补这一点。即使还是一个小孩子，他也会在他父亲组织的犹太复国主义集会上背诵诗歌。[106]到了十几岁的时候，他就开始对成百上千的人发表演说，这些人都对他煽动强烈斗争情绪的能力感到惊讶。

1929年，贝京经历了一次政治转变。[107]主张更大范围的犹太复国主义，也就是“犹太复国修正主义”的俄国记者弗拉基米尔·亚博廷斯基（Vladimir Jabotinsky），在布瑞斯克的一个剧院里演讲。犹太复国修正主义反对大部分犹太复国主义者主张的渐进战略。他们认为应该占据整个以色列，而不是和那里的阿拉伯人达成什么妥协。活动的门票都卖完了，但贝京想办法溜了进去。亚博廷斯基认为，犹太人散居世界各地，这让犹太人变得非常脆弱，根本不知道如何为了他们的利益而采取行动，只有建立自己的国家才能为犹太人重新成为一个民族提供庇护所。作为应对措施，他建立了贝塔青年运动（Betar），一个犹太青年准军事组织。贝塔青年运动的目标是，培育新的犹太人，
37 一批可以快速地建立并保卫一个犹太国家的人。他还为这个运动写歌，希望可以触动并塑造这样的年轻人：

> 从腐烂和尘土中走来
> 经历了血与汗
> 新的一代冉冉升起
> 自豪、慷慨、勇猛。

躲在管弦乐团演奏区的十五岁的梅纳赫姆·贝京，可能觉得亚博廷斯基说的就是他。他感到自己和这位贝塔领导人有了神通之感，他认为他们之间有了神圣的结合。“亚博廷斯基变成了他的上帝。”梅纳赫姆的一个朋友这样说。[108]

当亚博廷斯基演说的时候，在巴勒斯坦，一个犹太人大约对应八个巴勒斯坦人。* “从情感上来说，我对阿拉伯人的态度，和我对世界上所有其他民族的态度是一样的：保持礼貌但不关心他们，”亚博廷斯基在 1923 年这样写道，“政治上，我的态度是由两个原则决定的。第一，我认为将阿拉伯人完全从巴勒斯坦赶出去，是完全不可能的。巴勒斯坦总会有两个民族，这对我而言没有问题，只要犹太人占多数即可。”[109]他认识

* 英国 1922 年对巴勒斯坦的人口普查显示，有 84000 名犹太人和 670000 名阿拉伯人，其中大约 71000 人是基督徒，其余大部分都是穆斯林。

到，让巴勒斯坦阿拉伯人完全放弃他们的主权，是“完全不可能的”。“每一个当地民族，不论是否开化，都认为他们的土地是自己的家园，他们是这个家园的唯一主宰，而且希望一直如此。”他写道。没有“任何一个去殖民还要先取得当地原住民同意的事例”。由于与阿拉伯人达成协议是一个妄想，因此，他写道，就有必要在犹太人和阿拉伯人之间建立一堵“铁墙”。换句话说，需要强大的军事力量，而当时大部分犹太复国主义者都认为这种军事力量就是他们的保护者英国的军事力量。相反，亚博廷斯基则认为，这个军事力量必须是犹太人自己的军事力量。直到阿拉伯人明白没有除掉犹太人的任何希望了，才有可能达成协议。只有在那个时候，阿拉伯世界的领导权才会到更加温和的阿拉伯人手中，这些人会要求双方都 38
做出让步。“那个时候，我们才可以期待他们会诚挚地讨论实际的问题，例如，如何保护犹太人不会被阿拉伯人驱赶，或者给予阿拉伯人平等的权利，或者阿拉伯的民族团结问题。”

“而当这一切发生的时候，”他强调，“我相信我们犹太人那个时候肯定愿意给他们满意的保证，使得两个民族可以和平地生活在一起，就像好邻居那样。”

在亚博廷斯基写下这些文字半个世纪后，他最著名的追随者被迫决定那一天是否已经到来了。萨达特的姿态让贝京感到困惑和难以信赖，踌躇难行。处理暴力比处理和平容易许多。贝京后来向卡特承认，萨达特的行动让他想起了亚博廷斯基。[110]似乎是这个埃及人而不是贝京本人，是他偶像的遗产的真正继承者。

三十六个小时之后，萨达特离开了耶路撒冷，并确信自己已经取得了巨大的成功。“你们这些记者们将会发现自己没有什么可以做的，”他在开罗与记者们逗趣道，“什么事情都解决了，这一切结束了。”那么西岸、加沙地带和耶路撒冷呢？“在我口袋里啦。”[111]

萨达特被国际媒体称颂为当代先知，甚至是救世主。“就好像真主安拉派了一个使者到应许之地一样。”[112]《时代周刊》杂志这样写道。萨达特相信里面的每一个字。“在我主动到耶路撒冷之后，中东将不再是以前的中东了。”他兴奋地在美国广播公司说道。[113]但是，他所带来的转变是有代价的。阿拉伯世界开始孤立埃及。在他到访的好几个阿拉伯城市，都有反对他的示威游行。埃及航空在贝鲁特和大马士革的办公室还被人炸了。雅典的巴勒斯坦人冲击了埃及大使馆，杀死了一个人。[114]在贝鲁特，又一个人死于对大使馆的火箭炮攻击。

很明显，一股很重要的力量被排除在和平谈判之外了，这就是巴勒斯坦人。萨达特没有权利代表他们，卡特总统则受限于美国对以色列做出的一个秘密承诺（福特总统期间做出的）：只要巴勒斯坦解放组织不承认以色列的存在并接受联合国第242号决议，美国就不和巴勒斯坦解放组织谈判，而巴勒
39 斯坦解放组织是巴勒斯坦人的唯一权威代表。亚西尔·阿拉法特，巴解组织的主席，拒绝接受联合国第242号决议，除非美国承诺建立巴勒斯坦国，而且巴解组织将领导这个国家。对于卡特总统来说，这个要求太过分了，因此失去了与阿拉法特谈判的兴趣。[115]

与此同时，全世界都等着看以色列对萨达特的历史性姿态的回应。

贝京提出了一个自治计划。他在萨达特访问耶路撒冷一个

月后再一次与卡特总统会面时，将这个计划交给了卡特。在这个计划中，巴勒斯坦人将继续在西岸生活，可以选择成为以色列公民或者约旦公民。有一个不完整的地方管理机构，它可以确定排污管道的安放，也可以签发建筑许可，但不能印钱，也不能拥有军队——也就是不能拥有代表一个正常运转的国家的东西。以色列在西岸和加沙地带的定居点会保留下来，以色列军队也会继续待在那里。埃及对整个西奈半岛都有主权，但以色列人的定居点以及联合国控制下的缓冲区内的两个以色列空军基地，同样都会保留。“这是一个非常有意思的计划”，卡特承认。[116]贝京返回以色列，兴奋异常。“自亚博廷斯基之后，我还没有遇到这样一个有智慧的人”，他这样谈起卡特。至于他的自治计划，“所有看过的人都赞扬这个计划。”贝京这样汇报说。

但是，他在美国人那里获得的好感，后来马上就消失殆尽，因为他同意了阿里埃勒·沙龙将军的一个计划，这个计划是在西奈半岛建立一系列虚拟定居点，特别是在以色列曾承诺在一份可能达成的和平协议框架下交还给埃及的地方建立这样的定居点。这个计划的想法是，快速制造“地面上的既成事实”，从而强化以色列对半岛的主张。这些所谓的“定居点”不过是装模作样的水井架和几辆锈迹斑斑的旧巴士。沙龙说，即便不能起到别的作用，这些假的定居点也有助于增加以色列的谈判筹码，从而得以保留那些以色列希望保留的真正的定居点。这是一个非常大的政策失误。国际社会强烈谴责贝京，即便在以色列，他也被指责破坏了整个和平进程。萨达特的反应可想而知，他发出最后通牒：“西奈半岛不能有任何一个以色列的定居点。”[117]如果以色列人坚持要保留定居点，他说，他会 40

亲自将这些定居点点燃。[118]

卡特也非常生气。他毫不含糊地指出，西奈半岛和西岸的定居点是不合法的。[119]而且，他公开拒绝了贝京的自治计划，只是把这个计划当成一个谈判的基础而已。即使是在这种情况下，贝京还是授权沙龙派推土机到西岸去建设全新的定居点。直到以色列内阁提出反对，这个计划才暂时停了下来。

当一切都出了问题的时候，巴解组织终于挤入了谈判。

1978 年 2 月 18 日，两名巴勒斯坦恐怖分子进入了塞浦路斯首都尼科西亚的希尔顿酒店大堂，刺杀了优素福·艾尔－西巴伊（Youssef el-Sebai），他是一位广受欢迎的作家，也是埃及主要日报《金字塔报》的编辑。他是萨达特的密友之一，和萨达特一起访问耶路撒冷。两名杀手之后劫持了一架飞机，但最后不得不返回塞浦路斯，因为好几个阿拉伯政府都拒绝让他们避难。“任何和萨达特一起去过以色列的人，都要去死，”这两个劫机犯对人质这样说道，“包括萨达特本人。”[120]

萨达特的反应是派埃及的突击队去抓这两个恐怖分子，并将他们带回来审判。[121]很明显，他没有将自己的意图告诉塞浦路斯。埃及飞机一着陆，突击队队员就冲向了被劫持的飞机，但立即遭遇了塞浦路斯部队的火力，因为塞浦路斯部队认为他们遭到了攻击。十五名埃及士兵牺牲了。实际上，劫机犯在埃及突击队发动突然袭击之前，就已经同意投降了。埃及人将这次彻底的失败怪罪在巴勒斯坦人头上，指责他们对在埃以战争中付出了几十万条性命的埃及一点儿都不感激。

一个月之后，3 月 11 日，十一名巴勒斯坦武装分子把一艘橡皮船停靠在了他们计划的目的地特拉维夫北面四十英里的海滩边上。他们带着卡拉什尼科夫步枪、火箭筒、迫击炮和炸药。他们遭遇的第一个人是美国摄影师、参议员亚伯拉罕·鲁比科夫的侄女盖尔·鲁宾，[122]她当时正在一个自然保护区拍照，恐怖分子问她其他人在哪儿，她说了之后，就把她杀害了。之后他们跑到公路边，向车辆射击并扔手榴弹。他们劫持了一辆 41
出租车，还有两辆公共汽车，并将乘客扣为人质。人质中的大部分都被冷血地杀害了，甚至包括那些搂着父母的孩子。[123]最后武装分子与警察发生了激烈的枪战。三十八名以色列人被打死，包括十三名孩子，超过七十人受伤。这是以色列历史上最严重的恐怖主义袭击事件。

萨达特朋友被谋杀以及滨海公路上对以色列人的屠杀，是巴解组织想要破坏和谈的明显信号。然而，他们觉得这些袭击还不够。恐怖分子指望贝京会猛烈报复，而这将激怒整个阿拉伯世界，颠覆萨达特的计划。他们和任何人一样都明白，中东被施了一个魔咒，在这种魔咒之下，只能用更大的暴力来对还击暴力。现在，演员们已经表演完了。恐怖分子认为贝京不可能做出克制的回应。“在我们这个时代杀害犹太人的人不可能不受到惩罚。”贝京眼圈发红，用颤抖的声音说道。[124]三天之后，以色列军队开进了黎巴嫩，宣布要惩罚那里的巴解组织军队。但是在这个过程中以色列人杀害了超过 1000 名平民，让 10 万人无家可归，并引起阿拉伯世界对以色列会吞并这个国家南部地区的担忧。

卡特对他所看到的过度反应非常震惊，[125]而且，对于在这个过程中使用了美制武器也感到非常沮丧，这些武器，包括用于对军事目标开展大规模战争的集束炸弹，是被明确规定不能用在这种冲突中的。当贝京在这次攻击发生十天后再次访问华盛顿时，以色列军队还在黎巴嫩境内，他希望获得卡特的理解。他说，当卡特拒绝支持他的自治计划时，他的“心很受伤”。[126]贝京宣称，萨达特访问耶路撒冷不过是一个空洞的姿态而已，他真正想得到的是一个巴勒斯坦国，以及以色列完全退出被占领的土地。

卡特列举了以色列总理的主要主张：贝京“不愿意在政治上或军事上从西岸的任何部分退出；不愿意停止建设新定居点或扩大现有定居点；不愿意将以色列居民撤出西奈半岛，甚
42 至也不愿意让他们处在联合国或埃及的保护之下；不愿意承认联合国第 242 号决议适用于西岸和加沙地带；不愿意让巴勒斯坦阿拉伯人拥有任何真正的权力，或者说他们决定自己命运的任何决定权”。[127]卡特对以色列立场的清晰总结，后来被称作“六不”政策。第二天，他告诉美国的一些资深参议员们，说贝京的不妥协已经破坏了谈判的前景。[128]贝京因这次会面受到了震动，他告诉其助手，这是他一生中最糟糕的时刻。[129]但他一回到耶路撒冷，就故态复萌了。以色列不会对萨达特的和平倡议做出任何反应。他“既然不付出什么，也就别想得到什么”。[130]

这是卡特在 1978 年夏末所面对的情况。当时离萨达特访问耶路撒冷还不足一年的时间，整个世界都认为和平已经唾手可得了。现在，这看起来是一个愚蠢的幻梦。毫无悔意的战争军团又醒来了，并且正在进军。恐怖主义盛行，炸弹从天空落下，人们流离失所，古老的民族仇恨原来一直在地表下面沸腾着，现在又一次爆发了。这一切都是由二十世纪建立现代民族国家的斗争所激发的，残酷的记忆和曾遭受的重大损失也在推波助澜。看起来，历史永远不会将那些尸体埋葬了。

这三个现在处于这个无尽悲剧中的人物，很大程度上都是
由于偶然或者运气才担任现有职务的。萨达特的激进改革动摇
了他的国家，也使得阿拉伯石油酋长们疏远埃及，而埃及正迫
切需要他们的经济支持。他向以色列抛出的橄榄枝让伊斯兰极
端分子愤怒异常，好几个阿拉伯领导人甚至在计划谋杀萨达
特。他似乎还很享受他们对他的憎恨，称他的敌人们都是
“小矮人”。[131]尽管有这些力量起来反对他，萨达特却令人担忧
地变得自以为是起来。现在他突然大量使用第一人称单数，他
开始谈论“我的经济”和“我的军队”。[132]中央情报局的分析
人员注意到，他的顾问们现在已经蜕变成了一群应声虫，眼睁
睁看着他离政治现实越走越远。他对卡特给以色列强加一个解
决方案的能力有一种虚妄的幻想。“如果中东是一手牌，美国 43
有其中百分之九十九的牌”，他反反复复地说，就好像卡特手
中有一根魔杖，可以劝说梅纳赫姆·贝京自愿放弃他一生的事
业一样。[133]

贝京的政治生涯是在做反对派中度过的，他原本应该一直是反对派，直到萨达特在 1973 年发动了对以色列的战争，慌乱的以色列才开始转而投向这个人，他代表的是以色列精神中受伤最深的、最为激进的那些品质。搞破坏而不是担任领袖，才是他的天性。贝京不仅没有变得更为包容和灵活以便凝聚政治共识，相反，他一直固守着自己的意识形态。中央情报局的分析人员注意到，他说的挑衅的话越来越多了，做出的带有敌意的行动也越来越多了。这两个人最大的弱点就是无法控制他们自己的个性，把两个人可以合作的任何机会，甚至可以理解对方的任何机会，都破坏得一干二净。

这三个人中，卡特的地位最弱。他的总统生涯正不断地滑

向失败。他击败非竞选上任的杰拉德·福特而成为总统。杰拉德·福特赦免了理查德·尼克松，这位美国当代历史上被骂得最惨的人物。卡特吸引选民手中的选票的那些个性——热情、局外人的角色、“永不撒谎”的承诺——现在看起来是一个政治新手的过分天真。他有智慧，却没有人情味，有一种机械的表情，让人们很难喜欢他。他经常露齿大笑——这已经成了许多漫画嘲讽的对象了，这不仅不是热情或者幽默，相反，往往显得傻傻的或者不真诚，甚至对于那些看出这种笑容背后的愤怒的人来说，也有那么一点儿险恶。卡特天性冷静含蓄，但当他生气时，就变得冷冰冰的。他的声音会变低沉，目光变得凶狠，而且会不合时宜地龇牙咧嘴地笑。凡是看到的人，很难忘记他的这副样子。

他个人是很善良的，但缺乏其他一些重要的品质。“如果我必须选一位政治家坐在天国之门那里来对我的灵魂做一个判断的话，那个政治家非吉米·卡特莫属。”[134]之前对他心怀不满的撰稿人詹姆斯·法洛斯（James Fallows）这样写道。法洛斯把卡特描绘成一个没有经验、没有激情、陷入细节的迷宫无法自拔、没有能力按任务的轻重缓急进行排序，甚至没有能力把自己的目标阐释清楚的人。“我逐步认识到卡特相信五十种事
44 情而不是一种事情。”法洛斯在辞去自己的职务之后写道。卡特列出需要做的事情，却不对它们按重要性进行排序，而是按照字母顺序讨论从堕胎（abortion）到零基预算（zero-baseol budgeting）在内的所有问题。[135]他会花时间纠正他收到的备忘录中的拼写错误，[136]这让他的幕僚觉得自己怎么做都无法取悦他。法洛斯认为他和任何当选的总统一样聪明，但并不是一个真正有智慧的人。卡特特别注重自律，这可以从他一天听什么

古典音乐都要列清单这种事情上看出来。他会引述雷茵霍尔德·尼布尔（Reinhold Niebuhr）或者鲍勃·迪伦（Bob Dylan）的话，来炫耀他的影响力。然而，他往往只是浅尝辄止，不会深入探讨，这实际是与一直困扰他的不安全感斗争的一种方式，尽管他因此形成了一副“我无所不晓”的做派。他希望在戴维营解决一个此前没有人解决过的问题，既表明他匪夷所思的坚韧的一面，但也体现了他非常自以为是。他的主要任务是超越自己的局限。

这三个人都视自己为当代先知。先知的预言在他们脑海中回响。贝京虔诚地相信上帝将应许之地给了他的祖先，以色列是一直以来都面临灭绝威胁的犹太人的最后避难所，让犹太人安全地生存下去是他的历史责任。萨达特则认为自己是这个被压迫民族的救世主，“无所不能的神赐予我的命运是，代表埃及人民承担责任，并与阿拉伯国家和巴勒斯坦人民一起分担主宰他们各自命运的责任”。他在以色列议会中这样说道。卡特对于《旧约》中描述的血腥历史很熟悉。不过，他说：“我感觉到上帝希望圣地和平，我也许能够起到一些作用。”[137]这三个人对各自传统的信仰，使得他们都觉得自己追求的事业是正当的，但同时，宗教思想却是和平的重大障碍。不能容忍任何妥协的神的劝诫，依旧指引着既生活在充满多重视角和矛盾要求的当代世俗世界中，又生活在预言和神迹的世界中的人们的思想。要在中东实现和平，必须调和好这些相去甚远的视角，这 45
是更强大和更受欢迎的人都没有能力做到甚至不愿意做到的事情。

1978 年 7 月，卡特带着家人在戴维营安静地度假。[138]总统将两个敌对的人拉上同一个谈判桌的努力，还没有取得任何成效。事实上，事情正在朝相反的方向发展，正走向战争甚至更大范围内的冲突。吉米对罗莎琳吐露了自己作为总统对和平计划面临破产的沮丧，罗莎琳劝他最后再试一次，或许他可以让他们来到戴维营。卡特因最后这种想法兴奋起来。“这里是多么迷人，”他写道，“我相信，在这个如此贴近自然、安详而又与世隔绝的地方，没有人的内心还会愤愤不平。”[139]他最终会认识到这种想法是多么天真。

罗莎琳指出，如果没有第三个人愿意承受指责的话，是不可能让这两个人从他们尖锐的立场上往后退的。“你愿意做替罪羊吗？”她问道。

“还有什么新鲜的主意吗？”卡特回应道。他已经被媒体大肆嘲讽了，但这种嘲讽不算什么。如果“世界上最有权势的人”召集了一个峰会，结果却如每个人都预料的那样彻底失败了，那个时候的冷嘲热讽才会让他难以承受。

“你以前可从不害怕失败。”罗莎琳提醒他。

几个星期之后，卡特总统派国务卿塞勒斯·万斯（Cyrus Vance），带着他手写的邀请信，来到埃及和以色列，邀请这两位领导人在九月初到戴维营来。

他的顾问们吃了一惊，努力想降低他的预期。副总统沃尔特·蒙代尔，国家安全顾问兹比格涅夫·布热津斯基（zbigniew Brzezinski）和国防部长哈罗德·布朗（Harold Brown），都警告他这个计划成功的可能性微乎其微。[140]这一届政府已经在中东问题上花费了相当多的心血，但毫无成就可言，同时也忽略了其他许多重要的问题。双方之间的差距是如此之大，根本就无法弥合，顾问们这样说道。卡特要是在这个明显要失败的事情上投入更多的政治资本的话，他这届脆弱的政府可能就土崩瓦解了。[141]“如果你失败了，我们就都完了，”蒙代尔警告他说，“我们将失去我们作为全国领袖的力量，我们应该可以找到在那里实现和平的其他风险较小的方法。”[142]

卡特很难说些什么来反驳他们的质疑。这次在怀俄明州度 46
假的时候，他已经在档案中看到他们的警告了。“我们在戴维营的目标是打破目前最高政治层面上的僵局，以便部长层面的协商可以继续并达成具体的协议。”万斯建议道，“我们在戴维营的目标不是为了达成具体的协议。”[143]

这已经太晚了。卡特没有听从他最亲密助手的劝告，也置他个人的政治利益于不顾，决定冒险。戴维营不仅是一个打破政治僵局以便可以举行更多谈判的地方，也是一个签订永久的中东和平协议的地方。三个领导人都会在上面签字。在一个草稿本上，卡特列出了这两个国家必须缔结和平协议的全部理由。然后，他自信满满地写道：“自约瑟时代以来的第一个埃以和平协议。”[144]他接着画掉了“约瑟”，改为“耶利米”——这位公元前七世纪的绝望的先知，他预言以色列和埃及都将毁灭，因为它们都信仰缺失，而且冥顽不化。

> 我们徒劳地等待和平；
> 等待一个和解的时代，但等来的却是恐怖。[145]

第一天

梅纳赫姆·贝京、吉米·卡特和安瓦尔·萨达特站在戴维营山杨屋门前

47 140 英亩的戴维营总统度假胜地，位于马里兰州树木丛生的卡托克廷山地国家公园中，白宫以北六十英里。富兰克林·罗斯福，第一位到这里休假的总统，称之为“香格里拉”。1942 年第二次世界大战期间，他秘密在这里休养。在这里他可以晚睡，可以摆弄他的集邮册，有时候还可以招待他乐意招待的世界级领袖人物。温斯顿·丘吉尔是第一个被招待的世界级领导人，他是在 1943 年春天来的，目的是商量诺曼底登陆的计划。这两个人有时候暂时抛开沉重的工作，开车穿过乡

间，到附近一条小溪中钓鱼。当“香格里拉”存在的消息被泄露出去之后，大家担心这个地方可能会成为敌人炮弹的攻击 48
目标，罗斯福总统被要求转移到古巴关塔那摩海军基地去。罗斯福拒绝了，“古巴毫无疑问是无政府主义者、谋杀犯等，以及一大堆骗子聚集的污浊之地。”他说道。[1]

德怀特·艾森豪威尔将这个地方的名字改为戴维营，这是以他孙子的名字命名的。他在 1959 年 9 月邀请苏联领导人尼基塔·赫鲁晓夫到戴维营，希望能够缓和两个超级大国之间的紧张关系。赫鲁晓夫后来写道：“我根本就搞不明白这个戴维营是一个怎样的存在。”[2] 他担心这个地方可能会“将不受信任的人隔离起来”。这次会议成果寥寥，但媒体已经开始谈论“戴维营精神”这种东西了。“我不知道那是个什么东西，”艾森豪威尔承认，“可能就是我们两个人看起来可以在一起谈谈，没有动粗而已。”[3]

作为一名不舍得花钱的民粹主义者，卡特就任总统时，本来想将这个地方卖了以节约资金，同时也是为了让美国总统这种帝国主义形象显得更加民主化一些。[4] 就任总统的第一年，他就已经出售了总统游艇，而且禁止演奏“向统帅致敬”（“Hailto the Chief”）这支歌了。他希望能够找到具有象征意义的预算削减项目。他很讨厌对奢华和特权的任何公开炫耀，即使已经成了总统候选人，他依然坚持亲自拿自己的衣服袋。作为世界上最为隐秘的度假胜地之一，戴维营似乎在对他说，它是作为牺牲品的绝佳选择，于是他下令将它出售。

白宫军事处主任问他是否知道到底什么是戴维营。

“就是一些木屋而已。”[5] 卡特回答。

是的，是一些木屋，至少地表以上是这样的，这位军事助手说。但在地底下很深的地方有一个总统专用地堡，供总统在发生核战争的时候居住，这个地方叫“橙色一号”（Orange One）。戴维营不少地方都隐藏着能够直接抵达这个地堡的电梯，其中一个就隐藏在山杨屋总统卧室的衣橱里面，艾森豪威尔在冷战最严峻的时候建造了这个掩体。1959 年，他带英国首相哈罗德·麦克米伦参观了这个掩体。“看起来就是发生核战争时总统的军事指挥所，”麦克米伦在日记中这样写道，“它可以将总统的五十个幕僚聚集在一个屋子中，一百五十个国防幕僚集中在另一个地方。这个地堡隐藏在我们居住的看起
49 来很不起眼的木屋底下，建造在岩层之中。它耗费了数以百万计的美元。”[6] 离戴维营六英里的地方，还有一个更大的地下设施，有 26.5 万平方英尺，这是从雷文洛克山（Raven Rock）中炸出来的，目的是一旦遭遇毁灭性攻击，这里可以作为临时白宫使用。[7] 卡特就任总统的时候，最有可能导致这种情况的就是中东冲突，这种冲突一直都有失控的可能。

卡特到过戴维营之后，有关出售戴维营的讨论就全部停止了。这个地方，从白宫南草坪坐直升机，只需要三十五分钟即可到达，看起来却是一个与华盛顿完全不同的世界。时光似乎在这里凝滞了，除了野生动物的聒噪和鸣叫之外，一片安静祥和。工作人员有时候会看见总统和第一夫人手牵着手在月光下散步。[8] 他们不吃国宴，而是喜欢与十岁的女儿艾米一起吃便餐。卡特夫妇都爱钓鱼，卡特实际上成了钓鱼专家。他们会一起到那条小溪边钓钓鳟鱼，罗斯福和丘吉尔当年在那里一无所获。这样的休闲很难得，是无价的。

在峰会开始前的几周里，工作人员一直努力布置房屋，以便迎接三个代表团入住，并准备餐饮，以便满足伊斯兰人和犹

太人的食物需求。除了三位领导人以及他们的高级顾问之外，每个代表团还有一些秘书、医生、个人厨师、通信专家和“糟糕的艺术家”[9]——卡特是这么称呼这些人的，总共有超过100个人，对于这个简陋的山间度假胜地来说，有些力不从心了。他们挤进了散布于戴维营的十几幢木屋中，这些木屋都是用美国本土树木的名字命名的。萨达特住在山茱萸屋，贝京住在桦木屋，位于卡特住的山杨屋的两侧。失望的媒体人士则只能待在戴维营的大门外面。代表团成员想当然地认为他们的电话会被监听，于是都避免透露正在进行的谈判的相关细节。* 50
这个安排让大家基本上只能集中于一个目标，而不会说一些可能会影响达成妥协的过激话语。至少在外界看来，戴维营就是一个黑洞。

对他们所有人来说，从政治上看，这次峰会不合时宜。埃及正因萨达特偏离社会主义而动荡不安。在纳赛尔统治埃及的时候，政府给予许多消费品价格补贴，并由国家安排所有技术和专业院校毕业生的工作，而每年的毕业生都难以计数。这些措施导致了通货膨胀，预算赤字增大，并形成了一个巨大的官僚体系，其中的许多人根本就是除了阻碍变革之外毫无作用。萨达特减少了对许多消费品的补贴，使得整个国家因为面包价格问题而到处发生大规模的骚乱。不少警察都被杀死了，[10]副总统胡斯尼·穆巴拉克在亚历山大港的消夏寓所也被洗劫一空，之后被付之一炬。萨达特后来中止涨价措施，并实施了宵禁，但整个国家还是充斥着不满，老百姓的愤怒只是暂时被控

---

* 卡特说，实际上，电话没有被监听，屋里也没有安装监听设施。尽管如此，代表团进行的大部分重要谈判都是在屋外进行的。根据威廉·科万特的说法，埃及代表团带了干扰器。

制住了而已。中央情报局警告卡特说，如果经济没有得到改善，或者戴维营没有取得进展，埃及民众可能又会乱起来，这可能导致军事政变。[11]在以色列，通货膨胀非常厉害，达到了惊人的35%，经济快要到崩溃的边缘了，增长停滞，而国防开支则达到了国民总收入的40%。[12]每月都有1000名以色列人逃离这个国家，而新进入的犹太移民则少之又少。“我该怎么做？”贝京哀怨地问各个部长。[13]他正失去对内阁的控制，党内也开始反对他。

美国人民则认为，在国内还有那么多严峻问题的情况下，卡特在中东问题上已经浪费了太多时间。美国正经历着两位数的通货膨胀，同时失业率居高不下，增长乏力——这种复杂的现象被叫作“滞胀”。就总统的工作表现而言，统计图上两条可怕的线终于在1978年春天相交：不认可卡特总统工作表现的美国人多过了认可的人。毫无疑问，他需要改善形象，却将时间浪费在给那些看起来自己都不大希望获得和平的人们带来和平的努力上。卡特当时计划峰会持续三天，不过，只要他认为希望就在眼前，他愿意待上一周。实际上，美国总统或任何
51 其他领导人离开领导岗位更长的时间，都是不可想象的，尤其是在国内存在这么多棘手问题的情况下。

卡特是带着一份很好的“资产”来到戴维营的：一个团结的、经验丰富的外交政策团队。万斯和布热津斯基，这两个人在外交政策的许多方面都意见相左，但在中东问题上却出奇地一致起来，他们各自的团队之间也步调一致。国家安全委员会的成员威廉·科万特（William Quandt）则是自尼克松政府以来资深的中东外交官，助理国务卿阿尔弗雷德·“罗伊”·阿瑟顿（Alfred “Roy” Atherton）和哈罗德·桑德斯（Harold

Saunders）也是如此。美国驻埃及大使赫尔曼·伊尔茨（Hermann Eilts）和美国驻以色列大使萨缪尔·路易斯都是受人尊敬的专家，他们对那两个国家的领导人到底在想什么了如指掌。如果卡特没有把这样一个团队带到戴维营，他就不可能实现他的目标，而同样，没有总统先生的专注，和平进程也会走入死胡同。

1978 年 9 月 5 日，戴维营峰会的第一天终于到来，卡特感觉自己就像一个要奔赴战场的士兵。“我对和平进程有一种奇怪的宿命之感。”他后来回忆说。[14]

安瓦尔·萨达特从直升机里走了出来，他张开双臂，拥抱了卡特。之后和罗莎琳相互亲吻了面颊。萨达特和他的妻子吉安·萨达特在七个月之前来过戴维营，当时很冷，积雪齐膝。萨达特那个时候心骄气傲，说他准备放弃与贝京达成任何妥协。卡特则努力劝说他不要采取这种极端之举。这种非正式的环境让卡特夫妇和萨达特夫妇更好地了解了对方。他们甚至一起去直升机草坪进行了一次摩托雪橇比赛。之后，安瓦尔和吉安还为了摩托雪橇是否可以在沙地上用而争论不休。[15]周末快结束的时候，萨达特有关和平进程的观点缓和了下来，同意让卡特继续施压，以解决目前的僵局。卡特一直指望女人们可以在萨达特和贝京这两个个性对立的人之间架起社交桥梁。但 52
是，这次萨达特来的时候，没有带上吉安。吉安在巴黎陪孙子，孙子住院了。

与萨达特一同来的整个团队几乎都反对他参加戴维营峰会。埃及外交部长穆罕默德·易卜拉欣·卡迈勒（Mohamed Ibrahim Kamel）毫无疑问是萨达特最重要的顾问，刚刚被任命。前两任都因为萨达特访问耶路撒冷而相继辞职了。虽然卡迈勒是一个容易相处、令人愉悦的外交官，但他对阿拉伯世界的团结是非常坚持的，尽管他实际上没有到过任何其他阿拉伯国家。在他看来，与以色列人说话就是背叛。[16]他的这种固执影响了埃及代表团的其他人，他们对他的判断是否准确，对他是否可以克制自己的情绪，颇有顾虑。时任外交事务国务部长的布特罗斯·布特罗斯－加利（Boutros Boutros-Ghali），认为他的上司卡迈勒“对阿拉伯世界和巴勒斯坦问题的了解，与现实世界毫不相干”。[17]

萨达特也带了外交部副部长哈桑·埃尔·杜哈米（Hassan el-Tohamy），他原来是情报工作人员，现在同时担任萨达特的占星学家、宫廷弄臣和精神导师。他身体强健，在军队中是一名出色的拳击手，胡须修得整齐利索，是一个苏非派神秘禁欲主义者。“他有一定的神性，有时候可以看见我们看不见的东西。”萨达特这样赞扬他。[18]杜哈米经常汇报他做的预言性的梦，以及他和天使的对话。[19]他带了大量的龙涎香和皇家珠宝，目的是加强其他埃及人的定力。而且，他愿意对任何在他身边的人说教，说上帝是如何希望屠杀犹太人的。“我们都觉得他疯了。”布特罗斯·加利后来回忆说。[20]

萨达特让他的代表团放心，这次峰会不过是一个简单的会议而已。他将提出埃及的建议，以色列人会拒绝他的建议，这个时候卡特会站出来，给贝京施压，让他接受埃及的建议。要么以色列人屈服，这种情况下埃及就取得了重大胜利；要么这个峰会就失败了，这种情况下不会损失什么，但埃及还是会因为与美国关系走得更近而获得好处。“我们追求的是赢得世界的舆论，”他告诉他的顾问们，“卡特总统在我们这边，这将让贝京跌落神坛。”[21]

那天下午，卡特和萨达特在山杨屋的门廊里私下交谈着。萨达特告诉他，他已经准备好达成一个全面的和平协议—— 53
“全面”这个词是这两个人都喜欢的，实际上，他“在口袋中”已经藏好了一个打算提出来的和平计划。[22]这个协议必须给巴勒斯坦人一个解决方案，当西奈半岛交还给埃及的时候，以色列必须退出整个西奈半岛。萨达特不想被人认为是与以色列单独媾和，而基本把巴勒斯坦人的事业晾在了一边。这样做会让埃及失去传统上作为阿拉伯世界领袖的地位。尽管长久的战争给他的国家造成了极大的负担，但一个在其他阿拉伯人和自己国民眼中不诚实的和平协议是站不住脚的。“以色列必须从我国的土地上退出，”萨达特说，“其他事情，我的朋友，你想怎么做就怎么做，我会同意的。”[23]卡特对于这样一种授予他代表萨达特进行谈判的空白授权，颇有一些惊讶。他想知道，这位埃及领导人是否充分理解自己到底可能会被要求做些什么。但萨达特很乐观。“我们可以做到，总统先生！”他大声说，“我们可以做到！”[24]

两个小时之后，贝京和他的代表团来了。基本上和萨达特的见面仪式一样，贝京先尴尬地给了卡特一个拥抱，然后亲吻了罗莎琳的面颊。卡特夫妇松了一口气，因为贝京的妻子阿丽莎不久之后就会到。卡特注意到，贝京穿着西服，打着领带，就好像他们要在椭圆形办公室见面一样。卡特说，在戴维营，有一种随便一些的精神，例如，他就更愿意穿牛仔服和西部样式的衬衫，甚至穿跑步时的短裤和T恤衫。他鼓励贝京也这样做。“这就像来休假一样。”[25]他说。贝京有些吃惊。他不是国家首脑，他提醒卡特。他不过是总理而已，是一种没有什么意义的头衔，他打算按照最严格的礼仪来与两位总统会谈，而不论两位总统自己怎么穿着打扮。

在华盛顿几个跨信仰团体的帮助下，罗莎琳安排了一场祈祷这次峰会成功的仪式。萨达特立即同意了，但贝京坚持要看看祷告词并进行了少量修改。“四场战争之后，尽管大家付出了巨大的努力，”祷告词最后这样写道，“圣地并没有获得和平的祝福。我们清醒地认识到我们面临的问题的严峻性，我们将信赖托付给我们祖祖辈辈的神，我们寻求神的智慧和指引。
54 当我们在戴维营会面的时候，我们请求所有宗教信仰的人们都与我们一起祷告，祝愿和平和正义终会因为这些谈判而到来。”这是这次会谈发布的第一份共同声明，也是峰会在十三天后结束之前的最后一份共同声明。

以色列代表团从直升机上下来，走向戴维营，他们相互推搡着，挤进了对着贝京和卡特的照相机取景框内。“就好像参加野营的一群男童子军一样，”其中一人回忆道，“每个人都希望靠指导员近一点，好让自己被照相机拍到。”[26]贝京的团队是好斗的，相互之间的观点也大相径庭。在美国人看来，以色列代表团看起来就像由许多“女主角”组成的。[27]但这个代表团之所以这样，其实是以色列国内紧张、好斗的政治气氛的反映。[28]在那种政治气氛下，美国人概念中的团队协作根本就没有立足之地。来到这里的以色列人相信，峰会也就持续几天，不可能达成什么协议。[29]

除了贝京之外，以色列代表团中最著名的人物就是摩西·达扬（Moshe Dayan）了。他是一位独眼传奇战士。作为国防部长，1967 年以色列取得的闪电胜利在很大程度上都要归功于他。但在1973年，埃及部队渡过运河蜂拥而至，打了以色列一个措手不及，达扬的传奇以及以色列的传奇也就土崩瓦解了。他荣誉扫地，因以色列受到的残酷打击而被指责、痛骂。尽管他没有对任何人说自己生病了，几乎要失明，而且非常渴望得到一个最后赎罪的机会。和平可能就是那个机会。

下午晚些时候，两个代表团的成员在戴维营三三两两地散步，基本上都在避开对方。每个人都得到了一张戴维营地图，以及一件蓝色防风衣。戴维营里有一个网球场、一个游泳池、一个保龄球馆、一个台球室、一个高尔夫练习场，以及一个不断播放电影的电影院。正值早秋，树叶开始变红、变黄。色彩斑斓的森林对于两个代表团来说都比较新鲜。达扬觉得自己被树木干扰了，因为他不怎么看得清它们。他很渴望回到明亮的沙漠中。

埃泽尔·魏兹曼跳上一辆自行车（那里有许多自行车供 55
客人使用）并骑着它来到贝京住的木屋。路上，他遇到了正照常轻快散步的萨达特，还有陪伴他的外交部长卡迈勒，卡迈勒并不太能跟得上。魏兹曼和萨达特相互拥抱。“很高兴再见到您！”[30]魏兹曼说。

魏兹曼生性骄傲、生气勃勃而又喜欢与人打交道，是以色列“五月花一代”的一员。[31]他的叔叔哈伊姆·魏兹曼是以色列第一任总统。* 年轻的埃泽尔是在海法市长大的，那是一座杂居城市。他的母亲说流利的阿拉伯语，而且努力教孩子们讲阿拉伯语。当然，在埃泽尔这里不是很成功。他的父亲是一位

---

* 埃泽尔·魏兹曼后来改了一下自己名字的拼写，将Weizmann最后两个“n”改成一个“n”。

德国农艺师，后来在巴勒斯坦北部地区成了一名林业官员。“我们习惯于在边界开放的世界中旅行，那个时候边界还没有因为阿拉伯人和犹太人之间的憎恨而封闭起来。”魏兹曼后来回忆说。[32]他的与阿拉伯邻居和谐共处的理想在 1948 年 5 月被打得粉碎，那一年埃及和其他阿拉伯国家的军队，在以色列宣布建国时对以色列展开了军事打击。“对于埃及人来说，我实在不明白这关他们什么事，”他后来这样写道，“他们在巴勒斯坦冲突中有什么利益可言呢？”[33]

魏兹曼后来认为阿拉伯人是有耐心的现实主义者，他们可以仰仗自身庞大得多的人口，以及大量的石油财富，获得长期的优势。同时，他们对于以色列的成功充满愤恨和嫉妒。“想象一下如果你是阿拉伯人，”魏兹曼这样对他手下的人说，“你看到了什么？以色列这个国家正在进行脱衣舞表演，这是你看到的东西，脱衣舞！满目绿色，生机勃勃，繁荣富强，在晚上大片的灯火闪耀。阿拉伯人没有看到的，他们就想象。现在，你大概会明白一个正常的男人，看到一个挑逗不已的脱衣舞之后会做什么了……”[34]

强大的以色列空军是魏兹曼一手创建的，目的是要让阿拉伯人死了征服以色列的心。“我从来不恨阿拉伯人，”魏兹曼坚持说，“但是，犹太人没有办法在和平中建设、发展和生活，因为他们被迫学习在更少的时间内杀死更多的阿拉伯人。”1967 年，魏兹曼的飞机在三个小时内就消灭了埃及空军，在一开始就决定了那场战争的结局。魏兹曼认为，战争不能就此打住，要一直打到开罗、阿曼和大马士革去。他自豪地
56 宣称自己是一只“愤怒的雄鹰”，他主张立即吞并在那场战争中占领的全部土地。

和大部分国人一样，魏兹曼因阿拉伯军队彻底被击垮而洋洋自得。以色列媒体登载了陷在西奈半岛沙地的埃及士兵的军靴图片，士兵们把靴子脱了，这样可以跑得更快。以色列人大肆嘲笑他们可怜的敌人，甚至同情他们——这种姿态让阿拉伯人的失败显得尤为屈辱。“直到我第一次和埃及人会谈之后，我才开始意识到我们所犯的错误，”魏兹曼后来承认，“当埃及人提到他们在六日战争中失败时，他们眼中充满泪水。我突然意识到这个打击对于他们来说是多么痛苦，是如何激励他们加倍努力寻求报复。”[35]

以色列人中只有魏兹曼一个人，与萨达特建立了个人友谊。这种友谊是在许多个小时的谈判中形成的。他一直认为这位埃及领导人是肌肉健美的代表，头发梳得整整齐齐，穿着优雅得体，散发出雅男士牌古龙水的香味。[36]现在在戴维营，遇到穿着浸透汗水的运动服的萨达特，突然觉得他没有那么光鲜了。

“过来看我！”萨达特一边说，一边走进了有些幽暗的林子。[37]

这些领导人在自己的木屋中吃饭，但代表团的其他成员则在月桂屋的大餐厅吃饭。一脸严肃的埃及人围坐在放在餐厅低一点的地面上的桌子旁吃饭，而坐在高一点的桌子旁的以色列人则低声交谈，生怕被埃及人听去什么。

餐厅中的每个人都穿着便服，只有哈桑·埃尔·杜哈米例外。和贝京一样，他坚持在任何时候都穿西服、打领带。其他埃及人有时候觉得好笑，有时候觉得尴尬，但也有一点害怕他。杜哈米多年情报工作的经历给他赢得了在其所处的时代做了大量肮脏活计的名声。[38]他是一个看起来就令人觉得害怕的人：膀大腰圆、蓝眼睛、银胡子。正式的着装让他在一堆牛仔服和运动服中间，显得格外突出。

57 大家都知道杜哈米是萨达特某种意义上的精神导师，尽管没有人真的了解他俩之间为什么如此亲密。[39]他公开地谈论自己和神怪或者死去的圣徒对话。[40]当他担任埃及驻奥地利大使的时候，他在一次晚宴上突然站起来，并对先知穆罕默德打招呼，就好像穆罕默德的鬼魂真的出现在了屋子中一样。[41]他这种突然做出的举动在埃及政府上层中流传开来，他自己也一直在宣传自己超凡的传奇故事。[42]例如，他不经意间提到自己在最后一分钟决定不推翻阿富汗政府，或者他刚刚阻止了马来西亚的一场革命。[43]然而，作为埃及情报部门以前的头头，他确实有一段玩阴谋的过往。或许萨达特被杜哈米的通神灵性或者他所讲的故事迷住了。他们一起经历了独立战争，一起策划事情，很自然就形成了其他人看不到或者无法理解的关系。

在埃及人以及少数几个美国人在月桂屋吃第一顿晚餐的时候，杜哈米吹嘘着自己的神秘力量。他宣称，他已经通过不断练习掌握了以纯粹的意念来控制自己身体内和身体外的自然力量的方法。他曾经爬到开罗动物园的狮子笼中，让狮子向他下跪，他对那些惊讶的听众说道。而且，他能够离开自己的身体，并在物理世界之外游历。他甚至找到了一个让他的心脏停止跳动的方法。

最后这句话吸引了梅纳赫姆·贝京的心脏病医生的注意，他当时正与一位美国医生坐在临近的桌子旁吃饭。现在听众更多了。杜哈米说他曾经去做一次体检，测量脉搏的医生突然就脸色发白。“杜哈米先生，你的心脏没有跳动！”医生大声说，

“你死了！”杜哈米抱歉说，他忘记让自己的心脏恢复跳动了。[44]

听到这个故事之后，医生们都觉得难以置信，其中一位问他是不是通过练习瑜伽来做到这种奇异的事情的。[45]这个问题让杜哈米非常生气。他说这和瑜伽根本就没有关系！但他拒绝透露自己的神秘技巧。

戴维营峰会召开的一年前，在萨达特访问耶路撒冷之前， 58
在国王哈桑二世的邀请下，摩西·达扬在摩洛哥与杜哈米秘密会面，目的是看看能否悄悄地进行和平谈判。为了让这次会议不为人所知，达扬在从巴黎坐飞机到拉巴特的时候戴上了蓬松的假发和太阳镜，贴上胡须，把自己打扮成了披头族。[46]

摩西·达扬一定意识到了，在像杜哈米这样的埃及军人的想象中，他多么像一头怪兽。没有任何其他以色列人，更能让埃及人想起他们在 1967 年遭受的羞辱。或许正是因为这个原因，摩洛哥国工没有事先告诉埃及人他们要见的是谁，只是说以色列代表是一个“在每一个阿拉伯国家都有地位，而且能够负责任的人”。[47]

当杜哈米进入哈桑在摩洛哥的皇宫的时候，他向国王打了招呼并拥抱了他，但是一开始他不愿意看以色列人。“这是达扬！”国王最后说。[48]

“毫无疑问是达扬。”杜哈米回应道。最后他对这个传奇的以色列人说：“我从来没有想过会在这样的客厅中见到你。我一直期待在战场上遇到你，要么你杀死我，要么我杀死你。”

杜哈米说他带来了萨达特总统的一封信，并用清脆的声音大声宣读。这封信中列出了埃及提议的和平计划的条件。他一再强调需要保密，即使是美国人也不应该知道。他说，他的命都悬在这上面了。“他那个时候要求保密的做法，在我看来，也是因为他内心正经历着一种危机，”达扬后来写道，“对他而言，与以色列政府的一位官方代表会面并探讨和平，是很大的心理冲击。”[49]

杜哈米本应打好萨达特和贝京进行和平谈判的基础，但他那种神秘主义的天性不断地盖过这个任务本身。“摩西，你是以色列的一个假先知。在你之前也有一位独眼先知，他就是假先知。”[50]

“先生，我不是那个人。”达扬回答道。

杜哈米回到正题，他强调萨达特对于和平是认真的。然而，萨达特只有在贝京同意从占领地区完全撤出的情况下，才
59 会与贝京见面、和他握手。[51]如果就上述原则问题达成一致，就可以定好保障以色列安全的措施。那样，萨达特可以在不被认为是向以色列投降的情况下实现和平。

杜哈米忍不住反复提起过去的失败。他怎么也想不明白，一个有四千万人口的埃及，与叙利亚、约旦和其他阿拉伯国家联合在一起，却被以色列打败了，而以色列只有区区三百万人。说起纳赛尔，杜哈米的嘴唇因为生气和轻蔑而发抖，因为他认为，埃及之所以在 1967 年的那场战争中失败，是因为纳赛尔与以色列人合谋让埃及失败。“否则，我们怎么可能遭受这么大的灾难呢？”[52]他问达扬。他继续说中东就是因为无尽的战争才无法实现经济上的繁荣和精神上的富足，但现在到了歌革和玛各的理念最终对决的时候，光明之子将直面黑暗之子，以色列人必须选择他们到底站在哪一边。[53]

达扬和杜哈米之间的奇异会面，最后证明产生了很大的影响，超出了达扬的想象。当杜哈米回到开罗的时候，很明显，他对萨达特说了贝京同意从占领土地上全面撤军。正是在这个基础上，萨达特才去耶路撒冷的，他认为双方不过是需要把一些细节搞清楚而已。当他和贝京、达扬第一次私下会谈的时候，萨达特提到了以色列撤军的秘密约定。达扬否认他曾做出过这样的承诺。他到摩洛哥去的唯一目的是收集信息，并向贝京汇报。

“但杜哈米说你们随时准备撤退。”萨达特抗议说。[54]

“总统先生，我没有那样说过。”达扬回答说。

当然，那个时候，萨达特已经在耶路撒冷了，整个世界都看着他。中东和平进程就是由于一个疯子的错误理解才启动的，这是完全可能的。

晚上，贝京来到卡特住的木屋，进行了第一次交谈。他们坐在一个简朴的、木板做的书房中。在那里，贝京看起来比在
宽大的客厅要更自在一些。卡特浏览了在戴维营需要讨论的问 60
题，说他主要是仲裁人的角色，当双方不能达成协议的时候，他会提出一些妥协方案。

在三个领导人中，贝京处在最强的地位：他可以从戴维营空手走开，而这对于他没有什么政治损害。他根深蒂固的立场是众所周知的，即使那些强烈反对他的人，也从不对他的原则提出质疑，也不认为他会做出任何有损于以色列安全的妥协。他是一堵岩石砌成的墙。但是，毫不妥协也会带来相应的风险。他认识到，有一个东西对于萨达特来说，比与以色列达成和平协议更为重要：坚实的美埃关系，就好像萨达特与卡特之

间的关系那样。可以预见，埃及能够轻易地取代以色列，成为美国在中东最亲密的朋友，这会让石油酋长们和美国之间建立新的外交桥梁。[55]同时，美以关系可能会像贝京和卡特之间的关系那样，有一定的紧张。美国给以色列提供了不小的军事和经济安全，自 1973 年战争以来提供了超过 100 亿美元的援助，相当于每个以色列人 4000 美元。[56]如果美国人认为贝京是签署一份真正的中东和平协议的主要障碍，他的政治生涯就完蛋了，以色列那个时候就会发现自己在这个世界上没有朋友。

贝京主要担心的事情是，卡特和萨达特正在阴谋对他不利。他有理由这么担心。当年早些时候，布热津斯基提出了与萨达特合谋，向贝京施加压力的想法。[57]在这个计划下，萨达特将提出一个有关西岸和加沙地带的计划，这个计划会非常符合现实情况，向以色列提供足够的安全保障，但同时也会包含一些美国认为无法接受的内容。这将使卡特可以与萨达特和贝京进行讨论，那个时候他可以提出一个萨达特此前已经秘密同意了的“折中的”计划。贝京这时就左右为难了。卡特可以逼迫贝京却不显得似乎对以色列立场不利，他可以利用自己作为美国总统的优势地位和以色列对美国的明显依赖这个弱点来这么做。美国人可以借助萨达特的表演能力将这个事情表演到位。然而，万斯反对这个主意，而且萨达特也过于冲动，不是一个值得信赖的共谋者。但是美国代表团仍然相信，如果希望达成任何有意义的和平协议，还是有必要耍一些计谋来给贝京施加压力。[58]如果贝京拒绝妥协，美国的目标就是在以色列国
61 内激起对他足够大的压力，让他的政府垮台，这样就可以产生一个更为灵活的和平合作伙伴——埃泽尔·魏兹曼就是替代他的最为理想的人选。[59]

然而，贝京也有自己的王牌。他随身带着卡特总统的前任杰拉德·福特总统的亲笔信。[60]1975 年，福特总统的国务卿亨利·基辛格曾经试图达成一项协议，在这个协议下，以色列将从它在 1973 年占领的西奈半岛的土地上撤出。在那次谈判中，美国做出了一系列承诺，包括贝京随身带着的那个：美国承诺在未与以色列协商之前不会提出任何和平提议。虽然从这样的承诺中并没有获得什么，但它却一直悬在美国政策制定者的头顶。实际上，福特的这个承诺给了贝京一个能够否决所有和平提议的强大权力，损害了美国作为一个不持立场的中间人的角色。

“总理先生，我们这次会议必须达成协议”，卡特说。他还指出，如果失败，在可预见的未来内就没有什么机会实现任何进展了。[61]在这个与世隔绝的环境中，时间充裕，既远离媒体，也远离国内政治的斗争和棘手问题，三个人在一起可以改变历史。他们的下属是没有权力或者权威来这样做的，而他们的前任可能从来没有得到过这样好的机会。只有贝京和萨达特可以做到，就在这里，就是现在。卡特继续说：“埃以之间达成和平协议，对我来说比任何其他政治机遇都重要。”

卡特开始从他那个要点清单中找出他认为两方已经达成一致的方面。他说，贝京的巴勒斯坦自治计划是很大胆的，他愿意承认埃及对西奈半岛的主权也是如此。

贝京立即把卡特的话打住了。在西奈半岛，埃及的主权是一回事，但另一方面，以色列的定居点必须保留。

萨达特根本不会同意这个的，卡特说。

在讨论过程中，贝京甚至拒绝提及“巴勒斯坦人”这样的字眼。他坚持以《圣经》上的名字来称呼西岸：朱迪亚和 62

撒玛利亚，就好像在强调上帝将这片土地给了他的选民一样。“有些人认为《圣经》很荒唐，”他说，“但总统先生，您不这么看，我也不这么看。”[62]

卡特说，以色列在西奈半岛、西岸和加沙地带的持续存在，违反了国际法。而且，“萨达特坚持要求以色列接受这个原则：不能通过武力夺取土地”。[63]

“安理会第242号决议可没有说那个，”贝京回答道，“它说的是不能通过战争夺取土地，总统先生，这里面的差别大了去了。而且还有防御性的战争，这可不是那么简单的。”六日战争是对埃及敌对行动的一场防御性战争，而不是主动突袭，他补充说。“如果这样一个原则被接受，整个欧洲的地图都需要修改。”[64]只有在“战争”前面加上“主动挑起”这样的字样，他才能够接受，而这种说法意味着以色列人继续留在占领地区是合理的。

“美国希望以色列拆除占领地区的定居点。”[65]卡特说。

“我们不能接受！”贝京大声说。或许他可以同意不再在西奈半岛建立新的定居点，但在西岸，“那是我们的绝对权利。”

贝京不仅没有带来任何新的倡议，他甚至没有理解这次峰会的意义所在。是的，他承认，与埃及达成一项协议是重要的，但首先以色列必须与美国达成一项有关如何开展谈判的协议。而这就至少需要好几个月的时间，明显不可能在戴维营完成。

贝京对峰会的结果似乎无动于衷，卡特有一些吃惊。“萨达特可是冲动型人物，”他警告说，“如果在这次谈判中没有进展，他可能会发动一次军事行动。”[66]

贝京不为所动。卡特开始意识到，这位以色列领导人离开始谈判还很远。在晚上十一点，卡特结束了这种毫无意义的讨论。他回到卧室，沮丧地对罗莎琳说："我认为他根本没有达成和平协议的意愿。"

贝京摸黑回到了自己住的木屋，体会着这里的安静。其他 63
许多木屋的灯光都还亮着，因为各个代表团都在忙着准备第二天早上双方的第一次会面。空气中有了初秋的凉意。"这真是地球上的一个天堂！"[67]他想。

当他到达桦木屋时，代表团成员们正等着他。作为总理，他从来不善于征询其内阁成员的意见，但现在他将他的顾问们集中在走廊上一起开会，并向他们讲述了自己和卡特讨论的情况。"我们要面对一个棘手的人物，"他告诉他们，"他的名字叫安瓦尔·萨达特。"[68]

第二天

吉米·卡特、埃泽尔·魏兹曼、阿丽莎·贝京、
耶齐尔·卡迪沙伊和梅纳赫姆·贝京在戴维营

65 自从进入海军之后，卡特每天早上都是五点钟起床，不论他多么晚上床睡觉，这个习惯没有被打破过。今天早上，卡特先过了一遍自己的任务，当太阳升起来的时候，他和罗莎琳已经打了大约一个小时的网球了。万斯和布热津斯基来和他们一起吃早餐。卡特讲到自己昨天晚上和以色列总理会谈的时候，不停地摇头。贝京看起来很顽固，没有想象力，纠缠每一个音节。[1] 他停留在过去，不愿意看向广阔的前景。卡特已经对下午三个领导人的会谈有些担心了。

萨达特八点钟起床，每日都会去散步，之后在十点与卡特
66 见面。“我的东西已经准备好了，”他自豪地告诉卡特总统，

并将有关埃及立场的草稿交给了卡特。[2] 当卡特读到这个“全面和平解决中东问题的框架”时，心情一下子沉重起来。[3] 确实全面——一页又一页毫不妥协的阿拉伯陈词滥调，这些东西肯定会将任何达成协议的可能性摧毁得一干二净。例如，萨达特坚决要求以色列签署 1968 年的《不扩散核武器条约》，埃及签署了这个协议，而以色列没有。所有在占领地区的定居点都要拆除。除了从西奈半岛全面撤出之外，以色列必须为其采出的石油付款，并就战争行为给平民和民用设施造成的损害做出赔偿。离开家园的巴勒斯坦人，要么被允许回到以色列，要么获得补偿。五年之内，要在西岸建立巴勒斯坦国。以色列将放弃东耶路撒冷，将它交还给阿拉伯世界。这就是一个妄想，几乎没有什么东西是以色列会同意的。

萨达特说，他希望在下午的会议上大声宣读“和平框架”。想到贝京的反应，卡特警告说，这将是一个严重的错误。很明显，萨达特希望用一个强势的初步倡议，来迎合其他阿拉伯领导人，从而让他在未来做出一些让步更容易一些。之后，萨达特突然拿出了一份令人意外的方案。他强调这个必须严格保密。他拿出了三张已经打印好的文稿，上面注明只能给卡特总统看，在这里面他做了好几个让步，卡特可以自由决定如何使用这些让步。萨达特同意和以色列建立全面的外交关系，相互交换大使，边境允许人民自由流动，日常的邮政服务，自由贸易——换句话说，一种正常的睦邻国家关系，而这正是卡特希望实现的。此外，还有一个更为温和的处理巴勒斯坦难民的方案，以及在不建立国家的前提下成立一个自治组织。萨达特同意对西岸的边界进行一些小调整，以便符合以色列的安全需要。就西奈半岛而言，他同意保留联合国维和人

员。耶路撒冷可以保持完整且不被分割。这些都是卡特认为可以向贝京兜售的东西。卡特第一次看到了达成协议的一丝光
67 亮。但现在，他是唯一一个知道这个秘密备忘录的人，萨达特甚至将自己的代表团也蒙在鼓里。

萨达特回到自己的木屋时，情绪高昂，他的外交部长注意到了。穆罕默德·卡迈勒对萨达特成年以后的生活轨迹十分了解，以前他们还一起坐过牢。对英国一辈子的仇恨把他们联结在了一起，并密谋干一番大事。

1942 年夏天，“沙漠之狐”埃尔温·隆美尔将军的德国坦克军团将英国第八军包围在阿拉曼，埃及北部的一个海滨城镇。许多狂热的埃及民族主义者对纳粹的入侵非常兴奋，并公开祈祷英国被打败。“德国是我们的敌人英格兰的敌人。”萨达特后来解释说。[4] 感觉这是一个创造历史的时刻，他自作主张地给隆美尔将军写了一封信，信中提议埃及军队可以阻止英国士兵离开开罗，这样德国军队就可以放手一搏了，作为交换，埃及应该获得完全的独立。那个时候，萨达特不过是一个二十三岁的陆军通信兵上尉而已，但他认为自己有权代表埃及和军事史上最为著名的人物之一缔结一份条约。这封信从来没有被真正送到隆美尔手中。萨达特派了一个参与共谋的同伴飞到阿拉曼把信送过去，但他坐的是英国飞机，被德国人打了下来。

之后不久，两个纳粹间谍联系了萨达特。他们一个叫约翰内斯·埃普勒（Johannes Eppler），这个人有一半的埃及血统，另一个是汉斯－杰德·“桑迪”·桑德史迪德（Hans-Gerd “Sandy” Sandstede）。他们的一台发报机坏了，希望萨达特可

以修理好。萨达特觉得这是将自己的计划传送给隆美尔的新机会，因此很爽快地答应了。这两个间谍住在尼罗河上的一个游艇里，这个游艇属于一位著名的肚皮舞表演者。他们对萨达特吹嘘说，一个犹太中间人给他们换了大概四万英镑假币。“我对于犹太人会为纳粹做这样的事情一点儿也不奇怪，因为我知道只要价格合适，犹太人会做任何事情，”萨达特回忆说，“但我对埃普勒和桑迪与犹太人打交道有些担忧。”[5]

肚皮舞表演者赫克梅特·法赫米（Hekmet Fahmy）看起 68
来是一个一脸天真的少女，但实际上她是一个狂热的埃及民族主义者，可以说是“开罗的玛塔·哈莉”。[6]埃普勒利用她将她在奇巧卡巴莱歌舞表演厅遇到的英国军官引诱到游艇上来。当她在卧室里和那些军官缠绵的时候，这两个间谍就会翻他们的文件。萨达特也开始在游艇上过夜，船上的场景看起来越来越堕落不堪。[7]埃普勒对于《一千零一夜》这个古老的传说非常痴迷，他总是不停地播放里姆斯基－科萨科夫的曲子《天方夜谭》。他告诉萨达特：“国王山鲁亚尔多么幸福——每天晚上都有一名处女供他享用，第二天早上就把她杀了！这就是我梦想的生活！”

这两个纳粹间谍被捕了，他们很快供出了萨达特。埃普勒抱怨说，他们被两个犹太妓女给出卖了。他在和她们按照“一千零一夜”故事进行角色扮演并哼唱“德意志高于一切”时，威胁要把她们“杀”了，之后她们就把他们出卖给了英国当局。

萨达特是在 1942 年 9 月被捕的。两年之后，当战争毫无疑问就要结束的时候，许多因为冒犯了英国人而被关押的埃及囚犯都被释放了，但萨达特没有。类似于公开作秀，萨达特和几个囚犯一起，从看守不严的监狱中逃了出来，路边招手拦了一辆出租车，然后直奔国王在开罗的住处，也就是阿卜丁宫，在访客簿上签名，然后又坐出租车回到了监狱。这次逃跑表演之后，他开始绝食。当最终被送到医院之后，他又一次逃跑了。接下来的一年，他一直在逃亡。为避人耳目，他蓄起胡子，并尝试做建筑工人找活干。萨达特自由但赤贫。1945 年，他十个月大的女儿死了，明显死于饥饿。[8]

正是在这一时期，他遇到了穆罕默德·卡迈勒。[9]卡迈勒是一个地下组织的领导者，这个地下组织主要是偷偷跟随并杀死英国士兵，通常都是趁英国士兵醉了且独自一人走在开罗街头的时候。这两个人在歌剧广场的一个咖啡馆碰到了。萨达特是一个非常显眼的人，身材高大、肤色很深、蓄着胡须、声音深沉但洪亮。在卡迈勒看来，萨达特穿着“奇特的衣服”[10]——一件深黑色上衣，一件红格子马甲，而且穿着一双特别显眼的白色皮鞋，一副正在逃亡之中的打扮。

萨达特马上意识到他可以利用卡迈勒的小小的“谋杀组织”。[11]杀死几个英国士兵不会让埃及获得解放，但可以作为主
69 要任务之前的热身运动，[12]这个主要任务就是：刺杀那些支持英国的埃及著名人物，特别是总理穆斯塔法·纳哈斯。

萨达特把那些杀手带到沙漠中，训练他们如何射击以及如何使用手榴弹。他的计划是，在总理的车经过开罗的美利坚大学所在的卡塞尔·埃尔－艾尼大街的时候，将炸弹扔向他的车，然后再向他射击。萨达特给了卡迈勒和其他杀手一包裹东西，里面有手榴弹、几把手枪，然后他在美利坚大学门口的一辆用来逃跑的车中等着。当纳哈斯的车开过来的时候，为了避开一辆有轨电车突然加速了，手榴弹在他的车后面爆炸了。刺

客们四散逃走，门口的那辆车也消失得无影无踪。

萨达特马上又确定了另一个刺杀对象：埃及政府部长之一阿明·奥斯曼（Amin Osman），他曾说埃及和英国占领者之间是“无法分开的天主教婚姻关系”[13]。这次刺杀成功了。奥斯曼进入老维多利亚人俱乐部（Old Victorians’ Club）的时候被枪杀了，这个俱乐部是英国人常光顾的地方，对于刺杀活动来说，也是一个有象征意义的地方。“除了除掉了一个顽固支持殖民主义的人之外，我们的行动还让英国人的威望受到了损害。”[14]萨达特吹嘘说。然而，几天之后，杀手就招供了，整个谋杀团体都被逮捕了，并被投入了监狱。

卡迈勒出身于一个富裕的、有影响力的家庭。事实上，他的父亲是一位著名的法官，这意味着他受到了特别照顾。他的家人把食物送进监狱，卡迈勒大方地与其他被告们分享。萨达特喜欢卡迈勒母亲的厨艺，会大胆地点一些特别的菜，例如大米鸽子肉砂锅饭。卡迈勒还被允许每周离开监狱两次，说是去看牙医。在那里他会和家人以及萨达特的一些军界朋友见面，他们会给卡迈勒的口袋里塞满东西，让卡迈勒偷偷地带到监狱里去。

在两年多的时间内，这个“重大政治刺杀案件”的审判一直占据着埃及报纸的头版位置，萨达特的参与是大家最感兴趣的。这个前军官已经因试图与纳粹合作而声名显著了，他的 70
果敢、耀眼的背景、英俊的脸庞，以及自然而富有表现力的眼神，让他成了小报的挚爱，也让他成为埃及民族主义者心中的英雄。“只要你们愿意，判我死刑吧，”他在法庭上的被告席上这样大声说道，“但请不要让这些检察官在这个脆弱的埃及法庭上赞扬英国的帝国主义行径。”[15]

尽管他在回忆录中并没有写到，萨达特曾两次被一群青年军官从监狱中偷运出去。这些军官致力于让埃及国王的荣誉免受英国玷污，他们将自己称为铁卫。[16]像萨达特一样，他们也想刺杀穆斯塔法·纳哈斯。萨达特躲在一辆皇家车辆中向总理射击，但没有打中。一个月后，他又参与了用汽车炸弹炸纳哈斯的住所，但从来没有被指控（似乎有魔法的纳哈斯一直活到很老）。

萨达特和卡迈勒坚决否认他们参与了这些刺杀活动，并最终被无罪释放。“我在交叉质证阶段的努力，让这个案子陷入困境之中。”萨达特不无得意地说。[17]之后他就回到了军队，加入了纳赛尔建立的旨在推翻国王的秘密组织。卡迈勒则进入了外交部门，最后成了埃及驻西德大使。这两个人后来很少见面，即便他们在政府中的职位越来越高。

1977 年 12 月，当卡迈勒返回开罗处理公事的时候，他的妻子听电台上说他已经被任命为外交部长了。他很震惊，萨达特甚至没有告诉过他。公开宣布之后，萨达特使得卡迈勒很难拒绝上任，否则就会成一个丑闻。之前两位外交部长都因萨达特的和平倡议而先后辞职了。卡迈勒感觉自己被拖下水了。形成于监狱时光的忠诚关系让他觉得应该担任这个职务，但事实上他对与以色列人打交道是很恐惧的。他认为一旦开始谈判，就意味着这场战争你已经输了一半，因为对话意味着平等。[18]埃及相对于以色列来说太弱了，埃及拥有的唯一优势是与其他阿拉伯国家站在一起拒绝谈判。但是，萨达特对他的担忧充耳不闻。“你还记得我们在监狱中的日子吗？”当他们最终谈到
71 职位问题时，萨达特问他。“穆罕默德，你将和我一起，在历史上占据一席之地！”[19]

卡迈勒来到戴维营时是很沮丧的，他猛抽烟，相对于峰会失败，他更担心峰会取得成功。[20]在与以色列人进行了一些会谈之后，人们听见他在房间中抽泣。万斯试图来安慰他。[21]以色列对传统阿拉伯土地的主张让他出奇地愤怒："以色列人的态度是建立在错误的种族主义观念上的，这种观念占据了他们的大脑并统治着他们的行为——也就是说，他们是上帝的选民。相应地，在他们相信的任何东西上，他们的权利都要超越任何其他人的权利。"[22]

在讲述了早上和卡特会面的情况之后，萨达特向卡迈勒和代表团的其他成员提议，大家都出去走走，熟悉熟悉周围的环境。萨达特穿上运动服出发了。路上他们遇到了梅纳赫姆·贝京，他正坐在高尔夫球车上。这是这两位领导人在戴维营的第一次试探性接触。

"您好啊，总统先生，"贝京一边握手，一边向萨达特打招呼，"您看起来气色不错。我希望您心情也不错。"[23]

"您看起来也不错，总理先生。"萨达特回答道，打量着他的对手。

他们的健康问题一直是所有人揣测和研究的对象，两个人都犯过几次心脏病。这两人中，萨达特看起来情况要好一些，尽管他像对待已经有裂缝的陶罐一样，小心翼翼地对待自己的身体。他通常会睡到早上九点甚至九点半，醒来之后，他会吃一勺蜂蜜和蜂王浆，并喝一杯甜薄荷茶。[24]接着他祷告、洗澡、刮胡子，之后回到床上读报纸，直到吃早饭为止。早饭通常就是酸奶，或者木瓜和蜂蜜。最后，他穿好衣服去工作，走之前或许会喝上一小杯伏特加，主要用于滋补他的心脏。接下来的三四个小时，他一直在工作，接待来访的客人，阅读报告。他觉得自己很容易感冒，因此不论气温如何，都不吹空调。只要有需要时，助理就会递上一块干净的白手帕，让他抹去脸上的
72 汗水。每天下午，他都会花一个小时躺在卧室的地板上休息，用一块头巾遮住眼睛。由于节食，他不吃午餐，但依旧抽烟，他手中很少不拿着烟斗。每天，他都会快步走上两英里半。他唯一的体育运动是打乒乓球。除了其他职务外，他还是非洲乒乓球协会的主席。运动之后就会做按摩，之后洗澡，睡一大觉。傍晚七点钟左右他会醒来喝一杯茶，吃一份简单的晚餐。他一直工作到九点，之后他就穿上睡衣，点一堆他想看的电影——大部分都是美国的西部片，边看边喝点威士忌。

安瓦尔·萨达特

贝京似乎不愿意锻炼，他和萨达特不一样，他想办法戒了烟。他因为心脏问题和糖尿病，要吃好几种药。这些药有损他的精力，也影响他的情绪。同萨达特一样，贝京也吃得很清淡，喜欢炖鸡和白软干酪。但他不停地喝茶，他喝茶的方式是俄罗斯式的，嘴中含着一块方糖。他经常沉默寡言，心情沮丧。1951 年，在多次竞选后再次失败，他短暂地离开了政治
生活，和阿丽莎一起坐船到意大利去了。他的幕僚之间有一个 73
传言，说他在瑞士的一个疗养院休养了一段时间。[25]终其一生，他会突然心情黯淡，即便是在内阁会议上，他也总是无精打采的，无法集中精力。[26]

美国人担心戴维营谈判的压力，可能会对这两个人的身体产生不利影响。死亡是一个未被承认但一直都在那里的客人。

卡特要求贝京在下午三点的会议开始前早一些到，当他来了之后，卡特看起来非常紧张。“萨达特总统带来了一份书面倡议，”卡特说，并提前警告贝京，他知道以色列人不会接受这个倡议，“但我不希望这次会议因此不欢而散。”[27]

萨达特来了，洗过澡，穿扮得当。就像贝京一样，穿着外套，打着领带。他们俩都不愿意像卡特那样总是穿得那么不正式。他们在山杨屋的门廊上，围着一个木头小圆桌，在斑驳的午后阳光中坐了下来。卡特计划在这次会议中尽量少参与，希望这两个人能够更好地认识对方，并信赖对方。那个时候，他还认为自己不过是一个促成这次会晤的人，而没有承担更多的角色。

贝京开口说：“我们必须翻开新的一页。”但他继续说：“谈判是需要耐心的。”[28]

“确实，我们需要时间。”萨达特同意。他希望达成一个全面的和平框架，而具体细节可以由条约的具体执笔人员来考虑。“我认为，我们至少需要三个月的时间。”萨达特看起来没有往常那种怡然自得的样子，他好几次磕磕巴巴地找恰当的词语。第一次会晤的紧张氛围影响着每一个人。

贝京说，天主教徒选出新教皇时会说：“教皇诞生了！”[29]他希望这次会议结束后，他们三个人都能够说：“和平诞生了！”——我们终于有了和平。

在轻松的开场白之后，卡特最担心的时刻到来了。萨达特戴上眼镜，开始朗读他带来的十一页计划。“在萨达特总统的历史性行动之后，”他毫不谦虚地说道，“这个历史性的行动，
74 重新点燃了全世界对人类未来将会更加幸福的希望，而且，考虑到中东人民和全体爱好和平的人民那种结束过去的痛苦的愿望……”[30]他说了一大堆给自己戴高帽子的话，然后才开始谈他的倡议。接下来的九十分钟里，他充满感情地朗读着，当他提到要求建立一个巴勒斯坦国家，阿拉伯国家也要分享耶路撒冷，西奈半岛要归还埃及，拆除所有的定居点以及以色列退回到1967年边界的时候，他的手还时不时紧握椅子两侧的扶手。贝京面无表情地坐在那里，卡特感觉这位总理先生内心的火山可能就要爆发了。萨达特终于说完之后，会场里寂静无声。

卡特打破了僵局，他对贝京建议说，如果贝京愿意就这样原封不动地在萨达特的倡议上签上大名，大家就省事了。霎时间，三位领导人都大笑起来。贝京做了一个令人意外的礼貌回应，他说，他能够理解埃及人在这份文件上花了多少工夫，但他希望可以更仔细地读读这份文件，并和助手们商量商量。三位领导人同意第二天再会晤，每个人离开的时候都情绪高昂。

这真是奇怪。卡特曾对罗莎琳预言说：“贝京会爆发的。”[31]但是相反，贝京看起来却是平静得令人奇怪，萨达特也是如此。

贝京和他的顾问们在戴维营门廊上的会谈，像是在晚上进行的一个庄严仪式。达扬说，贝京的助理耶齐尔·卡迪沙伊（Yechiel Kadishai）把一把椅子拉到中间，让贝京坐下，“就像一个拉比一样”。[32]在这个有些冷的秋夜，贝京讲述了他和萨达特、卡特会面的情况，以色列人都非常吃惊。贝京说，萨达特甚至要求赔偿，就好像是埃及战胜了以色列一样。“多么放肆！多么无礼！”他抱怨说。[33]

“说他放肆是说轻了。”达扬同意地说。

贝京说了一句不那么常见的以色列俗语：“如果我把埃及人的文件的意思搞错了，那我就是一个花盘！”

从贝京激动的话语中，很明显可以看出，贝京认为萨达特的开场白已经突破了正常的外交边界，而这让以色列的民族荣誉受到了损害。他对这种轻视非常敏感。他在其生命和职业生涯中一直都在努力提升犹太人的尊严——他用的词语是“哈达尔”（Hadar）[34]，这个词的实际意思是“光荣”或“壮丽”，
无论如何都是犹太人在当代历史上所遭遇的贬低和迫害的绝对 75
反面。他的这种努力不仅可以说明他为什么对仪式和繁文缛节如此执着，也能说明他为什么对于非犹太文化没有同情心。这种冷酷让他在地下运动时期成了一个令人敬畏的人物，但在和平会议上，则是一个难于讲理的对象。“只有一件事情我是敏感的，”他这样对卡特说，“那就是犹太血统。”[35]

以色列人意识到，贝京和卡迪沙伊之间很难用上下级或者朋友关系来理解的。这种关系从第二次世界大战早期在特拉维夫就建立起来了。卡迪沙伊是一个犹太人团体的一员，这个团体加入了英国军队。其中大约二十个人会在乔治国王大街的酒窖中秘密会面，交换有关欧洲战局的各种传言。他们都有家里人住在欧洲，传言说德国人在大规模屠杀犹太人。这是真的吗？他们能够做什么？他们掌握的信息太少了。

一天，酒窖的大门打开了，一个瘦弱的年轻人——大家一开始都认为他是一个孩子——进来了。他戴着圆框眼镜，穿着军服——苏格兰小帽、齐膝短裤和带扣子的袜子。他的帽子上有波兰鹰帽徽，一看就是安德斯部队的，这支军队是由俄罗斯集中营中出来的囚犯组成。在纳粹入侵苏联之后，约瑟夫·斯大林释放了波兰犯人，包括犹太人，允许他们在维亚切斯瓦夫·安德斯（Wladyslaw Anders）将军的领导下建立自己的军队。最终，安德斯部队由英国的中东总指挥部指挥。

这个年轻人给聚集在特拉维夫酒窖中的卡迪沙伊和犹太士兵带来了可怕的消息：波兰的犹太人中有超过三百万人都被判处了死刑。但匈牙利、罗马尼亚、保加利亚的犹太人还有机会被救，因为德国人现在还没有把注意力放在他们身上。“我们可以救他们，没有其他人可以。”[36]他说。如果英国可以将通往巴勒斯坦的大门打开，欧洲各地的犹太人都会涌进来，骑自行
76 车、坐卡车，甚至徒步穿越土耳其和波斯。但要说服英国人，唯一的办法就是制造麻烦。

卡迪沙伊那个时候十九岁，他转过头问其中一个军人，“这个男孩是谁？”其中一个士兵回答道：“他来自西伯利亚，名叫梅纳赫姆·贝京。”[37]

之后不久，卡迪沙伊同意做贝京的麻烦制造者之一。1946年，在旨在结束英国对巴勒斯坦托管的伊尔贡运动中，卡迪沙伊帮忙炸了英国在罗马的大使馆。三十年之后，卡迪沙伊还在贝京的身边，就像配偶那样无微不至地照顾他，没有人提出疑问，也没有人能够完全理解这种关系。只有那些曾经和贝京一起从事地下斗争的人才能够理解他此行的道德代价，而在这一点上，没有谁比卡迪沙伊更清楚。谁能想到，他们会来到这个山区度假区的木屋中进行和平谈判呢?

1943 年 12 月，贝京三十岁的时候，成了伊尔贡运动的领袖。那时英国人正在和纳粹开战，犹太人向英国人发动攻击，对于许多犹太人来说，简直是疯了才会这么做。然而，那个时候英国人刚刚意识到石油的价值，并希望与阿拉伯国家维持建设性的关系，同意严格限制犹太人向巴勒斯坦地区移民。伊尔贡将犹太人偷偷运出欧洲，但英国人却阻拦运送难民到巴勒斯坦的船只，他们将犹太人重新运回欧洲，之后被纳粹屠杀。

贝京接手的时候伊尔贡几乎运作失灵。[38]那个时候，伊尔贡大约有一千名成员，但只有三分之一受过军事训练，他们只有一挺老机关枪、五支冲锋枪、一些手枪和步枪、一百枚手榴弹和五吨炸药。在军火这么少的情况下，贝京宣布要对英国统治者开展武装反叛。“我们必须战斗，在故土的每一个犹太人都应该参加战斗，”他宣布，“没有退路，要么自由，要么死亡。”[39]

贝京本能地了解恐怖活动会奏效。谋杀不是目的，尽管这是无法避免的结果。他的想法是进行一系列引人注意的攻击行动，登上伦敦和纽约报纸的头条，从而激起英国采取压迫行

动。可以预见，英国将会进行大规模的逮捕行动和残酷的审
77 讯，并以儆效尤地对一些人执行死刑。在这种情况下，巴勒斯坦的犹太人将会更加疏远英国并起来反抗；英国在世界舞台上的地位就会受到影响，而对英国托管巴勒斯坦的支持也会动摇。“历史和经验告诉我们，如果可以成功地将英国政府在以色列这块土地上的威信摧毁，它在这里的统治就自动结束了。”贝京这样写道：

> 从此，我们一直让这个脆弱的地方不得安宁。在起义的那些年中，我们刻意地、不知疲倦地、不停地攻击英国政府的威信。
>
> 地下运动如果没有被压迫、绞刑、折磨和流放摧毁或者削弱，最终将会瓦解一个殖民政府的威信，而这个政府之所以能够存在就是因为它是无所不能的神话。每一个它没能阻止的攻击，都会对它的地位造成打击，这种小凹痕最终会形成裂缝，而这种裂缝会被后面形成的裂缝不断扩大。[40]

贝京以他杰出的能力即兴创作了世界各地都争相遵循的恐怖主义活动手册——包括巴勒斯坦解放组织在内，他们都希望复制贝京的成功。[41]

贝京是幸运的，因为他正在与一个已被削弱的、无法集中精力对付他的敌人交手，这个敌人还深陷与德国的战争而不能自拔。在巴勒斯坦的整个历史长河中，英国从来没有制定打击犹太恐怖主义活动的统一政策，这种活动与十年前的阿拉伯起义不同，阿拉伯起义主要发生在大城市中，在这种地方起义者

很容易躲回到周围的社区并混迹其中。贝京的目标不是为了赢得哪场战争，而是向英国证明巴勒斯坦是无法被统治的。他集中精力攻击那些具有象征意义的目标，从同时攻击英国的三个移民办公室着手，这些移民办公室正是负责阻止非法犹太移民的机构。之后则是对四个警察局发动了类似的攻击。他通过敲诈勒索和偷窃募集资金。在 1945 年 1 月，伊尔贡抢了特拉维夫邮局的一辆邮车，获得了一车的钻石，他们以四万英镑的价格把这些钻石卖了。[42]一年之后，他们抢劫火车，获得了大概同样数目的现金。同时，通过袭击英国的武器仓库获得了武 78
器，最后建立了自己的武器工厂。1945 年 7 月，英国政府以两千巴勒斯坦镑的赏金悬赏贝京的人头。[43]贝京躲起来了。[44]他蓄了胡子，并将自己假装成一个名叫伊斯雷尔·萨索沃尔的哈西德派拉比，穿着长长的黑外套，戴着窄边帽。他和家人住在特拉维夫的一个小公寓中，在那里，这位恐怖主义活动的头头大部分时间都在换尿布、洗盘子。除了每天收报纸和在犹太教堂中祷告之外，这个时期内很少有人见过他。

见过他的人中，就有摩西·达扬。达扬那个时候是哈加纳军队（也就是以色列武装组织）的一名受信任的军官。哈加纳和伊尔贡之间的关系总是很紧张，那个时候哈加纳是在大卫·本-古里安领导的官方犹太事务局的指导下开展斗争。几乎就从贝京进入巴勒斯坦的那个时刻起，本-古里安就把他当作自己的一个对手。哈加纳历史上一直和英国政府妥协，贝京认为这和纳粹崛起时那些欧洲犹太人缺乏自信是一模一样的。本-古里安曾经发誓要不惜一切代价将伊尔贡消灭，并派他的追随者之一达扬去传递这样的信息。

贝京对这个年轻军官惊叹不已，如此紧跟时代潮流，却又在很多方面与自己完全相反。达扬是土生土长的以色列人，正是贝京在自己的想象中召唤的那种以色列斗士。“他在叙利亚失去了一只眼睛，但毫无疑问他并没有因此失去勇气，”贝京崇敬地写道。[45]贝京自己则一直保留着波兰律师的精致做派。达扬注意到，虽然是在逃亡之中，贝京还是努力穿扮得干净利落。“他门牙很大，两颗门牙之间的缝隙也很大，但穿着得体。”达扬回来汇报说。[46]达扬传递给贝京的信息是，伊尔贡应该与哈加纳站在一条阵线上。“在没有进行沟通并获得批准的情况下，您没有权利单独行动”，他说，这不是一个进行自由散漫起义的好时机。英国首相温斯顿·丘吉尔已经同意让哈加纳组建一个旅与纳粹战斗，而本－古里安则希望这将是未来犹太军队的基础。贝京回答说，只有武力才可以将英国人赶出巴勒斯坦。然后他问（达扬）：“难道您也同意用武力来对付我们吗？”[47]

达扬说他是一名士兵，士兵必须服从命令。

第一次会面是他们命中注定的关系的开始。两个人在意识
79 形态和战术上大相径庭，这可能会将犹太人带入内战。1944年11月，哈加纳开始镇压伊尔贡以及一个分离出去的、更为暴力的组织斯特恩帮（又被称为以色列自由斗士，简称LEHI）。本－古里安认为他们是整合正在形成的犹太国家力量的威胁，因此试图镇压他们。伊尔贡的成员被绑架，有一些人被关押在临时挖的地牢中，有一些人则被交给了英国政府。[48]一些人甚至惨遭折磨。伊尔贡成员的孩子也被从学校赶出来，同情伊尔贡的人则被解雇。尽管他的追随者强烈要求复仇，但贝京拒绝这样做。他命令不能伤害犹太人。他控制自己成员的能力给人们留下了深刻的印象，甚至在哈加纳成员中间也是如

此。贝京逐步树立了新形象——一位对犹太人的生命有着几乎神性之爱的爱国者。如果他选择对哈加纳以牙还牙，整个社群就会完全撕裂，但他为了犹太人之间的和平而愿意忍受这种迫害，这让他和他所领导的伊尔贡运动获得了殉道者的光环。

第二次世界大战结束的时候，欧洲到处都是犹太难民，但西方民主国家向犹太人关起了大门。在某些情况下，那些长途跋涉来到巴勒斯坦码头的难民又被赶回去，[49]被送到了德国的“无家可归者”难民营，这些难民营就紧挨着他们之前被关押的德国集中营。

1945 年 7 月，丘吉尔遭遇了一个令人意外的失败。犹太复国主义者兴奋异常，因为掌权的工党一直非常支持他们的事业，但他们很快就失望了，因为新政府决定维持前一届政府限制向巴勒斯坦移民的政策。在巴勒斯坦许多犹太人的眼中，贝京——这位疯狂的恐怖主义者——被证明是正确的。

本 - 古里安决定，哈加纳应该临时与贝京的伊尔贡和斯特恩帮联合起来反对英国的统治。对英国攻击的频率和规模急剧增加，英国的反击也是如此。到了 1946 年，巴勒斯坦有超过十万人的军队，[50]大约每个成年犹太人对应一名英国士兵。[51]在一次非常大的后来被称作“黑色星期六”的扫荡中，英国军
队逮捕了三千人，他们被怀疑是抵抗运动成员。那个时候， 80
本 - 古里安认为抵抗运动可能变得太危险了。但他允许进行最后一次攻击，也是最大的一次攻击。

耶路撒冷华丽的大卫王酒店，不仅是这个国家社交生活的中心，也是英国托管政府总部所在地，这栋重重设防的酒店的南翼，有两层是英国政府的办公室。当初酒店是按照抵御地震和空袭的标准来设计的。这里发生了多次威胁安全的事件，但

英国首席政务官约翰·肖却选择忽视这些情况。“我们必须在最大的限度内维持正常环境，”他告诉下属们，“而且你不可能将人民的最后一片娱乐之地夺走。”[52]

贝京的人假扮成阿拉伯服务生，将七个很大的牛奶搅拌桶通过酒店的厨房偷运进了地下室，每一个桶里都藏有七十磅的TNT炸药。楼上的人们正坐在华丽的雷让斯餐厅里准备用餐。中午12点10分，一位匿名的妇女打电话到酒店总台，说酒店里已经埋好了炸药。“赶紧疏散酒店全部人员！”[53]但不知怎么回事，这个消息没有被传达给就餐人员和酒店客人。后来贝京将没注意到警告这个事情怪罪到英国人，特别是约翰·肖身上。他散布了一个谣言说，肖宣布他来这里“是向犹太人发布命令，而不是接受犹太人的命令”。[54]肖则宣称根本没有接到什么警告电话。[55]

12点37分，整个城市都因爆炸而天摇地动，曾无法撼动的六层楼高的酒店南翼被炸毁了，成了大街上一堆冒烟的碎石头。大爆炸之后的短暂沉寂马上就被伤者的哭声打破。两周之后，当救援人员终于将炸碎的石头、扭曲的横梁、破碎的家具、办公室和酒店房间里的破碎物品、厨房餐具和下水管道清理好之后，他们确认有91人罹难，其中有28名英国人、41名阿拉伯人、17名犹太人、2名美国人，以及俄罗斯、希腊和埃及人各1名。

几乎处在癫狂状态中的贝京听着英国广播公司对死亡人数的报道，以及之后演奏的葬礼进行曲。由于担心贝京的精神状态，贝京的一个助手把收音机的调频旋钮拿掉了，这样贝京就无法再听到报道了。

哈加纳指示贝京必须独自承担责任，贝京顺从地这么做

了。[56]本-古里安之后谴责了这次爆炸事件，[57]尽管根据伊尔贡 81
的说法，实际上正是他秘密批准了这次行动。“伊尔贡是犹太人民的敌人，”总理公开宣称，“它一直以来都反对我。”[58]

贝京承认，无辜人员也被炸死让他“日夜哀伤不已”[59]，但是他的伤心是针对特定对象的。“我们为犹太人也被炸死而哀痛，”他后来在电台上这样说道，“英国人并不对死去的六百万犹太人或者他们亲手谋杀的犹太战士感到哀痛，我们把对英国死者的哀痛留给英国人自己吧。”[60]他忘记提其他国家的死者了，包括阿拉伯人，遇难的阿拉伯人可是最多的。

在随后的追捕行动中，贝京躲在自己房子的一个秘密隔间里面，连续四天，不吃不喝。英国政府发布了一个通缉令，上面有贝京的照片。照片里的贝京微皱眉头，平静地看着镜头，一脸决意反抗的表情。通缉令上说他“五英尺九英寸高”，[61]但实际上他要比这个高度矮三英寸。“中等身材，长钩鼻，一口坏牙，戴牛角框眼镜。”追捕行动被英国政府档案中的大量不准确信息搞砸了。“他可能是一个苏联间谍”，英国外交部这么猜测。[62]“他被开罗的一位德裔犹太医生弄得‘好看’了一些，”一份英国报纸写道，“可能他的扁平足和坏牙都被修复好了。”[63]

正如贝京所希望的那样，大卫王酒店的爆炸摧垮了英国人民继续托管巴勒斯坦的意愿。他们在巴勒斯坦上花费的资金比在国内国民健康和教育上花的资金还要多。[64]1947 年 2 月，英国宣布将把巴勒斯坦问题交给联合国，并承认英国对巴勒斯坦的托管被证明是“行不通的”。[65]

感觉胜利即将到来，贝京加强了进攻，仅三月的一天就有 16 次行动，包括炸了一个英国官员俱乐部，炸死了 12 人。[66]当伊尔贡的青少年成员被逮捕并被英国人鞭打的时候，贝京警告英国官员说，他们将被以同样羞辱的方式对待，每鞭打一次，就还一次。毫无疑问，青少年时代留下的波兰士兵在布瑞斯克鞭打犹太人的记忆，充斥着贝京的内心。“几百年以来你们一直在你们的殖民地‘鞭打’当地人——而没有遭到报复，”伊尔贡的一篇文章这样写道，“犹太人并不是祖鲁人，你们不能
82 在犹太人的家乡鞭打犹太人。”[67]在四名英国士兵被抓且被鞭打之后，英国政府停止了鞭刑。这个消息传遍了全世界，这部分是因为犹太人居然敢因为要实现生命价值平等而向英国占领政府叫板。

不久之后，贝京给英国政府送去了一个更具侮辱性的挑衅。7 月 29 日清晨，英国政府绞死了三名伊尔贡成员，理由是被判犯有恐怖主义罪行。就在那天早上，贝京的人将两名英国士兵绞死了，并在他们尸体周围设置陷阱。贝京，这位学法律的人，认为绞死这两名被随机绑架的士兵是正当的，因为他们被军事法庭宣判从事了“反犹活动”。[68]

许多犹太人对这个行动感到震惊，不仅是因为两名英国士兵被谋杀了，而且因为贝京的诡辩术。整个英国立即爆发了一系列激烈的反犹攻击行动，犹太教堂被烧毁，犹太店铺被洗劫。愤怒的英国军队在特拉维夫胡乱开枪，打死了五位平民。但是，贝京的策略奏效了。英国士兵被绞死，使得英国国内的天平完全倾向反对继续托管巴勒斯坦的一边。[69]

恐怖主义不是以色列这个国家最终得以建立的唯一原因，但伊尔贡运动是将英国人赶出巴勒斯坦的一股关键力量。贝京是第一个意识到公开宣传对向国际人民推销自己的事业的重要性的恐怖主义分子。一开始主要是一种地区现象的恐怖主义，

之所以变成了一种全球现象，这在很大程度上要归功于他所采用的战术的成功。他首先使用了后来会成为恐怖主义基本战略的某些技巧，例如让多个爆炸同时发生，并使用自制爆炸装置（IED）。他证明，在正确的环境下，恐怖主义是奏效的。[70]许多年之后，美国军队在基地组织训练营中找到了贝京的回忆录《起义》这本书。[71]奥萨马·本·拉登研读贝京回忆录的目的是，看看他是如何从一个恐怖主义分子转型为政治家的。[72]

贝京总是争辩说，他没有从事恐怖活动。他写道，他的目的"恰恰是'恐怖主义'的反面"，因为他的斗争是为了让犹太人不再受他们最大苦恼的折磨：恐惧。他总结说，"以历史的眼光看，我们不是'恐怖主义分子'；严格地说，我们是反恐怖主义的"。[73]

第三天

前图从左向右依次为巴拉克、贝京、萨达特和魏兹曼

83 9月7日早餐后，卡特和他的高级顾问万斯、布热津斯基，见了贝京、达扬和魏兹曼。贝京处在狂怒之中。卡特说萨达特的倡议确实“非常难以接受”[1]，以此让贝京平静下来。他问以色列人，是否可以做出某些让步以改变这次峰会的氛围，否则整个会议马上就可以结束了。贝京忽略了卡特的请求，坚持一行一行地浏览埃及人提出的和平倡议，一字一句地念着，就好像正在吐出毒药一样。“巴勒斯坦人！”他大声叫道。“这是一个绝对不能接受的称呼。犹太人也是巴勒斯坦人。”“被征服的土地！加沙地带也是被埃及征服的。”[2] 卡特指

出，埃及并没有对现处于以色列控制下的加沙提出什么主张。
正当贝京继续猛攻埃及提出的文件时，卡特意识到，这位以色 84
列总理将它作为了避免讨论这些问题的屏障。[3]

“如果要签和平协议，您到底想为以色列争取什么？”卡特说，他几乎是在绝望地大喊，“可以接受多少难民，什么样的人可以重返家园？我想知道您是否需要监控边界地区，哪些军事据点对于保障你们国家的安全是必需的。”他继续说道：“我在这里的最大原因是您的信赖——但我觉得您并不信赖我。”[4]

“如果我们不信赖您，我们根本就不会来到这里。”魏兹曼抗议说。[5]

“你们对我就像对阿拉伯人那样，一直含糊其辞。”卡特回答说。他说，现在是停止“左躲右闪”的时候了，必须把牌亮在桌子上。“不要再含含糊糊的，告诉我你们到底需要什么。”[6] 讨论失控了。卡特指责贝京企图继续霸占西岸，并说他提出的自治计划实际上不过是一个希望永久控制这片地区的“托词”而已。

贝京对自己的诚信受到质疑而感到愤怒。随后他马上再次转向埃及人的提议，说这个东西会迫使犹太人在自己的国家里变成一个少数民族。那就是萨达特所希望的和平，而以色列会毁于这些和平条款，他争辩说。

“西奈半岛定居点！”贝京继续驳斥着埃及人的倡议。“整个以色列的一致意见就是，这些定居点必须保留！”[7]

戴维营峰会开始的时候，西奈半岛似乎是最容易解决的一个问题，但卡特慢慢认识到，实际上它是所有问题里面最棘手的一个，是所有麻烦事开始的地方。

《圣经》和《古兰经》对于埃及人和以色列人之间冲突的起源，有着类似的说法。四个世纪以来，大量的以色列人富足地生活在埃及，成了一个伟大的民族。新法老继位后，对以色列人心怀疑惧。他担心以色列人会变得太多，从而威胁到他的
85 统治，因此，他将以色列人变成奴隶，并命令将他们生下的每一个男孩都扔到尼罗河里去。

一天，法老的女儿（《古兰经》中说的是法老的妻子）发现尼罗河边的芦苇丛中漂浮着一个柳条篮，里面有一个漂亮可爱的婴儿，这个婴儿就是摩西。法老的女儿迷上了这个婴儿，并将摩西带入了皇宫。因为这个婴儿拒绝吃埃及人的奶，于是这个孩子的亲生母亲就被召进宫里当孩子的乳母。摩西被当作王子养大，但他一直知道自己是希伯来人。当他看到一个埃及工头殴打一名被视作奴隶的同胞时，他打了这个工头并把他杀死。为了躲避法老的愤怒，他在接下来的四十年中一直在逃亡，生活在红海对面的米甸，做到处游牧的牧羊人。

在西奈山脚下牧羊的时候，他发现山坡上有奇怪的火焰。他看见一丛荆棘起火了，但火焰并没有把荆棘烧掉。“摩西，”火焰中传出一个声音喊道，“我是上帝，世界之主!”[8] 上帝对摩西说，他同情以色列人的遭遇。平生第一次，上帝决定帮助以色列人，积极地改变人类历史。“我来这里为的将他们从埃及人那里拯救出来，并将他们带到一片美好广阔的土地上，那是一片奶与蜜之地。”他命令摩西领导他的人民出走埃及。[9]

摩西从西奈返回埃及，见到了法老。“让我的人民离开吧。”[10]他要求道。当法老拒绝的时候，摩西和他的兄弟亚伦就施了一个魔法，将尼罗河变成了一条血河。上帝还安排了一系列的大瘟疫——青蛙、疮、虱子、苍蝇、野兽、冰雹、蝗虫、

黑暗——让埃及人受苦，逼迫法老就范。一次又一次，法老向摩西哀求说："如果你能把这些瘟疫消除，我将真的相信你，并让以色列人跟着你走。"[11]《古兰经》说，每一次瘟疫被消除的时候，法老就改变了主意，拒绝兑现解放所有以色列人的承诺。《圣经》说，上帝故意让法老的心变得刚硬，并告诉摩西他这样做是为了实现——"要叫你将我向埃及人所做的事，和在他们中间所行的神迹，传于你儿子和你孙子的耳中，好叫你们知道我是耶和华"。[12]

最后上帝指示摩西和亚伦宰杀一只一岁的羔羊，并将羔羊 86
血涂在门槛上。"因为那夜我要巡行埃及地，把埃及地一切头生的，无论是人是牲畜，都击杀了，"上帝这样说道，"我一见这血，就越过你们去。我击杀埃及地头生的时候，灾殃必不临到你们身上灭你们。"[13]为了纪念这个神迹，犹太人每年都庆祝逾越节。在逾越节晚餐上，滴一滴酒代表一次瘟疫，总共十滴代表十次瘟疫。这象征犹太人因解放而得到的欢乐，由于埃及人所遭受的苦难而受到了减损。

当法老醒过来，发现自己的头胎孩子死了，他把摩西召来，恳求他说，"你们带着以色列人，从我民中出去吧。"[14]以色列人快快地收拾好东西，并向受到重大打击的埃及人要了珠宝和衣物。

但上帝与法老和他的人民还没有完。他又一次让埃及法老心硬起来，并使得他去召集自己的整个车马军队。埃及军队追赶以色列人，并在红海岸边追上了他们。被围堵的以色列人对摩西说："难道在埃及没有坟地，你把我们带来死在旷野吗？"[15]摩西的回应是向红海举起他的魔杖，然后立即起了一阵大风，红海的海水便分开了。这样以色列人就渡过红海来到西奈半岛，但当法老和他的军队来追赶他们的时候，上帝让海水重新合在一起，将他们吞没了。没一个士兵幸存下来。摩西和他的人民站在离岸很远的地方，对他们所见惊异不已，他们唱道：

上帝是我的力量和避难所，
也成了我的拯救。
这是我的上帝，我要赞美他，
他是我父的上帝，我要尊崇他。
上帝是战士，
他的名是耶和华！[16]

“我们将我们以色列人的孩子们从法老给他们施加的侮辱和痛苦中拯救出来了。”《古兰经》最后这样说道。[17]

87 对于那些建立现代以色列国家的世俗犹太人来说，三千年前以色列在埃及生存的历史、出走埃及以及到达迦南的历史，是犹太人对巴勒斯坦拥有所有权的证据。然而，历史和考古学则说了一个不同的故事。那个时候埃及可能有犹太人，[18]但古埃及的文献中并没有记载，要知道，古埃及人的记录是很翔实的。有可能《圣经》的叙述是错误的。在出走埃及发生的一百多年以前，确实有一支叫希克索斯的闪米特部落入侵并占据了埃及，但之后又被驱逐出去了。然而，希克索斯时期的文件中并没有提到以色列。[19]诸如法老和他的军队全部被淹死的国家大灾难，也在埃及文献中找不到踪迹。

根据《圣经》，追随摩西的以色列人中二十岁以上的有603550 人，加上他们的妻子和孩子、牲口以及一大群跟着他们的非以色列人，这些人有 250 万之巨。[20]他们以每十人一排的方式前进，队伍首尾至少要 150 英里长。[21]这将横跨整个西奈半岛。在这次跋涉中，发生了许多神迹。在干涸的沙漠中，上帝给他们提供了淡水和其他必需品，特别是提供了吗哪——每天晚上都从天上掉下来的一种神物，摩西和他的人民就是靠这个东西生存下来并在西奈半岛的荒野中度过了四十年的时光。上帝告诉他们不要吃超过一天的配额的量，除了第六天，他们应该吃两天的量，这样他们就可以在第七天休息了。

当以色列人试图进入应许之地的时候，他们被亚玛力人攻击了。亚玛力人是一个游牧民族，专门从流浪的人身上找食吃。上帝非常生气，他指示犹太人消灭整个亚玛力部落。“不可怜惜他们，将男女、孩童、吃奶的，并牛、羊、骆驼和驴尽行杀死。”[22]在犹太传说中，亚玛力人被看作一支永远都会被不断创造出来的、犹太人的神秘敌人。在逾越节的第一个晚上，全世界的犹太家庭都会讲述出埃及的故事，他们会被提醒，在每一代都会有人站出来试图消灭犹太民族。梅纳赫姆·贝京就是被这种警告所指引的。在他父母那一辈，是纳粹；在他这一辈，则是阿拉伯人。[23]

以色列人从埃及逃出三个月之后，上帝召唤摩西到西奈山 88
顶去见他。正是在西奈山，他第一次在燃烧的荆棘丛中显灵。当上帝降临西奈山顶的时候，电闪雷鸣，角声激越，整个山顶都着火了，以色列人不寒而栗。上帝对摩西说话，发布了十诫，以及许多其他典章，例如，其中就有关于如何对待奴隶、巫师和偷牲口的小偷的。上帝两次提醒摩西要对陌生人慷慨大方，“因为你们也曾经是定居在埃及的外国人”。[24]此外，上帝还许诺会派一个天使引领以色列人到达奶与蜜之地，而这个地方正被好几个部落居住着。“我要渐渐地将他们从你们面前撵出去，”上帝承诺说，“等到你的人数加多，承受那地为业。我要定你们的边界，从红海直到非利士海（也就是地中海），又从旷野（也就是西奈半岛）直到幼发拉底河。”[25]在《圣经》的其他地方，上帝明确将迦南给了摩西，范围大概和当代以色列疆域差不多，但包括了黎巴嫩南部的不少地方，以及约旦河西岸。

《圣经》描述的好几百万人四十年长途跋涉穿越西奈半岛，应该会留下一些考古遗迹，但没有找到任何证据证明出埃及记真的发生过。[26]考古记录似乎显示，古希伯来人是青铜时代迦南地区的一个土著部落——出埃及记发生的时候，这个地方是埃及的一个省，而这个在《圣经》中却没有提到。如果历史是衡量土地权利的标准的话，至少埃及人也同样有权宣称这片土地是属于他们的。

《古兰经》的说法是，上帝将圣地给了以色列人，但以色列人不遵从上帝的旨意，因此上帝就抛弃他们了，取消了他们作为上帝的选民的特殊地位。“但他们没有遵守承诺，因此我们疏远了他们，并让他们心肠变硬。”上帝这样说犹太人。“你们将一直会发现，除了极少数人之外，他们大部分都会背叛。忽略这一点吧，原谅他们。”[27]

89 在戴维营第三天早上十点半之后，卡特和贝京一起走到山杨屋，正好见到萨达特从另外一个方向走过来。贝京，由于他固执地尊奉所谓的礼仪，拒绝在两位总统之前进去，这使得整个过程的开端显得非常滑稽和混乱。[28]卡特问贝京，他是否可以做出一个大方的让步，对萨达特到访耶路撒冷的举动做出回报。总理先生对萨达特的举动轻描淡写，并说以色列人民已经对萨达特做出了回报，他们热情地接待了他。而且，他继续说，我们不能忘记，四年之前，在犹太历上最神圣的日子——犹太赎罪日，萨达特发动了突袭行动，“他知道我们所有人那个时候都会在教堂里”。[29]

“这是战略欺骗。”萨达特回答说。

“欺骗就是欺骗。”贝京说。然后他拿起萨达特的和平倡议，又一条一条地浏览了一遍，对里面的措辞恶狠狠地冷嘲热讽了一番。这两个人看起来无法或者不愿意去理解对方。贝京争论说，埃及文件确立的是巴勒斯坦建国的基础。“我们不会允许亚西尔·阿拉法特的谋杀犯在我们国内建立什么基地，也不会同意对耶路撒冷进行重新划分。如果是这种要求的话，是不会有什么和平协议的。”[30]

“不！我昨天已经说了，没有必要划分耶路撒冷！”萨达特抗议说。

“您对我们说话的方式，就好像我们是战败国一样。”贝京已经跳到下一个主题了。他紧紧抓住萨达特提出的文件，就好像一个检察官在陪审团面前挥舞谋杀工具一样。“您要求我们必须对埃及平民遭受的损失进行赔偿，”他继续说道，“我想让您知道我们也需要您对我们做出赔偿。”

萨达特开始回击。就在这个时候，以色列还在西奈半岛的油井中抽着石油，而这些油井毫无疑问是埃及的，萨达特愤愤不平地说。贝京这个时候又说了一句有关以色列被当作战败国家的挑衅话语，这引起了关于到底谁是1973年那场战争的真正胜利者的争论。卡特打断说，没有谁愿意说自己是战败国。他们冷静下来一会儿，但双方的怨气很盛，都不愿意听对方说什么。

90 萨达特生气地讲起四场战争给埃及人民带来的伤害。卡特想插话，但萨达特摆了摆手，让他打住。“我原以为在我的主动行动之后，双方会有一段时间保持相互的善意，”他向贝京抱怨道，“我们愿意给你们和平，而你们却揪着占领地区不放。”[31]

贝京回答说，以色列只想能够保护自己的国家。

“我也想保护埃及!”萨达特吼道。当他脾气爆发的时候，萨达特总是称贝京为“premier”而不是“prime minister”*，这让贝京感到生气。萨达特现在坐在椅子上身体往前倾，指责这位以色列领导人根本不想实现和平。他用手指向空中，大声说：“贝京总理（premier），你需要的是土地!”

他们俩那个时候似乎已经忽略了卡特的存在。他们的脸涨得通红，声音失控。罗莎琳在另一个房间中，都听得到他们相互咆哮。[32]萨达特猛敲桌子，宣布土地问题绝对不能谈判。他说，三十年来，以色列希望得到安全，并且希望阿拉伯结束对以色列的抵制，并得到完全的承认，现在，这些东西都摆在桌子上了！如果贝京继续坚持要保留那些土地，那么谈判就此结束。“安全，没有问题！土地，没门!”[33]萨达特大声说道。没有以色列人可以留在西奈半岛。埃及的土地必须是“干干净净的”![34]

西奈半岛有几个以色列定居者，并不是对埃及主权的侵犯，贝京回答说，这让萨达特更加生气了。萨达特说，他的耶

---

* premier 和 prime minister 都有一国总理之意，但 premier 也可用指一个省级行政区的行政首长。——编者注

路撒冷之旅产生的所有善意，现在都消散了。“我们对你们没有任何信任了，因为贝京总理（premier）的行为是不诚信的！”[35]

奇怪的是，贝京和萨达特这两个人之间还会有轻松的时候。[36]其中一个人提到了亲吻芭芭拉·沃尔特斯，并说不知道当时摄像机是否开着，自己的太太是否看到了。另一次，他们争论到底谁应该负责以色列和埃及之间在西奈进行的大麻交易，两个人都觉得真是有一些滑稽。

在三个小时精疲力竭的会谈之后，两个人都回去和自己的顾问商量，以便为当天下午还要进行的会谈做准备。他们离开之前，卡特总结了还需解决的问题：

西奈。如果西奈半岛要实现非军事化，这到底意味着什
么？西奈半岛指的是整个半岛，还是说埃及可以派驻军队来保 91
护运河？是否允许在西奈有警察维持治安？

定居点。贝京拒绝拆除任何地方的任何定居点；萨达特要求必须拆除所有的定居点，不仅仅是西奈的，西岸和加沙地带、戈兰高地的也是如此。

独立的巴勒斯坦国家。这是贝京最害怕的事情。他宣称任何在西岸和加沙地带的妥协，就是给一个恐怖主义国家的建立打开了大门。萨达特认为独立建国是不可避免的，但他倾向于不论出现什么形式的政府，这个政府均应附属于以色列或者约旦。巴勒斯坦人应当被允许自己做决定。巴勒斯坦运动是由亚西尔·阿拉法特领导的，而他是恐怖主义组织法塔赫的头目，这让这个问题在外交上很难取信于人。

巴勒斯坦自治。贝京宣称以色列非常乐意给予巴勒斯坦“完全的自治”，但在卡特看来以色列的实际行动似乎相反。

贝京希望的是通过一个没有最终权力的傀儡政府来控制巴勒斯坦及其人民。

以色列在西岸和加沙地带的军事存在。如果巴勒斯坦人确实被给予某种程度的自治，那么，以色列如何能够在没有军政府监督这个地区的情况下，保证它的安全？以色列是否可以在这个地区部署军队？

西岸。贝京的主张是，联合国第 242 号决议并不适用于西岸，因为以色列 1967 年占领这个地区的时候，发动的是一场防卫战争。因此，他认为胜利者理应有权保留这片土地。萨达特对于边界如何设定有一定的灵活度，但在西岸属于巴勒斯坦人这个原则性问题上，没有商量的余地。

耶路撒冷。在 1947 年联合国分治方案下，这个方案实际上让以色列得以建国，耶路撒冷是要成为一座国际城市的，这个城市不在任何国家的统治之下。然而贝京不愿意在耶路撒冷问题上做任何让步。

和平到底指什么。除了结束战争状态之外，还应该有贸易、边界和水路开放，以及互派大使。尽管萨达特现在暴躁地认为，鉴于贝京的恶劣态度，需要重新考虑一下外交承认问题。

92 **难民**。大约有 75 万名巴勒斯坦人在 1948 年以色列建国战争中逃离家园，在 1967 年又有大约 30 万人成了难民。大部分人及其后代都生活在周边国家的难民营中，没有国籍，有些难民营卫生状况很差。有多少难民可以回到以色列？又有多少甚至可以回到西岸？对于那些不被允许返回的人，到底该给他们什么补偿？由于巴勒斯坦人并没有参加这次峰会，因此，要代表他们来解决这个问题是非常困难的。

西奈空军基地。以色列在西奈半岛上有十个空军基地，其中两个比较大。贝京的主张是美国可以接管空军基地的运作，同时允许以色列人继续使用。萨达特坚决反对这个提议。

还有其他一些问题，有关其他阿拉伯国家的参与和美以之间的双边防卫条约。贝京和萨达特对此都表示赞同，因为这可以消除以色列一直以来对安全问题的担忧。但卡特对于正式与任何一方结成同盟是有些犹豫的，因为这会让他以后无法在以色列和其他阿拉伯国家之间进行调停。

卡特读完他的问题清单之后，感到有些沮丧。这些问题都非常棘手。双方之间能够达成一致意见的地方寥寥无几。他不知道下一步要往哪里去。这些问题是以色列建国这一事实的内在问题，而以色列建国已经三十年了。

1947 年 11 月，联合国投票决定将巴勒斯坦分割成两个国家，56% 的土地归犹太人，其余的归阿拉伯人。耶路撒冷将成为一个国际区，三个教派的人都可以去，但是由一个独立的组织管理。这个计划从来没有实施过。1948 年 5 月 14 日，英国正式离开巴勒斯坦，以色列国诞生了。第二天，黎巴嫩、叙利亚、伊拉克、泛约旦和埃及的军队，从北方、东方、南方蜂拥而来，试图将这个犹太国家消灭。

想象一下，这应该是一个有趣的话题：如果我们在做出那
一系列错误决定之前，成功阻止了那些阿拉伯国家对以色列的 93
进攻，并让历史走向另外一条道路的话，到底会怎么样？周边的阿拉伯国家没有一个同意以色列建国的，但他们也反对巴勒斯坦建国。泛约旦国王阿卜杜拉之前曾经试图与犹太领导人媾和，目的是吞并西岸和加沙地带，以便获得珍贵的地中海出海

口，但其他阿拉伯国家的领导人则要坚决阻止这位哈桑王族的国王扩大自己的版图。埃及和伊拉克都希望取代已经灭亡的奥斯曼帝国的地位。这些阿拉伯国家主要感兴趣的是阻止其他国家实现自己的野心，但他们自己的侵略本性也被挑起来了。巴勒斯坦很羸弱，而且群龙无首。因此，以色列－巴勒斯坦问题变成了一个阿拉伯世界的问题，而不仅仅是以巴之间的纷争了。

在反对以色列的过程中，阿拉伯社会开始反对生活在他们中间的犹太人。1948 年，有大约 80 万犹太人生活在各个阿拉伯国家，[37]仅埃及就有 7.5 万到 8 万名犹太人。[38]大规模的逮捕、爆炸和财产没收，逼迫阿拉伯犹太人卷起铺盖走人，带走了他们的投资、悠久的历史，以及渗透到从摩洛哥到黎凡特这些城市的世界主义精神。今天，若哪个阿拉伯国家还有犹太人的话，也只是零零散散的。阿拉伯文化和社会，因为这次当代的“出埃及记”而被大幅度地削弱了。由于没有什么犹太邻居，一个简单的、反射性的反犹主义就生根发芽了。许多难民来到以色列，取代了那些逃离或者被赶出这片充满纷争的土地的巴勒斯坦人。

埃及军事领袖们建议不要干预以巴冲突。军队很脆弱，训练很糟糕，而且装备不足。埃及还在英国的占领之下，[39]许多埃及的民族主义者认为，卷入巴勒斯坦战争是没有必要的，而且是一个危险的分散力量的做法。更明智的做法是，与犹太人达成协议，以便利用他们在英国和美国的影响力，实现埃及独立。但当时已经衰朽的国王法鲁克自认为是穆斯林信众的新哈里发，做出了相反的决策。他派遣自己纪律散漫、缺乏准备的军队冲进了战场。埃及军队的军官们“不去思考胜利或失败的可能性，”萨达特后来写道，“他们只考虑一件事情，那就是埃及已经宣布开战，埃及军队必须像一支军队那样勇敢地战斗，为了圣地的每一分财富，为了阿拉伯世界的团结，为了荣誉，为了历史，为了虔诚，军官和士兵应该牺牲。”[40]这些心高 94
气傲的抽象概念，远远比不上一群为了自己的生存而斗争的人所具备的那种奋不顾身的精神。

尽管五个阿拉伯国家联合起来进攻以色列这个新生国家，但实际上这场战争并不像传说中那样一边倒。战争开始的时候，投入战争的阿拉伯军队总数是2.5万人，而以色列国防军有3.5万人，而在1949年战争结束的时候，增长到了约10万人，大概是此时敌人兵力的两倍。[41]埃及从西奈半岛过来，从南部进攻，抵达了离特拉维夫二十英里的地方，并对特拉维夫进行了几次轰炸，后来遭遇了以色列刚刚成立的空军部队。埃泽尔·魏兹曼用五六架轻型飞机——派珀单翼小熊飞机和奥斯丁双翼飞机——组建了以色列空军，这些飞机都是从巴勒斯坦航空俱乐部征用过来的。战争开始时，以色列空军还有了四架全新的梅塞施密特战斗机。在第一次执行空战任务时，魏兹曼自己驾驶其中一架飞机，用机枪扫射一辆正在攻击特拉维夫的装甲车。天空中是密集的防空炮火。梅塞施密特飞机以前实际上从来没有执飞过。“我们先朝大海那边飞去，开到7000英尺的高度，然后向埃及部队俯冲，”魏兹曼回忆说，“我必须承认，我内心充满一种完成了重大使命的复杂感觉。”[42]第一次出击很难说是成功的：其中一架梅塞施密特飞机被击落了，魏兹曼驾驶的飞机的大炮被卡住了，但埃及军队深受震动，感觉他们自己已经失去了制空权。[43]

这场战争提供了让这个新生的犹太国家重塑自己的机会，

不仅在地理面积上，而且也在人口上。许多巴勒斯坦人逃离战场，认为阿拉伯世界将会快速取得胜利，他们不久之后就可以重返家园。但还有许多人是被赶走的。达扬被任命指挥一支敢死队——第 89 团，这支敢死队马上就因为冲入阿拉伯人的城镇大开杀戒而臭名昭著：敢死队不分青红皂白地杀人，制造恐惧，使得巴勒斯坦人大规模离开家园。[44]他带着敢死队冲进了利达市（靠近现在的本·古里安机场），用枪打死他们见到的每一个人，在不到一个小时内杀死了超过一百名平民。[45]第二
95 天，以色列军队对数以百计的平民展开了系统性屠杀，并将这个城市里成千上万的幸存平民驱赶出去，许多人在奔徙途中丧命，即便他们不丧命，等待他们的也将是已经完全被摧毁了的生活。他们加入了数十万难民大军，这些难民住在周边国家人满为患的难民营中。这造成了当地政府的不稳定，也开创了一个恐怖主义时代，这种恐怖主义仍继续从一个从未有机会真正存在过的国家的损失中寻找着正当性。1948 年战争使埃及控制了加沙地带，约旦控制了西岸，包括耶路撒冷老城。以色列吞并了超过八千平方英里的土地，相当于当年英国托管面积的四分之三。巴勒斯坦已经落入了这种境地。

阿拉伯国家的战败给他们各自的国家带来了重大的负面影响。战场上的失败让回到国内的士兵将怨气撒在了自己政府身上，军事政变一个接着一个，整个地区成了一个军营。为了给自己继续掌握权力寻找正当性，军事统治者必须确立一个永久的敌人，而所有人都会同意的敌人就是以色列。和平将会毁掉一切。

独立战争中，本 - 古里安的一个主要目标是，获得对地下

运动力量的控制权，特别是贝京的伊尔贡运动。作为以色列的首任总理，本－古里安不希望他的国家被争权夺利的民间武装弄得四分五裂。虽然伊尔贡名义上已经解体，其成员已经进入了以色列军队，但是贝京依旧拥有一堆狂热而又忠实的追随者。他最大的担忧是，阿拉伯国家如果接受分治计划，那么战争将就此结束，以色列就要被迫龟缩在当初确定的边界之内。[46]联合国提出了一个以色列和阿拉伯停火的计划。双方都同意不再投入更多的军火。联合国观察员努力地让这个禁令得以实施。

在这个微妙的时候，有一船伊尔贡购买的、价值超过五百万美元的法国军火，抵达了以色列海岸边。[47]晚上，这艘名叫
阿尔塔莱纳的船在一个名叫法尔·维特金（Kfar Vitkin）的村
庄对面抛锚停靠，这个村庄位于特拉维夫的北面。贝京突然从
地底下冒出来迎接这艘船。他还不大习惯公开露面，实际上许 96
多伊尔贡成员从来没有见过他。有些人看见他们的指挥官出现
在眼前的时候，都哭了。[48]

这艘军火船本来应该在停火计划生效前就抵达的。本－古里安和贝京约定，伊尔贡可以获得所有军火的百分之二十，其余都归以色列军队。但本－古里安突然觉得贝京要发动军事政变。他情绪激动地对内阁成员说：“他试图压制住军队并谋反。”[49]他派摩西·达扬中校到法尔·维特金去没收整船军火。

达扬发现伊尔贡队员正在卸军火。他认为派人迅速地在海滩上将伊尔贡成员围起来，并大喊“够了，你们被包围了”[50]就足够了。但贝京根本不理会这种最后通牒，而是指挥他手下的人继续卸下军火。尽管双方都拔出了枪，贝京根本不觉得有爆发武装冲突的可能性。他对一个下属说，“犹太人不对犹太

人开枪。”[51]但机关枪响了，之后迫击炮也打过来了。

到底是谁开了第一枪，一直是一个争论不休的问题。“我们的人要求伊尔贡队员停止搬运军火，”达扬回忆说，“但他们却用开枪来回答，我们马上有八个人倒下了，两个人受了致命伤。”[52]而根据贝京的说法，“突然，我们受到了全方位的攻击，事先没有得到任何警告。”[53]他手下六个人牺牲了。当时贝京拒绝离开海滩，他的追随者架着他上了一艘小艇，把他送回了“阿尔塔莱纳”号。“阿尔塔莱纳”号向特拉维夫驶去，以色列战舰尾随其后。在特拉维夫，贝京的支持者正在聚集，以色列军队也在集结。

在慌不择路的逃跑途中，“阿尔塔莱纳”号在特拉维夫的海岸边搁浅了，当时正对着凯特丹酒店（Kaete Dan Hotel），这个酒店当时是联合国总部，也是外交官和外国记者度假休闲的去处。[54]他们站在阳台上，异常吃惊地看着以色列军队对着这艘船扫射，甚至还对游向海滩的伊尔贡分子射击。船长举起了白旗，但贝京要求他把白旗收起来。“我们必须死在这里，”他大声叫道，“人们会起来造反，新的一代会为我们报仇。”[55]这时一颗炸弹炸中了“阿尔塔莱纳”号，火焰一下子吞噬了这艘船，储藏在船底的军火开始爆炸。船长命令大家从正在下沉的船上撤离。贝京由于不会游泳，再一次被架上了小艇，但
97 他一直说自己希望与船同沉大海。[56]伊尔贡分子死了十六个，几十个人受伤。[57]以色列国防军也有三名士兵牺牲。[58]

回到岸上后，贝京冲到一个无线电发射机前，赶在政府之前，将这个事件公之于众。他几乎发狂了，根本就无法发表什么演说。他哭着，尖叫着。有时候还前言不搭后语。他说这次攻击“是我们人民历史上最为可怕的一个事件，甚至是世界

历史上最为可怕的一个事件”。[59]他的演说是一次彻底的失败，他从事地下运动以来一直围绕着他的神秘主义传说被打破了。他将本来有可能让全体国民反对本 - 古里安政府的一个事件，变成了一次毫无意义的、自怨自艾的表演。他作为地下运动领袖的生涯完蛋了，正是在那个时候，他决定改头换面，成为政治家。

下午五点，三位领导人在卡特的小办公室里再一次开展会谈。萨达特还因为早上的会谈而愤愤不平，一再说他没有什么可说的了。贝京则提议他们回到他所认为的核心问题上：以色列在西奈的安全需求。他提醒萨达特，法鲁克国王、纳赛尔总统以及萨达特总统本人，都从西奈半岛对以色列展开过进攻，西奈半岛的定居点起到了保护以色列的前沿哨兵的重要作用。

“不要说了！”萨达特愤怒地说，“如果你不同意拆掉那些定居点，就别想得到和平。”[60]

“我们不会同意拆除那些定居点的，”贝京很强硬地回答道，“以色列的国内反对派也不会同意这么做。”

萨达特说，埃及人民真诚地希望得到和平，但“他们不会接受对国土或主权的任何侵犯”。他说，西奈半岛留下任何以色列定居点，都将是对埃及完全的侮辱。“我试图给阿拉伯世界确立一个可供他们效仿的友好共处的典范，但没有想到，我却成了以色列极度侮辱的对象，也成了其他阿拉伯领导人嘲讽和谴责的对象。”他补充说：“我现在还幻想着我们三个人代表三个国家和三种宗教信仰，可以在西奈山上见面。这依然 98
是我向上帝祈祷的东西！”[61]

这些话符合萨达特这位埃及领导人的个性特征。每当处在压力之下，他的理想主义就会展翅高飞，他变得情绪化，将任何挫败都归结为个人的挫败。在无数方面都是萨达特对立面的贝京，则变得更加冷酷，更加纠缠于具体的分析，想通过具体的资料来赢得某些具体的可争论的点，而完全忽视了萨达特希望让大家看到的更广大的视角。“任何观察过他们的人，都无法忽略他们俩在态度上是多么不同，”魏兹曼后来回忆说，“两个人都渴望和平。但是，萨达特希望通过暴风骤雨的方式实现和平……而贝京则是和风细雨式的，他将和平之梦碾成很细的干粉末、法律条款和对国际法的引用。”[62]

贝京无视萨达特的和平之梦，他说西奈半岛的十三个定居点中总共只有 2000 名以色列人——在这样的情况下，为什么萨达特不可以说服埃及人民接受这些以色列人作为永久居民？他们根本对埃及构不成威胁，对埃及的主权也谈不上侵犯。

萨达特受够了。他说，他觉得没有任何谈下去的必要了。他站起身，并一脸严肃地看着卡特。

卡特绝望了。他将自己的总统生涯都押注在戴维营上了，而且更为重要的是，他也在赌人性。他坚定地相信，两个善意的人代表着他们各自人民的利益，同时也有历史使命感，应该会承认和平的好处是非常巨大的，他们必须找到一个方法来实现和平。但是战争也有很强大的理由，恨往往比和解容易太多，因为不需要做出牺牲或者妥协。战争让人看到胜利的希望，让人看到从过去受到的羞辱中获得救赎的希望。在和平可以实现之前，复仇往往需要得到满足。将自己受过的屈辱加在他人身上，这是人性使然。以色列和阿拉伯世界是两种历经苦难的文化，只有通过和平才可以治愈各自的伤痛，但这种伤痛占据着他们的心。会谈从一开始就一直充斥着愤怒和刻意的误解，是言语的战争，不是和平。

卡特试着拖延时间。他总结了可以达成一致的地方，但实际上没有太多可说的。他警告说，戴维营峰会的失败可能导致世界大战。他说，他无法相信以色列人民宁愿待在西奈半岛，也不愿意与埃及实现和平。他建议贝京，如果他自己无法决定 99
做出这种牺牲，他应该问问议会，让议会来做出有关拆除定居点的决定。他说："我相信议会会以绝对多数通过拆除定居点的决议。"[63]

贝京回答说，以色列人永远不会同意。而且，如果真这样做，可能意味着他这届政府完蛋了。如果他认为这么做是对的话，他愿意接受这样的后果，但他绝对不相信这样做是对的。

那个时候，贝京和萨达特都向门口走去。卡特用身体挡住他们的去路。他恳求他们多待一天，以便他思考如何提出一个妥协方案。贝京同意了，卡特看着萨达特，萨达特最后也点了点头。之后，两个人离开了，互不搭理。

那天晚上卡特夫妇安排了一个晚会活动。[64]他们之前设想过，到这个时候，两个代表团应该已经开始敲定协议细节了，而这样的晚会将是一种休息，也是一种庆祝。露天看台在直升机停机坪搭起来了，海军陆战队士兵表演着他们著名的"无声枪操"：士兵们排着紧密的队列进军，步枪上装着刺刀，一声不吭地进行各种复杂的行进动作。空气中浮着淡淡的薄雾，步枪转动的时候，刺刀发出亮闪闪的光芒。摩西·达扬，这位为以色列军队编写训练手册的人，看着这个表演，带着一丝轻蔑。他觉得，这种表演适合马戏团，根本不适合军队。[65]

自峰会开始，媒体就被隔离在数英里之外的地方。每天的例行新闻发布会都会在附近的马里兰州瑟蒙特的美国军团大厦（American Legion Hall）举行，而瑟蒙特自称是“世界金鱼之都”。[66]成百上千名记者基本上把这里的空房间都包下了，美国广播公司新闻团队包下了整个汽车旅馆，将它变成了一个远程基地，有一架小飞艇带着卫星信号接收盘飞到几百英尺的上空。[67]白宫的新闻秘书朱迪·鲍威尔（Jody Powell）基本上每天
100 能够给几百名记者的信息就是代表团早上吃了什么东西，他们大概会谈了几次。记者们吵吵嚷嚷地说要真正的新闻。这一次，他们被安排坐巴士来到戴维营，远远地观察代表团成员。他们看见的是三位领导人表情僵硬，互不说话，看着一个军事哑剧表演。似乎很清楚，谈判破裂了。

在无声枪操表演结束后，海军乐队演奏了三个国家的爱国歌曲，记者们这个时候被要求回到巴士上。卡特的媒体顾问杰拉德·拉夫逊（Gerald Rafshoon）在清点人数，确保每一名记者都回到了车上。结果发现芭芭拉·沃尔特斯不见了，最后他们找到了躲在女厕所里的她。[68]

记者离开之后，美方为代表们准备了一场有弦乐四重奏的招待会。卡特夫妇费了不少心思，尽量让埃及人和以色列人能够混杂在一起交流。在月桂屋里面和院子里摆着自助餐，为的是鼓励大家走动起来。罗莎琳和萨达特坐在矮矮的砖砌的院墙上，她注意到他看起来非常绝望，特别是当爱国乐曲被奏响的时候。萨达特甚至不愿意提到贝京的名字。“我付出了那么多，而‘那个人’却表现得我什么都没有做的样子，”他对她说，“我已经放下了全部的过去并且重新开始，但‘那个人’不愿意放下过去。”[69]罗莎琳努力安慰他，提醒他说，整个世界都佩服他的勇气，而且都在盯着戴维营，希望能够实现一些突

破。她接着说，有时候弥合伤痕的话语在说出去之后，对方还需要一点时间才能够被感化。萨达特还是非常伤心。“我愿意做任何事情给这两个国家带来和平，”他说，“但我感觉没有用。”

卡特和他的高级顾问那天下午晚些时候和埃及代表团见了一面。很显然，埃及代表团计划离开戴维营了。“我知道你们都很失望。”[70]卡特这样说道。西奈定居点似乎是一个难以解决的问题。“我们的立场是这些定居点是非法的，必须拆除，”他继续说道，“在这个问题上，你们的观点和我们的一致。”他承认他没有找到什么解决方法。他只希望大家多待一些时间。

“我亲爱的朋友吉米先生，我们已经开了三次很长的会了，”萨达特回答说，“我不能将以色列占领的土地拱手让给以色列，如果说主权对于埃及人来说还有一些意义的话，所有以色列人就必须离开我们的土地。贝京那个人说的东西，都是 101
在我访问耶路撒冷以前就存在的陈词滥调。”萨达特指出，在许多方面他都愿意妥协，而贝京“纠缠每一个词语，坚持要求撤出西奈半岛的前提是他们必须保留定居点。贝京还没有准备好实现和平”。

卡特说贝京是一个“难对付但诚实的人”。他从贝京的角度分析了一下当前的局面。“他们现在对西奈的控制，并不是由于他们发动的战争导致的。”卡特说道。他提醒埃及人注意美国与以色列之间的特殊关系，并强调以色列人确实真的希望实现和平。

萨达特有些气恼，点着了烟斗，并从他的鼻孔中呼出很大一团烟。“主动提出和平倡议的是我，”他说，“如果贝京真的渴望和平，我们现在可能已经和平相处一段时间了。”[71]他说他愿意保持灵活性，但在西奈问题上不可能。“我必须得到一个有关西岸和加沙问题的解决方案。”他强调说。[72]

美国人在为埃及人设想各种方案时，提到了1972年的上海公报，这个文件是外交史上最著名的文件之一。[73]它是由基辛格和周恩来一同起草的，基辛格当时担任理查德·尼克松总统的国家安全顾问，而周恩来则担任中国总理。美国和中国都希望关系正常化，但他们没有办法就核心问题，也就是台湾问题找到双方都认可的措辞，毕竟中国宣称对台湾拥有主权，而台湾也是美国的盟友。最后，基辛格采取了他所谓的“建设性模糊”的做法，“美国确认，台湾海峡两岸的中国人都认为只有一个中国，台湾是中国的一部分，”这样就避开了到底谁应该管理台湾的问题。这份协议打开了中美结束几十年敌对状态的大门。卡特向埃及人解释说，“我们双方都同意只有一个中国，但我们不能因过于具体地定义‘一个中国’而把整个协议给毁了。”

卡特可能还说到了另外一个建设性模糊的著名例子，而埃及代表团对这个例子更为熟悉：联合国第242号决议。阿拉伯国家和苏联提议的措辞要求以色列从“在1967年敌对行动中
102 占领的所有土地上撤出”。而这后来被修改为“占领的土地”。为了更进一步回避这个问题，决议的英文文本干脆拿掉了这句话，而法语文本中则保留了这句话。这两种语言都是联合国的官方语言，阿拉伯国家可以宣称联合国决议要求以色列从所有的占领地区撤出，而以色列人则可以宣称他们同意从一些地方撤军，但到底是什么地方还无法确定。当然，最终还是要解决这个模糊性，这正是举行戴维营峰会的原因之一。

一旦会议不欢而散，“这里的僵局可能导致中东发生最为激进的事情，”卡特警告说，“我们必须找到一个埃及和以色列都能够接受的方案。如果你们给我一个机会，我不希望失败。”[74]

卡特上床睡觉时已经是凌晨一点钟了。从所有实际的角度来看，这次戴维营峰会已经夭折了，他对罗莎琳承认道。“一定有办法，”他不停地这么说着，“我们只是没有找到而已，但一定有办法。”[75]

罗莎琳看着他这么纠结不已。“吉米在思考问题的时候，会变得安静，”她在回忆录中写道，“那个时候他太阳穴中的一根血管就开始不停跳动。今晚，那根血管又开始跳动了。”

罗莎琳和卡特从小就认识。[76]实际上，她出生在卡特家隔壁，尽管吉米的家人在她还是一个婴儿的时候，就搬到三英里外的一个农场去了。她的父亲叫埃德加·史密斯（Edgar Smith），是一个汽车技师；他英俊，有一头卷曲的黑发，还有明显的酒窝。在她母亲艾莉·穆雷（Allie Murray）还在中学的时候两人就已相识，当时他在开校车。他们直到艾莉大学毕业之后才结婚，艾莉获得了到佐治亚州立女子学院教书的教师证。伊莲娜·罗莎琳·史密斯于次年出生，出生日期是1927年8月18日。除了有三个弟弟、妹妹之外，罗莎琳基本上是单独长大的。在平原市，没有电影院或者图书馆，这里大概只有六百人，其他女孩年龄都不与她相仿。罗莎琳大部分时间都在玩洋娃娃、学习针线、阅读，用西尔斯（Sears）和罗巴克（Roebuck）的销售目录剪纸娃娃。

她的父母和平原市的其他父母不同，比较浪漫。埃德加从 103

修车房回到家后，他会在厨房那里抱着艾莉转圈圈，并亲吻她。其他父母可不这么做。不过，埃德加对孩子们是很严格的，他们都很害怕他。罗莎琳的应对之策是变得非常完美。她做过最严重的违逆之事就是“逃跑”[77]——也就是跑到街对面去和朋友玩玩。埃德加会用巴掌打她的屁股，还不允许她哭。她会一直努力克制自己的情绪，直到来到门外的厕所，那个时候她就可以在没有人看见的情况下放心地哭了。她不能理解父亲为什么不让她哭，她猜想可能是他希望她强大，但她也猜想可能是因为他并不爱她。她曾承认，“这些想法困扰着我，让我多年以来一直有一种内疚感。”[78]

1939 年，父母允许她去参加夏令营，这是她第一次离开家。返家后，她才发现让她走开一段时间的原因——她父亲已经住在医院里做一些化验了。他病得很厉害，尽管埃德加对罗莎琳说他会好起来的，但实际上没有。罗莎琳认为父亲之所以病得这么厉害，就是因为她过去对父亲有过那些刻薄的想法，于是她做任何可能的事情来证明她是多么爱他。她给他梳头，读《圣经》和侦探故事给他听，一个小时又一个小时，哪怕他的脸变得更苍白了、呼吸困难了也是如此。十月，他将孩子们召集到床边。“我觉得到了告诉你们的时间了，我不可能好起来，你们要替我好好照顾妈妈，”他告诉他们，“你们都是好孩子，我希望你们强大。”[79]他说他一直都想上大学，但没有去成。他对妻子说，如果孩子们的教育需要钱的话，就卖掉农场。他最大的遗憾就是，他不能够活着，确保他们过上他无法过上的好生活、有他没有的好机会。这一次，他还是让他们不要哭。后来，罗莎琳跑到厕所里面不停地哭泣。她意识到，“我的童年在那个时候真正结束了”。[80]之后，评论家注意到她的“刚毅”，称她为“铁木兰”，这正是她的童年给予她的应对生活磨难的坚毅。

萨姆特县的大部分医疗保健活动，都体现在莉莲·卡特身
上，她是一位毫不气馁的注册女护士，她坚持同时照顾白人和
黑人，而且敢于顶住任何对此有不同看法的人。当埃德加·史
密斯第一次被诊断患有白血病之后，莉莲护士每天都来给他检 104
查。他临终的那个晚上，她把罗莎琳带回家，让她和她女儿露
丝待在一起。罗莎琳那个时候十三岁。

罗莎琳的母亲开始做针线活来供养四个孩子和她年迈的父亲[81]，最终她获得了一份邮递员的工作。罗莎琳则在一个美容院里兼职做洗发师。她还帮助照顾两个弟弟和最小的妹妹，父亲去世的时候，妹妹只有四岁。晚上，艾莉会给孩子们读《圣经》，并告诉他们，上帝真的很爱他们。罗莎琳对此有疑问。一个愤怒、睚眦必报的上帝形象，总是挥之不去。她是一个杰出的学生，总是得A，毕业的时候她被选为发表毕业致辞，同时还被选为“五月皇后”。她常常祈祷，基本上只要教堂的门开着，她都会去祈祷。她实现了他严厉又虔诚的父亲所要求她实现的任何东西，只有一件事情除外，而这件是最重要的事情——让他父亲活着。

罗莎琳出落成了一个迷人的女人，但她很严肃，不爱笑。她认为自己很普通，而且非常害羞。她继承了她母亲那种间距较大的眼睛和高颧骨特征，以及她父亲的酒窝——脸上有一个小疤痕，这是她孩提时代从客厅的窗台上摔到玫瑰花丛中留下的。露丝·卡特，比她小两岁，成了她最好的朋友。正是在露丝的房间中，她爱上了照片里的一位年轻人。年轻人头发梳得整齐光滑，黑眼珠里露出火一般的光芒，看起来充满智慧和野

心，“是如此的高大光辉而不可企及。”[82]这个人就是露丝的哥哥吉米。罗莎琳认识他——平原市的每一个人都相互认识——但她很少见到他。那个时候她正严格遵循着他父亲的遗嘱，正在附近的一个专科学校读书，希望成为一个室内设计师，[83]而吉米则远在安纳波利斯，完全是另外一个世界。罗莎琳记得唯一一次和他说话是一年夏天她在主街上从他那里买了一个甜筒。露丝房间里的照片让她对他充满了向往。而吉米已经离开了平原市，他很有本事。毫无疑问，她的父亲会同意的。

露丝极力撮合她那偶像般的哥哥和她最好朋友之间的罗曼史。每一次吉米在圣诞节或者夏季假期回到家，她都会叫上罗
105 莎琳，但罗莎琳对这个照片中的男生是如此害怕，都不知道该对他说些什么。最后，在 1945 年的夏天，第二次世界大战结束的时候，露丝邀请罗莎琳去野餐，吉米也在。他逗她，说她做的三明治很奇特，两片面包大小不一样，用沙拉酱而不是蛋黄酱。他毫无疑问是一个完美主义者。野餐结束后，卡特兄妹送她回到家里，之后她就对自己说：“就这样吧。”[84]

那天下午晚些时候，从教堂回来后，她和几个朋友站在一起，这个时候一辆小车开过来了，吉米出来了。他问她是否愿意一起去看电影——和露丝一起去。吉米和罗莎琳坐在敞篷车的后座，满月的光辉之下，他亲吻了她。那天晚上，他对母亲说，他要娶罗莎琳。他二十岁，她十七岁。一年之后他们结婚了。吉米给了她一本名叫《海军妻子》的手册。

离开平原市时，她觉得自己解放了，尽管她对他们的早期生活经历也有些后怕。吉米总是在海上，罗莎琳不得不一个人照顾他们的第一个孩子杰克。1948 年，以色列建国这一年，

吉米被位于康涅狄格州新伦敦的潜艇学校录取了。结婚以来头
一遭，吉米终于有了规律的作息时间了。他们一块学习西班牙 106
语，并参加一个艺术课程。吉米在潜艇学校毕业之后，他们得到了最好的消息：他被派驻到夏威夷的“鲳鱼”号潜艇服役。罗莎琳缝了夏威夷衬衫并学习了草裙舞。吉米学会了弹奏夏威夷小吉他，罗莎琳则在一旁伴舞，跳“我的小草屋”和“可爱的草裙舞之手”。另一个儿子詹姆士·厄尔·卡特三世，小名是小不点儿（Chip），降生了。谢天谢地，平原市已经非常遥远了。

那个时候的潜水艇每二十四个小时就要回到海面上给电池充电。[85]卡特第一次在这艘潜艇上航行的时候还是一个电子设备员，他遭遇了太平洋历史上最为严重的一次风暴。那一天晚上，七艘船沉了，“鲳鱼”号也损坏严重，被报告说失踪了。卡特在这次风暴中病得很厉害，但他认真履行了半夜站岗的职责，这个时候一个巨浪打过来，把他甩到海上去了。他在一片漆黑中被裹在海浪中，一瞬间，他觉得自己离开了自己所在的世界，进入了一个模糊的、黑乎乎的坟墓。突然，他撞上了指挥塔后面口径五英寸的大炮，那个地方离他执勤站岗的地方有三十英尺高。他竭尽全力地抓住大炮。真是奇怪，船上竟没有人发现他失踪了。幸运的是，罗莎琳那个时候回到平原市省亲，没有听到有关这艘潜艇失踪的错误报告。

做一位海军军官的妻子很适合罗莎琳，她喜欢和其他军官的妻子待在一起，身边总是有许多孩子围着她玩耍，而工作安排会把她们带到有趣的地方去。因此，当卡特的父亲在 1953 年去世后，罗莎琳对于吉米从海军退役、搬回平原市去的决定，还没有充分的心理准备。她痛哭、尖叫，这是他们婚姻生

活中最严重的一次争吵。在回来的路上，她都拒绝和他说话。如果她要上厕所，她就对杰克说，杰克会再转达给爸爸。[86]当他们终于来到平原市的时候，吉米转过去对着她咧嘴笑了，说“我们到家了”。[87]这对她而言，就好比关押她的监狱的大门关上了，她生命中最好的时光结束了。

吉米和罗莎琳回去的第一年，平原市发生了严重的干旱，[88]庄家绝收，他们那一年的收入还不到200美元。他们住
107 在公屋中。罗莎琳在一个花生仓库做簿记员，吉米销售种子和肥料。吉米想申请一项贷款，但银行拒绝了。看起来，离开海军真是一个巨大的错误。他们尽管仅可以凭往日积蓄勉强度日，但还是努力做各种社区工作。吉米参加了商会、医院管理局和图书馆理事会，而罗莎琳则参加了家庭教师协会（PTA）和园丁俱乐部，她还是儿子们参加的小熊童子军的女训导员。第二年终于下雨了，他们的生意开始兴旺起来。

因为他的教育背景和在海军的经历，吉米在平原市某种意义上被看作奇异的。[89]他很快成了社区领袖，成了县学校理事会的主席，而那个时候种族融合正将深南地区拖入严重的分裂。1962年，他试图整合县里面的三所学校，但白人将这个看作学校放弃种族隔离的一个前奏。有人制作一个标语，放在卡特家仓库的门口：黑鬼和卡特一家是一伙儿的。[90]卡特的提议被投票否决了。就像他在生命中遭遇的其他失败一样，失败往往激发了卡特的雄心。三十八岁生日的那天早上，他穿上了星期天穿的休闲裤，而不是他去仓库常穿的工作服。罗莎琳问他去哪儿，他说他要到县政府所在地阿梅里克斯去，去报社刊登一份声明，说他要竞选州参议院议员。他没有和罗莎琳或者任何其他人商量。选举还有十五天就要进行了。[91]罗莎琳觉得

异常兴奋，尽管她从来没有见过一个州参议员。[92]

对于政治新手来说，1962 年的南佐治亚地区是一所残酷的学校。平原市所属的萨姆特县是卡特所在选区最大的县，而他在那里非常知名。然而，靠近阿拉巴马边境的奎特曼县（Quitman County）由一个造私酒者统治着，他因为将他的敌人抛入查特胡奇河中淹死而臭名昭著。他的名字是乔·赫斯特（Joe Hurst）。他几乎完全控制了那里，就好像一个封建领主一样给大家赏赐，甚至给那个地方百分之五十的居民派发福利支票，那些人都是他的受益者。他利用他的领地，摇身变成了佐治亚州最有权势的人物之一。在民主党初选中，赫斯特拒绝设立投票站，他和每一个选民见面，告诉他们如何投票——不要 108
投给卡特及其廉洁政府纲领。由于没有共和党候选人，因此，只要在初选获胜就意味着会成为州参议员。当一对年迈的夫妇想趁赫斯特不注意偷偷地把选票投入票箱的时候，他威胁要把他们的房子烧毁。[93]

卡特领先 70 票，但奎特曼县的票数清点之后就不是这样了：奎特曼 333 个选民总共投出了 420 张票，一些已经过世的人也从坟墓中爬出来投了一票，有一百多个人是按照姓名的字母顺序排队投票的。[94]卡特选举失败了。他对结果提出了异议，导致州政治界发生了很大的震动，直到卡特 1963 年举手宣誓成为参议员时，这才平息下来。乔·赫斯特给罗莎琳送了一张字条，说最近一次有人反对他的时候，那些人的商业设施都被烧毁了。[95]罗莎琳非常害怕。吉米在议会参加会议的时候，她晚上会把灯全部开着，拿沙发顶住大门，和孩子们睡在一起，并将窗户都钉死。

那一年民权运动的风潮抵达了萨姆特县，马丁·路德·金在阿梅里克斯被捕了。警察用警棍驱打游行示威的人，用牛刺驱赶他们，数以百计的黑人游行示威者被逮捕。卡特在种族问题上保持沉默，尽管在第二次州参议员会议上，在他生平第一次州议会的实质性演说中，他反对黑人注册为选民之前需要回答的三十个问题，这些问题中有非常深奥的法律问题，例如“美国和佐治亚宪法有关暂停执行人身保护令是如何规定的”。[96]还有一些荒谬不堪的问题，如“一根绳子有多长”和“一块肥皂中有多少个泡泡”。[97]但是，他初次演说并没有被媒体报道。

1965 年夏天，卡特终于到了必须对种族问题发表自己的真实看法的时候了。全世界都刊载了一张照片，这张照片中一群黑人和白人混杂在一起，他们在阿梅里克斯的第一浸礼会教堂的台阶上进行祷告，而牧师当时就站在他们前方，胸前挂着一杆防暴枪并披着一带子弹，阻止这些人进入教堂。[98]不久之后，卡特担任执事的平原市浸礼会教堂中出现了一个提案，禁
109 止“黑人和其他煽动分子”进入教堂。吉米和罗莎琳在亚特兰大市参加一个婚礼，她恳求吉米不要回到教堂参加投票，她因为这些纷争和他们的生意所遭受的抵制而精疲力竭。而且，吉米当时考虑竞选国会议员，而种族政治可能很轻松地让他的竞选失败。然而，吉米坚持要发言反对这个提案。投票结果是这个禁令以绝对多数获得了通过，只有六个居民投票反对这个提案，其中五个人是卡特家人，还有一个聋子，这个聋子可能都不知道自己投的是什么票。

卡特宣布自己要竞选美国国会议员，他的对手是霍华德·“波”·卡拉维（Howard “Bo” Callaway），共和党在任众议员，西点军校毕业生，继承了家族因纺织业务而积累的财富。

卡拉维在佐治亚州很受欢迎，而且得到了极右组织约翰·伯奇协会（John Birch Society）的强力支持。然而，当民主党的州长候选人因心脏病发作并决定不再竞选州长之后，卡拉维决定竞选州长了，这使得卡特仅仅变成众议员席位的象征性挑战者。卡特试图找到另一位候选人来对抗卡拉维，从而阻止佐治亚州在一个世纪以来第一次落入共和党之手，但最后他决定自己来竞选州长。在初选开始三个月前，他放弃了几乎注定会取得胜利的众议员竞选，而决定参加佐治亚州民主党候选人初选。他的主要对手是前州长埃利斯·阿诺尔（Ellis Arnall），他被认为过于自由派，因此很难打败卡拉维。另外一个对手是种族隔离主义者和极度的保守派莱斯特·马多克斯。罗莎琳对于吉米的决定非常不开心，这意味着他们无法搬到她梦想着的华盛顿去，而且他们又要将一大笔积蓄花在一个很难赢得的选举上。

卡特带着家人和一小圈朋友到佐治亚州各处走访，为他拉选票。其中包括罗莎琳，她害羞且不喜欢在公众面前发表讲话，但她不辞辛劳地跑遍全州各地给卡特拉票，这个过程中有时候还会遭到贬低和羞辱。例如，她很不喜欢站在凯马特超市（Kmart）前拉票，因为那里不允许拉票活动，她因为被州里的每一家凯马特超市赶走而感觉自尊严重受损。[99]在佐治亚州的一个小城镇，她将一份竞选手册递给一个站在鞋店门口的男人，那个男人正嚼着烟。罗莎琳请求那个男人投她老公一票， 110
那个人居然向她啐了一口。[100]

卡特在初选中就失败了，票数差距有两万票之多。马多克斯之后与阿诺尔对决，再之后又在州长选举中与卡拉维对战。由于阿诺尔决定自己独立参加竞选，这使马多克斯与卡拉维都没有获得超过 50% 的票数，这种情况下到底由谁担任州长是由民主党绝对控制的州议会决定的。马多克斯成了新州长。卡特瘦了 22 磅（体重只剩下 130 磅），而且债务缠身。[101] 一个月之后，他决定再次开始州长竞选活动。

他游遍整个州，与人们见面，并用口袋录音机将他们的名字和他们的一些具体情况录下来，例如，工作、政治思想，以及是否可能成为竞选活动中的工作人员或者为竞选捐款。他一直更新着见面人员清单——在竞选活动结束的时候，他总共见了 60 万人。[102] 为了获得他所接触到的每一个人的地址，他几乎买了佐治亚州出版的每一种电话簿，有 150 本之多，然后罗莎琳就根据地址给大家写感谢信。她替他保管档案资料，并将报纸文章剪下来给他看。为了节约资金，卡特住在其支持者的家里。在他再次进行竞选的前两年中，他基本上每天晚上都不在家里。

在佐治亚州到处游说的过程中，罗莎琳对于她的同胞们所面临的问题有了切身体会。一天清晨四点三十分，她来到一个棉花工厂前，等候工人换班，这时一名女工出来了，一晚上的辛苦工作之后，她的头上和衣服上都沾满了棉绒。罗莎琳问她是否要回家睡觉，这位女工说或许她能够打个盹，家里有一个精神发育迟滞的孩子，她丈夫的收入没办法支付开销，因此她晚上必须工作来贴补家用。那个时刻，对于罗莎琳来说，是一个转折点。当她了解到吉米那天晚些时候也要来到同一个城镇的时候，她排着队和他见面。在和她握手之前，吉米甚至没有认出来。“我希望您在担任州长的时候，做一点有关精神健康方面的事情。”她说。[103] 吃了一惊的卡特回复道：“我们将拥有全国最好的精神健康体系，我会让您来负责。”

1970 年竞选日，卡特赢得了 60% 的选票。马多克斯由于
无法继续担任州长，只能退而求其次竞选副州长，他竞选副州 111
长时赢得了 73.5% 的选票。

卡特在民主党内被看作一颗新星，但很少有人充分了解他的雄心壮志。尽管他与佐治亚议会关系紧张，但他赢得了一个进步州长的名声。在担任州长两年后，他决定竞选总统。他于 1974 年州长任期结束，这意味着此后两年的时间中他可以全身心地投入总统选举。

罗莎琳又一次必须发表那些她非常痛恨的演讲。在总统竞选结束的时候，她到访了四十二个州，光爱荷华州她就走访了一百多个社区。[104]1977 年 1 月 20 日，在华盛顿特区一个寒冷的早晨，她的丈夫宣誓就任美国第三十九届总统，而罗莎琳·卡特，这位平原市孤独的小女孩，则成了第一夫人。吉米宣誓时，杰拉德和贝蒂·福特夫妇站在他们身边——这是一个民主的仪式，这个仪式或许是非暴力社会变革传统的最强有力的见证。就是在那个时候，白宫的衣橱中福特的东西正被替换为卡特夫妇的衣物。

罗莎琳被证明是一位积极主动的第一夫人，支持有关精神健康和老年人的一系列重要立法，同时让许多美国人烦恼的是她坚持要参加内阁会议。和总统比较亲近的人知道，她一直是总统最有影响力的顾问，他们也渐渐认识到她在政治上确实游刃有余。[105]1979 年，即使卡特总统的民调数据不断下降的时候，罗莎琳在盖洛普民调中也超过了特蕾莎修女，成为全世界最受崇敬的女士。[106]

戴维营峰会也是她的主意。结果好，她获得荣誉；结果不好，她要承担责任。

卡特夫妇

外交部长卡迈勒无法入睡。他坐在自己床铺边上，和室友布特罗斯·布特罗斯－加利谈话一直到深夜。他们都觉得，在戴维营举行外交活动非常奇怪。他们习惯于穿着黑色的西服套装，在大理石砌成的国家会议室中开会。而在这里，他们穿着睡衣，住在木屋中。然而，埃及人面临的最主要问题并不是环
112 境本身，而是他们的领导人。只要开会，萨达特都默默地坐着，以深不可测的样子抽烟斗，而他的代表团则在一旁愤懑地讨论着。卡特总统似乎对埃及人的倡议中的任何一个原则都不感兴趣，而这对萨达特来说，好像不是什么问题。“看看我们现在都处在什么境地了！”[107]卡迈勒在床铺上大声说道，“我们

有美国总统，他一点儿也不含糊，想着要在美国、以色列和埃及三方之间达成一个战略性的同盟，而萨达特却不说一句话！什么东西对他而言是重要的？”

“他可能只是分神了或者累了，”布特罗斯－加利回答说，“卡特的目标可能是将一些想法当作测试气球放出来，以便对我们进行试探。”

“难道你没有听到卡特悄悄对杜哈米说的话吗，他说萨达特总统是比较持中的，但他的助手们则比较强硬。他说的毫无疑问就是咱们。”

“无论如何，今天的会议不过是一次准备会，”布特罗斯－加利说，“在他们确定了计划并将之提交给我们之前，我们是不知道结论的——那个时候我们再看。因此，在那之前还是不要忧心忡忡了，睡吧，天都快亮了！”

第四天

兹比格涅夫·布热津斯基和塞勒斯·万斯

113 早上八点三十分，美国代表团和总统及罗莎琳在总统住的木屋中开了一个会。他们都极度悲观。卡特认为，贝京可能不打算同意任何事情。理由是，他对于搁置萨达特的苛刻提议明显很开心。这就是他的托词，如果谈判失败，他可以挥动萨达特的提议，说："看看，这就是他们要求的。"[1]

吉米和罗莎琳去打网球了，但网球场的电话不停地响着，是参议员们或者他的国防部长打过来的——世界上有太多其他问题需要总统先生的关注。卡特让罗莎琳取消第二天上午的钓
114 鱼活动。他们原来打算在犹太安息日暂时溜开几个小时，但现在他必须做点什么来挽救这场会谈。

当他们回到总统木屋时，卡特了解到萨达特正准备离开，而贝京正在总结导致峰会失败的那些理由。卡特没有选择，只能拖住他们。他让贝京那天下午两点半和他见面，让萨达特在一个半小时后和他见面。他希望把萨达特拖延到那天下午晚一点的时候，这样他就能够让埃及人在戴维营多停留一天了。同时，他邀请塞勒斯·万斯和罗莎琳一同吃午饭。是时候改变战术了。

万斯经常被有些傲慢、想象力丰富的国家安全顾问兹比格涅夫·布热津斯基遮住光芒。万斯代表的是卡特总统反对的“当权势力”：毕业于耶鲁大学，在华尔街工作过，在华盛顿官僚体系上层经营多年，担任过约翰·肯尼迪的陆军部长，以及林登·约翰逊总统的国防部副部长。布热津斯基是一个喜好搞秘密活动的积极分子，而越战经历则告诉万斯，保持耐心和运用外交手段比军事干预更好。布热津斯基喜欢看大局，而万斯则注重细节。卡特的政治战略顾问、后来担任白宫幕僚长的汉密尔顿·乔丹分析过这两个人在卡特政府中扮演的不同角色。他认为布热津斯基就是卡特勇敢的一面——正是这一面让卡特决定竞选总统，即使那个时候不过是一介无名之辈。那是一个永远不会害怕挑战传统智慧也不害怕赌上一切的人，他在戴维营的所作所为正是如此。万斯则是卡特更为传统、更注重方法的那一面——太阳升起之前就开始工作，非常坚持原则，甚至到了自负的地步。他的正直为他赢得了所遇到的每一个人的信任。根据乔丹的分析，布热津斯基是思想家，万斯则是行动家，而卡特是决策人。[2]

然而，到目前为止，决策人还没有提出一个美国方案。他的战略一直都是让萨达特和贝京面对面地协商，原以为他们最终会自己达成协议，尽管其间需要美国的一些推动。这被证明是完全错误的。卡特不能再让那两个人待在同一间屋子里了。
115 提出一个美国方案的危险是，如果失败了，双方可以宣布美国试图强迫他们接受一份协议。但现在没有其他选择了。“提出美国方案吧。”[3] 卡特在吃午饭的时候告诉万斯。他特别强调说这个方案必须对双方公平。但同时这必须是一份萨达特可以接受的文件，而且贝京无法拿它作为阻碍谈判的武器。“我认为我们必须对以色列人稍微强势一些，现在到让他们知道这一点的时候了。”卡特补充说。[4]

当和贝京会面的时候，除了请求贝京体现更大的灵活度之外，卡特实际上的确没有什么可以对贝京说的。“您将作为带来和平的英雄青史留名。”[5] 但贝京对这种道德上的诉求一点儿都不心动。他再一次以萨达特的提议来回应，他把这份提议放在自己上衣胸前的口袋中。他喜欢复述里面的主张。那个时候，卡特犯了一个严重错误。他实际上还有萨达特秘密向他说明的几个让步可以利用，他还没有利用其中任何一点，但是，他背叛了萨达特的信任，告诉贝京埃及人当前的提议并不是萨达特总统最后的立场。或许这是说服贝京将埃及人的文件放回自己口袋中的唯一方法，但是贝京一下子就明白了，埃及人在不需要得到以色列人让步的情况下，愿意主动做出一些让步。[6] 他现在可以更加固执，一直等着看埃及人到底会将什么样的东西放到桌子上。

卡特说，既然萨达特同意让西奈半岛非军事化，而且埃及和以色列之间实际上隔着大约 130 英里光秃秃的沙漠，因此根本没有必要保留什么以色列定居点作为缓冲。贝京的回应很冗长，让人厌烦，而且都是大家耳熟能详的必须保留定居点的套话。但在说话中间，他可能也说漏嘴了。“我个人永远不会建议拆除西奈半岛的定居点！”[7] 他大声说道。这句话被卡特抓住了。说他不会同意拆除那些定居点是一回事，而“个人永远不会建议”拆除定居点又是另外一回事。或许让其他人来承担做出这个决定的责任的话，贝京可能就不好加以阻拦了。这是第一丝淡淡的曙光。

贝京接着说实际上在戴维营需要达成两份协议，一份是以
色列和埃及之间的，这个协议当然很重要，但是另一份重要得 116
多的协议是以美之间的协议。这份协议将向世界表明以美两国没有什么重大的政策分歧。贝京的主张和萨达特试图说的东西类似，双方都想让美国站到自己这一边来与另一方对抗。卡特总统可能会倾向一方或者另一方，这是卡特唯一可以利用的真正武器，他还不打算放弃这个武器。

“我们将达成一份全面的和平协议，”卡特警告贝京说，“否则我们不可能会有进展。”他打算第二天利用自己的武器。[8]

“总统先生，请不要把这个东西放在给我们的方案中。”贝京恳求说。[9]

“我可不能让你来告诉我不要讨论以色列在埃及土地上的存在问题。”卡特简要地回答道。

两个人谈了很久，一直谈到接近四点。这个时候罗莎琳递来一张纸条，提醒卡特还要见萨达特。贝京离开的时候，他邀请卡特及其夫人晚上出席他的安息日晚宴。

卡特冲到萨达特住的木屋。他们正喝着甜薄荷茶，卡特恳求这位埃及领导人留在戴维营。“你许诺过我的。”[10] 卡特提醒说。他狡猾地利用了他拥有的唯一优势，对萨达特说，埃及人和美国人可以达成一个协议，哪怕以色列人不是协议的一方。

萨达特马上同意。“你来写这个协议，”他说，“你知道哪些问题对我来说重要，我会赞同你提出来的任何合理的文件。”

现在，峰会被暂时保住了，但是卡特的角色已经改变了。他一开始的时候希望自己只是一个促进和谈的人，将萨达特和贝京召集在一个屋子中，然后让他们俩谈判，商讨一份永久和平协议的相关细节。那个想法失败了。如果峰会要取得成功，就需要一个推动者，需要一个有新想法的人，而且是一个愿意突破恳求和劝说、发出威胁的人。这个人非卡特莫属。每一方都必须认识到，他们有一些极为重要的东西不容失去，那就是和美国的关系。

117 梅纳赫姆·贝京和妻子阿丽莎在戴维营电影院举办了安息日晚宴，电影院临时布置成了一个宴会厅。为了这次晚宴，专门从华盛顿运来了犹太鱼丸冻和犹太面包卷，还有一些额外的犹太无边帽。[11]

在桌首，罗莎琳坐在贝京和达扬中间，这两个人属于以色列历史上最引人注目的人物。晚宴开始的时候，贝京祈祷说，他说：“您，我们的主，上帝，宇宙之王，请接受我们的祝福。是您给我们定了戒律，并给我们欢愉。您慈爱、自愿地给了我们这个神圣的安息日，作为您创造我们的历史记忆的传承。安息日是我们神圣日子的第一天，是我们从埃及出走的一个纪念。主啊，您选择了我们，并让我们在所有民中，变得神圣。”

过去几天的紧张关系不见了，客人之间有一种轻松随和甚至欢乐的气氛。贝京提醒罗莎琳，《圣经》说不能将悲哀献给上帝，因此他要求每个人都唱歌。其中一支歌是以色列国歌

“希望之歌”，这支歌对贝京来说有特殊的意义。他说，他的父亲当年被纳粹拖到巴格河中淹死的时候，唱的就是这支歌。[12]

> 我们还没有失去希望，
> 这是两千多年的希望，
> 在我们的土地上获得自由，
> 在锡安和耶路撒冷的土地上。

当贝京翻译其中一支歌的歌词给罗莎琳听的时候，罗莎琳羡慕地问他懂得多少门语言。他说他可以流利地说斯拉夫语言，包括波兰语和俄语，还有德语、英语、希伯来语和法语，他可以读意大利语，还曾经教过拉丁语。他和阿丽莎（她也是一位拉丁学者）喜欢彼此大声朗读维吉尔的作品，就好像每天晚上罗莎琳和吉米喜欢用西班牙语向对方朗读《圣经》一样。[13]

贝京对阿丽莎的追求以及和她结婚，在很大程度上和卡特 118
夫妇很像。贝京在第一次见到阿丽莎的时候就决定娶她为妻，他们的结合因为相互忠诚而非常著名。贝京经常突然沮丧、狂喜或者暴怒，和他脾气暴躁的丈夫不同，阿丽莎永远保持克制和慎重。她那躲在很厚的有色镜片后面的大眼睛从未流露出对丈夫的事业正当性的任何怀疑，即使是在地下运动、在监狱中和在政治边缘时，都是如此。尽管有气喘，她仍然不停地抽烟，经常要用到手提包中的喷雾器。如果卡特曾希望阿丽莎可以让她丈夫的立场软化的话，那他就错了。以色列代表团的成员都知道，她是一个固执的意识形态论者。[14]

贝京成为总理之前的三十年中，贝京夫妇一直居住在特拉维夫北部一个位于一楼的租金受管制的三居室公寓中。他们每月收入大概 500 美元。由于有三个小孩，因此，他们夫妇俩就睡在客厅的一个折叠沙发上。[15]和以前的总理夫人不同——那
119 些夫人有时候争权夺利，阿丽莎则努力避免进入公众视线。[16]她自己做衣服，并喜欢做饭。[17]即使他丈夫做了总理，她还是坚持坐公共汽车往返于耶路撒冷和特拉维夫之间。[18]这种节俭与许多高级政治人物形成强烈对比，[19]这些人住得很奢华，而这往往来自贿赂和特别关照。实际上，贝京之所以可以当选总理，就是因为前任总理伊扎克·拉宾倒台了，拉宾的夫人被指控在美国有非法账户。相反，贝京则是出了名的谨慎。1977 年，当他第一次到华盛顿会见卡特的时候，他只有两套西服，每一套都有十年之久了。而且，在犯心脏病之后他瘦了很多，这两套西服对他来说都太大了。他的助理耶齐尔·卡迪沙伊劝他为此行买新的西服，但当另一名助手告诉他购买西服要多少钱之后，贝京放弃了。“我买不起，”他说，“问问是否可以分期付款。”[20]

卡迪沙伊告诉他，服装店准备免费送给他。

“绝对不行！”贝京大声说。最后，他到华盛顿时带的两套西服，都是赊账买的。

罗莎琳坐在摩西·达扬的那只健康眼睛的一侧，因此大部分时间都在和他交谈。他的听力很糟糕，除非他和交谈对象靠得非常近，否则他很可能就自说自话了。尽管达扬的粗鲁和悲观主义是很出名的，但罗莎琳发现他实际上是一个很有魅力的人，这可能部分是因为达扬恭维了她丈夫。他说三十年来他一直希望有这样的峰会，而且他参加了围绕以色列建国的全部谈

判，但没有哪一个是真正由中东国家进行和平谈判的。他说，如果没有吉米·卡特，这次峰会根本不可能发生。他回忆道，他最近看到罗莎琳在电视上说，“吉米是一个斗士，你永远不会看到他放弃”。达扬说：“如果你希望我或者需要我来证明你说得正确，我可以证明这一点！”[21]这样一句话对于卡特再次竞选总统来说是无价的，在美裔犹太人中间更是如此，这些人对于来自深南地区的浸礼会教徒一直都心怀戒备。罗莎琳回答说，吉米一直都愿意处理棘手的问题，从来不担心这样做的后 120
果，比如，他是否能够再次当选。

“哦，他会再次当选的。”达扬安慰她。[22]

达扬不仅仅是一个英雄，还是一个谜一样的人物。这种谜一样的特性使得他很难与其他人建立亲密的情感联系，即便是和自己的孩子。“他天生是一个迷宫”[23]，和他疏远了的女儿这么总结道。看起来他那个黑眼罩后面遮盖的仿佛不是一个受伤的空眼眶，而是他不想让人知道的什么可怕秘密。他在以色列军队的晋升得益于他与本-古里安的关系。本-古里安注意到他“几乎疯狂的大胆，但同时又有很好的战术和战略判断力”。[24]达扬是北极星，他那种傲慢的自信给了以色列人一种如释重负的感觉。人们慢慢地相信他是不可打败的，只要达扬在身边，就不可能发生什么糟糕的事情。

一生中，女人受他的声名和神秘光环的吸引，前赴后继地扑向他。有一个军官的妻子爱上了他，这位军官是达扬小时候的好朋友，他发现了这个丑事，给本-古里安写信，要求他必须公开地疏远这位追随者。本-古里安以拔示巴的故事回应。[25]拔士巴是大卫王手下一个赫人军官乌利亚的美丽妻子。

大卫王诱奸了她并使她怀孕。为了掩盖自己的罪恶，大卫王派军官到前线去，之后便死在了前线。本－古里安传递的信息似乎是，有些人对于以色列国家是那么重要，因此，这样的事情必须被忽略。这也可能是一种暗示，暗示这位被戴了绿帽的军官这般抱怨可能会遭受怎样的结局。

从一出生起，摩西·达扬看起来就注定要成为以色列人经历的活样本。他的父母移民到了巴勒斯坦，当时那个地方还是奥斯曼帝国的一部分。摩西的父亲什缪尔是一个来自乌克兰的马车小贩，1908 年到达巴勒斯坦。他的母亲德芙拉，是基辅一个木材商人的女儿，五年之后才到。他们结婚了，并帮助他们所在的新国家建立了第一个基布兹（Kibbutz，集体农场）。按照设想，集体农场是公社工人的天堂，在这里什么东西都是
121 集体所有的，所有工作都由大家分担，甚至孩子都是在一个单独安排的、独立于父母住所的房子中共同抚养的。1915 年，摩西成了这个集体农场第一个出生的孩子，这让他的人生更具有象征意义。[26]

当什缪尔·达扬对集体农场变得不满之后，他举家搬到了另一种实验性的农业合作社——莫沙夫（moshav）。[27]莫沙夫的意思是定居点。这是这个国家的第一个定居点。后来数百个莫沙夫都按照它的样子建立了。这个定居点名叫纳哈拉尔（Nahalal），在靠近拿撒勒的耶斯列山谷中。

尽管什缪尔教育自己的孩子说阿拉伯人生性就是懒惰的掠夺者，摩西与阿拉伯村庄和贝都因营帐里的其他男孩玩在一起，学习他们的语言和习惯。他后来吹嘘说："从我还是一个小孩子，我就发现和阿拉伯人相处很容易。"[28]十四岁时，摩西加入了被宣布为非法的犹太解放组织哈加纳，这个组织建立的

目的是保护孤立社区中的居民。他在外面巡视，将进入社区的阿拉伯人的羊群赶走。达扬慢慢长大，犹太先驱者和巴勒斯坦本地人之间的关系变得越来越紧张和暴力。1932 年，阿拉伯 122
恐怖组织将一颗炸弹扔到达扬邻居家的小草屋中，炸死了一个八岁的男孩，这是后来发生的事情的一个前兆。

两年之后，纳哈拉尔的居民耕种了犹太民族基金从阿拉伯人那里购买的一块土地。一个贝都因部落一直在这个地方放牧，当犹太人抵达并开始翻地的时候，阿拉伯人聚集在山顶上，阴郁地看着。之后，石头就被扔了下来，一个翻地的农夫被打中了。居民开始反击，双方的邻居都加入了这场混战。而这个时候，达扬愤怒坚持播种，石头在他头上飞来飞去。当他到达一块高地最高处的时候，他突然被人用棍子打晕了过去。他被人用马驮到了耶路撒冷的一家医院进行康复治疗。他回到纳哈拉尔时，头上带着疤痕，但并不特别恨那些失去土地的阿拉伯人。“我能理解他们的情绪，但我无法安抚他们，”他写道，“他们很多代人都在别人的土地上放牧，用别人土地上的泉水喂牲口。但那时这个地方没有人耕种、照看，因荒废而被错误地用来放牧。现在这片地方是我们的了。”[29]

1934 年发生了巴勒斯坦阿拉伯人反对大规模犹太移民的公开起义。数百名犹太人被杀死。[30]英国政府通过杀戮、伤害或者逮捕巴勒斯坦超过 10% 的男性的方式进行镇压。[31]摩西加入了犹太定居点警察部队，和英国军队一起保护一条石油管道，阿拉伯人经常对这条石油管道搞破坏。这一段经历让他认识到，正规军对抗游击队是徒劳的，因为游击队熟悉地形，而且很容易混入当地的平民百姓之中。他写道：“对我来说，很清楚的是，打败他们的唯一方法是采取主动，攻击他们的基地，在他们的移动过程中展开突袭。”。[32]他后来用这些战术制造了很严重的破坏。

在第二次世界大战发生的时候，达扬被招募进一支英国军队中，当时这支军队正计划攻击叙利亚，叙利亚由法国维希政府占领。[33]他的任务是赶在法国人轰炸之前，占领通往贝鲁特的滨海公路的一座桥梁。他的部队在试图占领一个警察局的时候遭到了机枪火力扫射，原来这个地方是维希政府的一个地区总部。达扬冲到警察局附近，从窗户扔进去一个手榴弹，机枪
123 就这样哑火了。他和队员们占领了警察局。当法国军队赶来增援的时候，他拿着缴获的机枪跑到屋顶。他观察地形、看敌人的射击到底是从哪一边过来，此时一颗子弹打中了他的望远镜，打穿了镜片和外壳，一些金属玻璃和碎片弹入了他的左眼和眼睛周围的骨头。十二个小时之后，盟军部队才赶到这个警察局，达扬被车带到海法市的一家医院。达扬以他一贯的坚韧忍受着痛苦。在整个过程中，一个名叫拉希德的阿拉伯侦探兵一直握着他的手。[34]

“谁会雇用一个独眼人呢？”他绝望地问道，那个时候他的妻子已经怀上了他们的第二个孩子。“我没有能力供养我们一家人。”[35]但他作为一名士兵的声名克服了身体上的残疾。他总是能够被大家一眼认出来：圆圆的光头、海盗式的眼罩。他变成了以色列的一个象征——傲慢、直率、伤痕明显，但依旧无所畏惧。

在 1948 年战争中，二十万名巴勒斯坦难民在加沙地带避难，这是一片狭长之地，有二十五英里长，最宽的地方也不过七英里。它沿着地中海蜿蜒，在以色列南部与以色列接壤。加

沙曾经是古老的埃及帝国的一个行政首都，是通往叙利亚的商队必经的一站。非利士人（大部分学者都认为他们是巴勒斯坦人的祖先*）在公元前十二世纪占领了这个地区。上帝看起来似乎特别不喜欢他们和他们占领的土地。“加沙应该被抛弃，”耶和华在《旧约》中警告说，“我将让你毁灭，没有一个居民！”[36]但在上帝对犹太人生气的时候，他就把犹太人交给非利士人。尽管上帝偏爱以色列人，但非利士人有技术优势。他们发现了铁，而以色列人那个时候还处在青铜时代。

但那时的犹太人中出了一个冠军人物，他用赤手空拳让非
利士人感到害怕。这个人就是参孙。他在某种意义上是一个怪 124
物。据说他可以用两个手掌把两座山峰推到一起。[37]他娶了非利士人的女儿为妻子，但他杀了所有来参加婚宴的客人，烧毁了他们的田园，并用驴的下颌骨屠杀了一支一千人的非利士军队。

参孙常去加沙地区寻欢作乐。一天晚上，非利士人将加沙城门全部锁上，想在他寻欢作乐之后把他困住，但在午夜他把巨大的大门直接拔起来，扛在宽大的肩膀上走了。一个来自梭烈谷的名叫大利拉（Delilah）的巴勒斯坦妇女哄骗参孙告诉她为什么他有这样的神力。他透露说，他是拿细耳，也就是一种犹太僧侣，他们被命令不能剃掉自己的头发。他说：“若剃了我的头发，我的力气就离开我，我便软弱像别人一样。”[38]非利士的首领们为了让大利拉背叛她的情人参孙，许诺每人给她一千一百舍客勒银子。大利拉在参孙睡觉的时候，割掉了他的七绺头发。当他醒来的时候，并不知道神力已经离开了他，他已

---

* 在阿拉伯语中，非利士人被称作“古巴勒斯坦人”。

经变成了一个普通人。非利士人剜掉他的双眼，并让他在加沙的一个磨坊里面像牲口一样地工作。

非利士人要给他们的神大衮献祭，庆祝他们的命运有了重大转折。在庆祝过程中，他们把瞎掉了的参孙牵到一个大的竞技场里，那时竞技场上有三千名观众。参孙向上帝祷告，最后一次赐予他力量。他使出最后的力气，将竞技场的支柱推倒了，杀死了所有的人。“这样，参孙死时所杀的人，比活着所杀的还多。”[39]《圣经》这样赞许地记载。

对那些遭受过摩西·达扬之暴的巴勒斯坦人来说，他在某种意义上就是当代的参孙，达扬很乐意担负这样的角色。他也是一个很有名的花柳之人，而且只有一只眼睛。从体格上来说，达扬并不出众，他中等身高，结实。他在回忆录《与〈圣经〉一起生活》（*Living with Bible*）中写道，他对于《圣经》上记载的古时候的故事非常痴迷。“参孙的伟大不仅仅在于他身体强健，还在于他自由的精神，这种精神激发他站起来反抗奴役其民族的那些人。”[40]就像参孙一样，达扬也表现出一种残酷无情的精神，这种精神成了他不可战胜的神话的一部分。

125 1948 年战争后，达扬被任命为以色列军队南方司令部司令。“我早上很早就出发到南部总部去，”他写道，“我开车从寒冷的山区出发，经过大利拉的梭烈谷，抵达了海岸地带，我总有一种感觉，觉得我来到了另一片土地。一年中的每一天都好像是春天……难怪参孙喜欢在非利士人的土地上散步。”[41]

根据以色列独立战争之后的停战安排，埃及控制了加沙地带。用机引犁在沙地上刨一条沟，这就是边界了。达扬会站在犁沟边上，看沟那边的难民土屋，其中许多难民都是被他的军队驱离家园的。脏兮兮的、拥挤不堪的难民营，到处都是孩子，在他看来，就像蚁丘一样。“数以千计的青少年，男孩穿着蓝色衣服，女孩穿着黑色衣服，像涨起来的河水一样涌了出来，各奔东西地进入那些小巷中，最后被贫民窟吞没。”他写道。[42]许多时候，难民会偷偷溜到以色列来收割他们逃跑时没有来得及收割的庄稼，或者放牧。有一些人则是回来报仇，安装炸弹或者攻击以色列人。以色列军队的官方政策是，对进入以色列土地的任何阿拉伯人都可以射杀。[43]

“我们对着越过边界的 20 万名饥饿的阿拉伯人进行射击——这经得住道德的拷问吗?”达扬自己问自己，“阿拉伯人过来是收割逃离家园前没有来得及收割的庄稼，而我们则埋了地雷，他们回去的时候往往都是缺胳膊少腿的。”[44]他的结论是，或许这是不道德的，“但我知道没有其他方法可以防护边界。如果阿拉伯牧羊人和收割庄稼的人可以越过边界，那么，明天一早醒来以色列这个国家就没有边界了”。

达扬给自己找的这种哲学上的借口，让他在杀戮上毫不含糊。他发动了报复性的劫掠行动，作为对阿拉伯人的集体惩罚。1955 年 2 月，一队埃及情报勘察人员溜入以色列来勘察军事设施时，滥杀了一名骑自行车的以色列人。那个时候，达扬担任军队参谋长，他派了两个连的伞兵进入加沙，攻击埃及的一个军事据点。他们把兵营中的埃及人都杀死了。运来援军的一辆卡车被火箭炮击中而着火，车上的士兵都被活活烧死
了。四十名埃及士兵牺牲了，以色列则牺牲了八名士兵。这是 126
1948 年战争以来最严重的流血冲突，促使纳赛尔考虑该如何应对。九月，他与捷克斯洛伐克达成了一项规模很大的苏联军

火交易。从现在开始，是“以眼还眼”的时候了，他借用了这句中东最为古老的格言。[45]

这正中达扬下怀。他的战略就是挑逗纳赛尔，让纳赛尔还击，这样以色列就有借口在埃及将苏联武器派上战场之前就发动战争了。[46]在边界一系列小规模骚扰之后，包括用迫击炮攻击一个基布兹，达扬让军队全力攻击加沙地带，用大炮轰炸了市场、民房，甚至还有一个医院。五十八名平民，包括三十三名妇女、十三名儿童，都被炸死了。四名埃及士兵也牺牲了。[47]

在联合国的施压下，本－古里安命令达扬停止巡行边界，并将军队从停火线撤回来。达扬很不情愿地服从了命令，但在一次与本－古里安激烈争论的会议中，他对这位上司说，软弱只会激励阿拉伯恐怖分子。确实，埃及人开始以自杀式袭击小队进行报复，一次还攻击了特拉维夫附近的一座犹太教堂，杀死了五名儿童。尽管达扬所渴望的战争没有发生，但恐怖主义道德毒瘤却不可避免地生根发芽了。每一方都将自己包裹在正义的外衣之下，毫无同情心地滥杀无辜。

其中一个受害人是罗伊·罗滕伯格，是纳哈尔·奥兹基布兹的护卫人员，这是离加沙地带的边境最近的以色列村庄。达扬在对加沙地带发动攻击的时候见过罗滕伯格，并对这个有着蓝眼睛的年轻人印象深刻。那次见面后没几天，罗滕伯格看到一群阿拉伯人在被基布兹征用的土地上放牧。他骑上自己的马去驱赶他们，但被阿拉伯人开枪打死，他的尸体被拖过了边界。他那面目全非的尸体后来被交给了联合国士兵，联合国士兵将之送还到基布兹以便安葬。

达扬在罗滕伯格的坟墓边发表讲话。他的悼词既是对以色列国家的毫不掩饰的颂扬，也是对双方陷入这种悲剧的直接而又坦率的哀叹。“昨天早晨，罗伊被谋杀了。”达扬说：

> 早晨的寂静让他眼睛发花，以至于没有看到犁沟边上 127
> 趴着等待他的敌人。今天，让我们不要去指责杀害他的凶手。提及他们对我们深入骨髓的痛恨是毫无意义的。八年了，他们躲在加沙的难民营中，而我们就在他们的眼皮底下，耕种并建设村庄，这个地方可是他们和他们的父辈们曾经生活过的地方。
>
> 我们不是要用加沙阿拉伯人的血来偿还罗伊的血债。实际上，我们要用我们自己的血。我们怎么就对我们这一代惨淡的命运和残酷的使命视而不见呢？我们是否真的忘记了，纳哈尔·奥兹的年轻人的肩膀上，就像古时候的参孙一样，扛着沉重的“加沙之门”呢？我们是否真的忘记了，在这些门的后面生活着成千上万内心充满恨的人们，他们一直祷告着，期待我们被削弱，以便把我们撕得粉碎……
>
> 我们是在这里定居的《圣经》式一代，就像约书亚征服之后在这里定居的那一代一样，对于这一代人，头盔和武器是非常重要的。如果我们不挖好防护设施，我们的孩子将会没命；如果没有铁丝网和机关枪，我们将无法铺设道路或者钻井取水。因没有自己的国家而被消灭的数以百万计的犹太人，正从以色列历史的灰烬中注视着我们，命令我们必须为我们的人民建设一个家园。但在这条犁沟边界的那一侧，仇恨和复仇之海正在不断膨胀，就等着哪一天我们放松了警惕，听从诡计多端且虚伪的使节所说

> 的、让我们放下武器的话……
>
> 这是我们必须做出的生命的选择——是做好准备，拿好武器，坚强而又坚定，还是松开我们攥紧的拳头并放下武器，让我们的生命被摧毁。罗伊·罗滕伯格，这复仇的血，这位离开特拉维夫、来到加沙之门边上建设自己的家园并担任我们的护卫的柔弱的年轻人，罗伊——他心中的那一丝光遮住了他的眼睛，让他没有看到刀刃正闪着光；他内心对和平的渴望堵塞了他的耳朵，让他对于潜伏在身边的谋杀充耳不闻。呜呼！加沙之门对于他来说，太沉重了，他终于被压垮了。[48]

128 1956 年 7 月 26 日，埃及人推翻了国王统治四年之后，迦玛尔·阿卜杜尔·纳赛尔站在亚历山大市的一个广场上，他脚底下有二十五万群众。他的演说被广播到整个埃及和阿拉伯世界，数以百万计的人都被纳赛尔有关阿拉伯团结和重生的远大梦想深深地感染了。通过外交努力，纳赛尔已经成功地说服英国人放弃对埃及的占领，这意味着他们的国家要成为一个不受外国统治的国家了，这可是自公元前六世纪埃及人短暂地推翻波斯统治者以来，开天辟地头一回。

驻扎在苏伊士运河边上的八万名英国士兵逐步撤离，对于以色列来说是一个很大的打击，以色列一直依赖这些英国军队构成屏障，阻挡埃及入侵。[49]纳赛尔现在要采取一个影响更为深远的行动了。“苏伊士运河是埃及人的儿子挖出来的——十二万名埃及人死在了这个过程中，”纳赛尔大声向群众说道，“今天，埃及的人民，我宣布，我们的财产被返还给我们了。我们实现了我们光荣而伟大的梦想。”接着，他宣布将苏伊士运河收归国有。“它将由埃及人管理，埃及人！埃及人！”[50]

这个大胆的举动让纳赛尔一下子成了发展中世界的英雄，有无数的追随者，不分边界。英国人和法国人从震惊中回过神后，他们计划夺取对运河的控制权。问题不仅仅是苏伊士运河，而是他们作为强权的地位。尽管英国已经失去了印度且正在撤出埃及，但它还拥有超过三十五个殖民地，这包括非洲一半的土地。[51]法国的殖民地几乎一样多，最重要的是包括阿尔及利亚，这个国家正被纳赛尔和他的阿拉伯民族主义迷人的光环危险地改变着。此外，运到英国和法国的大部分原油都是需要通过苏伊士运河的。如果运河被封锁了，那么经济就可能崩溃。西方强权的要害被一个人捏在手里，这将动摇根本。英国和法国将突然变得比他们的殖民地还脆弱，世界秩序看起来完全颠倒了。

苏伊士运河收归国有两个月后，达扬和一个以色列代表团 129
飞到巴黎，与法国官员举行秘密会谈。法国人希望以色列人可以成为他们的伙伴，一起推翻纳赛尔政府，并控制苏伊士运河。如果以色列同意，法国相信英国也会加入。以色列实际要发挥的作用是，给两个强权国家开战的借口，他们不想被人看作首先挑起了战争。当时的阴谋是，以色列占领西奈，这就让英国和法国可以借保护运河之名控制运河。[52]法国将这个计划叫作“火枪手行动”，借用的是大仲马的小说《三个火枪手》（*The Three Musketeers*）。

本-古里安，这位脾气倔强的以色列总理长得矮壮，有一双咄咄逼人的黑眼睛，头两侧披着白发，就好像鸽子的两个翅膀一样。他对这个计划持有怀疑，坚持要求英国给出书面的承诺，而不仅仅是通过法国中间人给出模糊的口头确认。10 月

21 日，离计划开战的时间还有好多天，达扬和本－古里安再次飞赴法国进行更多的协商。在飞机上，达扬注意到本－古里安沉浸在巴勒斯坦六世纪历史学家普罗柯比（Procopius）的一本历史著作中。本－古里安兴奋地将他的助手们招呼到身边，指着其中一个段落，这个段落提到红海地区一个名叫“约特瓦特岛”（Isle of Yotvat）的迷你犹太王国，这个是古犹太人给现今的蒂朗岛（Tiran）取的名字，它和另外一个小岛位于亚喀巴湾的入海口。这可以提供一个正当理由，让本－古里安可以宣称西奈从来就不是埃及的——它历史上是以色列的，因此现在也必须是以色列的。[53]

以色列人降落在巴黎南部一个名不见经传的简易跑道上。在那里他们搭车抵达了位于首都市郊塞夫勒市的一个小型私人别墅中。在那里他们与包括法国总理居伊·摩勒（Guy Mollet）在内的法国高级官员会面。本－古里安最初是非常不乐意卷入这个阴谋的，但按照他的话说，他现在提议要全面解决中东问题，这着实让法国人吃了一惊。古里安的提议意味着这个地区的版图完全变了：以色列的国土面积将大幅度扩大，麻烦的巴勒斯坦人将会被赶到约旦河对岸去。

以色列还会吞并西岸，而英国主导的伊拉克则会吞并约旦王国的剩余部分。黎巴嫩南部将成为以色列的一部分，穆斯林聚集地区归于叙利亚，剩下的地方则会成为一个基督教国家。
130 最后，以色列还会占据西奈半岛。[54]这样一来，“三个火枪手”不仅可以控制苏伊士运河，还可以在未来的历史长河中主导中东地区。法国人对本－古里安的计划并不感冒，可能是因为这个计划看起来对他们没有什么额外的好处吧。苏伊士运河足矣。

那天晚上，脾气暴躁、倨傲的英国外交大臣塞尔文·劳埃德（Selwyn Lloyd）终于到了。这位外交大臣对犹太人的蔑视是毫无疑问的，但在达扬看来，为了和英国、法国这两个强权国家结盟——虽然是暗中结盟——这种蔑视也就忍了。一开始劳埃德和他的官员们待在另外一个房间中。他们从法国人那里得到建议，然后再亲自将建议告知以色列人，以便表明他们三个国家之间并没有在密谋什么东西。劳埃德甚至建议，英国军队对运河两岸的埃及军队和以色列军队都实施轰炸，这样好让人觉得他们确实没有偏向任何一方。可以想象以色列人对这种提议会有什么反应。[55]

几个小时之后，英国人终于愿意屈尊与以色列人面对面地会谈了。劳埃德承认，埃及人已经同意由一个国际组织来监督运河的运行，而且保证运河一直是开放通航的。但这一切还不够，纳赛尔必须下台。然而，为了保住英国在世界舞台上的地位，劳埃德要求以色列必须对埃及发起“真正的战争”[56]，这样英法的入侵才可以披上道德的外衣。

达扬提出，可以对西奈进行一次有限的突袭，然后伞兵部队降落在埃及境内，做出好像要占领运河的样子。[57]这个时候英法将会会面，假装开会讨论，并要求埃以双方将各自的军队撤退到距运河十英里的地方。以色列人可以接受这个要求，而埃及人肯定会拒绝任何要求其从自己的土地上撤退的最后通牒。这时，英法军队就可以开始轰炸了，第一步消灭埃及空军，之后开展更大规模的战争，推翻纳赛尔并在开罗建立一个 131
傀儡政权。进行了一些修改之后，三国领导人同意了达扬的提议，时间定在 10 月 29 日下午五点。

那一天，以色列突然对居住在其境内的阿拉伯人实施宵禁。在宵禁开始前的半个小时，特拉维夫附近的卡夫勒·卡希姆村的村长抗议说，许多村民在田里劳作或者在邻近的城镇工作，根本不可能知道这里实施了宵禁。以色列边防军拒绝听他的哀求，并封锁了村庄。所有下午五点之后返回村庄的阿拉伯人都被射杀了。有一些人是骑在驴背上或骑在自行车上被射杀的，而另外一些人则是在从田里坐公共汽车返回的时候被大规模杀害的。一个小时之内，四十九名村民被杀死了，许多妇女，有一个还有八个月的身孕。[58]一半的受害者年龄在 8 ~ 17 岁。[59]

当以色列四架 P－51 野马战斗机为了避免被发现在离地面仅 12 英尺的高度飞行，并用它们的螺旋桨和机翼将埃及通信线缆切断的时候，战争开始了。[60]两个小时之后，以色列伞兵部队降落到沙漠并占领了一些防卫据点。在假装进攻约旦之后，军事强硬派阿里埃勒·沙龙（Ariel Sharon）带领的装甲部队冲过了沙漠，将防卫松懈的埃及据点全部一扫而空。

第二天，英国和法国发表了他们事先商定的最后通牒，威胁在十二个小时内进行军事干预。正如之前所预计的那样，以色列同意英法的要求，但埃及拒绝了，这种情况下以色列军队继续在西奈进军。

只有两条路能够穿越西奈半岛，通往运河的一条主要道路经过南部干燥山区内狭窄的峡谷，这个峡谷被称作米尔塔关隘
132 (Miltar Pass)。达扬给沙龙下达的命令是不要去攻占这个关隘，因为伞兵部队已经将埃及防卫部队包围了。但沙龙还是攻占了这个关隘，他当时认为峡谷的防卫肯定很薄弱，就像他一路攻占的那些军事要塞一样，既然这样，为什么不进攻呢？然而，当以色列人走到隘口的时候，隐蔽在两边山体射击掩体中

的埃及军队向他们猛烈开火。入侵者被密集的火力网困住了。以色列援军爬到了山顶上，再沿着山坡爬下来，之后通过贴身肉搏把埃及士兵一个一个打败。以色列军队终于以 38 名士兵阵亡、120 名受伤的代价，占领了这个隘口。埃及那边则有 150 名士兵阵亡。[61]这场战争之后，这个关隘就被废弃不用了，沙龙的军事行动看起来毫无意义。

在这场战争中，达扬对于埃及军队的战斗力形成了清晰的看法。“总体来看，他们在阵地战中的表现是不错的，”达扬这样写道，“躲在挖好的工事中，利用事先放置在固定地点的反坦克炮、野战炮和高射炮，他们打得很不错。但如果我们迫使他们离开据点或者改变计划的话，他们的表现就很糟糕了。”[62]他所观察的一些场景给他留下了长久的印象。11 月 1 日早上，他和以色列军队一起进入了埃尔·阿里什（El Arish），前一天这里发生了一场重大战斗。埃及人是在晚上撤退的，没有一个护士留下来照顾那些受伤严重的士兵。有一个埃及士兵死在了手术台上，他的腿被切掉了。“撤退过程中他被抛弃了，没有一个医生或者护士停下来给他包扎，他死于失血过度。”达扬写道。[63]

一些埃及狙击手还在坚持战斗，其中一个人把站在达扬身边的通信兵打死了。达扬坐派珀单翼小熊飞机离开时，飞行员尽量飞得高一些，避免被零星的火力打中。达扬在飞机上可以看到一个以色列装甲旅正在向运河挺进，埃及士兵则慌慌张张地从沙堡后面撤退。“这些已经被他们的指挥官抛弃的士兵立即把他们身上穿带的所有会妨碍逃跑的东西都扔掉了——武器、军用包、军装，甚至重重的军靴。”他在日记中写道，“从空中看，这些逃亡的士兵就像看不到头的朝圣者队伍，他们白色的内衣在金色的沙地上格外显眼。”[64]

与此同时，一支强大的两栖作战部队正逼近埃及海岸。英国和法国集结了大约 250 艘战舰，带着 8 万名士兵，而且还有 80 艘商船和无数的登陆艇。[65]英法入侵表面上是为了和平，但是纳赛尔在联合国已经同意了一项由美国提议的停火计划，而以色列在此后的 11 月 5 日，也就是占领沙姆沙伊赫（Sharm）
133 的那天，完成了对西奈半岛的占领。尽管根本没有看到埃及的战斗部队，而且面临着全世界的谴责，英法舰队却依旧不管不顾地进军，现在全世界的人都知道英法联军到底要做什么了。

第二天早上曙光初现的时候，大战开始了，海军舰艇对塞得港和福阿德港周边的海岸线进行了狂轰滥炸，空军也出动进行了空袭。英法联军登陆的时候，沙滩依旧因为炮火的密集轰炸而烫脚。[66]英法联军这么大张旗鼓地展示自己兵力的目的是让埃及恐惧，迫使它立即投降。英法联军的军事指挥家们曾估计，埃及人民会自己把纳赛尔政府推翻。事实相反，入侵者发现他们在塞得港陷入了全民战斗之中。纳赛尔号召所有的埃及人抵抗侵略者，向运河地区的老百姓提供突击步枪和手榴弹。这座被围困城市中的人民居然连续抵抗了两天之久，哪怕这座城市的大部分地方都因为猛烈的攻击而被夷为平地。2700 名埃及人牺牲了，[67]数以万计的人流离失所。[68]

苏伊士危机愈演愈烈的时候，苏联正集中精力扑灭匈牙利人的起义。因而只好提议与美国结盟，一起来反对法国、英国和以色列。苏联部长会议主席尼古拉·布尔加宁（Nikolai Bulganin）冷冷地指出，美国和苏联都拥有“所有现代武器，包括原子弹和氢弹”，[69]这将使它们可以将自己的意志强加在这个地区身上。布尔加宁还将类似的信件寄给了法国、英国和以色列，含蓄地威胁要发动核战争。

是德怀特·艾森豪威尔总统最终让战争停下来的，但他没有用苏联人关于核战争的那一套说辞。[70]他对盟友的背叛非常愤怒，这些盟友居然背着他开展这种阴谋活动，而且这次入侵正好发生在他竞选连任的最后一周中，这让他大为光火。艾森豪威尔拿脆弱的英国经济开刀。他让英国无法获得国际货币基金组织的贷款，而那个时候英国急需资金来避免英镑的崩溃。英国政府屈服了，同意接受停火协议并撤出埃及。法国不久之后也屈服了。

以色列人则更难对付。[71]这场武装冲突刚开始，以色列政 134
府就一再向联合国和艾森豪威尔政府保证，他们没有进行领土扩张的任何目标，他们唯一的目标是消除以色列的安全威胁。然而，战争结束后，兴奋异常的本-古里安立即对以色列议会宣布，“埃及失去了对西奈的主权，现在西奈是以色列的一部分了”。[72]艾森豪威尔提出如果以色列不无条件撤出埃及，美国就会对它施加制裁和暂停援助，但这个提案在国会得不到什么支持。因此，他诉诸美国人民。“如果我们同意武装入侵可以作为实现入侵者目的的正当手段，那么，我觉得国际秩序将会完全颠倒过来。”[73]总统先生在一个全国电视广播讲话中这样说道。本-古里安最终在压力下屈服了。

在西方被称作苏伊士危机而在埃及被称为三国入侵的1956年战争，是欧洲殖民主义的一个墓碑，侵略者都遭遇了出人意料的毁灭性结局。英国和法国政府在颜面扫地地撤出埃及之后几个月之内都倒台了，而且这两个国家也从世界舞台上长期占主导地位的角色退回到了普通国家之列。无论如何，强权国家这个概念因为超级大国的出现而黯然失色。这两个超级大国就是美国和苏联，它们都宣称在中东有至关重要的利益。英国之所以参与此次侵略行动，部分是为了阻止苏联对这个地区的渗透，[74]但之后的两年中，伊拉克、利比亚和叙利亚都步埃及后尘，投入了苏联的怀抱。法国的殖民帝国，当时已经由于阿尔及利亚和越南的革命运动而岌岌可危，在 1960 年终于土崩瓦解了。[75]自那之后，法国从它主导的大西洋联盟的盟主地位衰败到只能做一做遥不可及的大国美梦的地步。尽管不那么乐意，美国继承了中东问题，现在成了和平的唯一仲裁者——如果和平真的可能实现的话。

纳赛尔没有被推翻，相反，三个火枪手被迫放弃了自己的战利品，于是他成了一个更加难以战胜的人物。另外，通过在危机期间封锁苏伊士运河，埃及总统得罪了石油供应国，之后的几十年中，只有少量中东石油会通过苏伊士运河，大部分都
135 被装载于大型油轮中绕过非洲大陆运送过去，这些大型油轮对于苏伊士运河来说太庞大了，无法通过。[76]

直至 1963 年为止，本 - 古里安都一直在位，尽管他也被迫放弃了扩张领土的野心。以色列确实实现了它的目标：迫使埃及向以色列海运船队开放亚喀巴湾。但以色列只能接受这个事实：让联合国部队驻扎在埃以边境，避免未来两国再发生冲突。阿拉伯世界现在已经确信，以色列的建立并不仅仅是为了给被迫害的犹太人一个国家，也是西方帝国主义在中东对阿拉伯世界保持压制的一个策略。然而另一方面，以色列从进攻西奈的战争中得到的主要教训是，它不能过于依赖欧洲盟友。现在只有两个强权是管用的，既然埃及和多个阿拉伯国家都投向了苏联的怀抱，那么，它只能选择美国了。

作为对这一次惨败的补偿，法国同意向以色列提供核技术

和资源。后悔不迭的法国总理摩勒对一个助手私下说："我欠他们一颗炸弹。"[77]

贝京喜欢和女士待在一起，这让他可以聊聊家常，说说他八个孙子孙女的故事。[78]那个安息日晚上，他和罗莎琳在一起的时候就是这么做的。他对于男人们喜欢谈论的消遣活动没有什么兴趣，他对体育不感兴趣，也不喜欢喝酒，[79]甚至尽管他曾经在波兰军队服役而且领导着一个恐怖主义运动组织，在其一生中，他从来没有开过枪。事实上，他还挺害怕血的。在行割礼的仪式上担任教父，当割礼开始时，他都会背过脸去。[80]就像萨达特一样，他喜欢美国电影，特别是西部片。在他就任总理之前，他和阿丽莎每周看两次电影，感人的画面会让他忍不住哭泣。[81]在家里，贝京会看《警界双雄》《天堂执法者》《纽约神探科杰克》和他们最喜欢的《豪门恩怨》等电视节目。[82]到这个时候为止，他们在戴维营看过的唯一一部电影是《不结婚的女人》，但他在电影结束前就睡着了。[83]

他的另一面却如钢铁一样坚硬。他喜欢以色列议会的思想混战，在那里，他惊人的记忆力和毫不留情的机变让他成了一
个可怕的对手。不过，他最出彩的时候是对普通大众发表讲 136
话。尽管他的希伯来语有些过时而且修辞过于繁复，但他是一个极具魅惑和煽动性的演说家。"他对于大众对他的热爱非常痴迷。"[84]他的一位老战友这样承认道。他认为这可能是由贝京在领导地下运动时的多年孤独生活所致。在听他讲述以色列过去那种想象出来的辉煌历史的时候，疯狂的百姓会对他大声歌颂："贝京，以色列之王！"[85]他对追随者有一种"魔术般的影响力"[86]，这是参加戴维营的一位以色列律师阿伦·巴拉克说

的。“他在那里说，人们在那里听，听着听着就哭成一片。”贝京看起来不是政治领导人，而是其他某种角色。他拥有一种宗教权威——“更像教皇而不是恺撒大帝”，巴拉克这么认为。

如果贝京感觉犹太荣誉被侵犯，他是绝不会妥协的。这在以色列要求德国就以色列吸纳了五十万名大屠杀幸存者而向以色列做出补偿这件事情上，就体现得很明显。以色列非常需要这样一笔资金，这个年轻的国家因既要应付大规模涌入的犹太移民，又要承担 1948 年战争开支而捉襟见肘。然而，贝京却对此极度愤怒。“他们说德国不是德国实际上的样子：一群像捕杀猎物一样捕杀我们犹太人的饿狼，”他咆哮着说，“当我们毫无颜面地向谋杀我们父辈的凶手们苦苦哀求对父辈们洒的血支付一点补偿时，我们看起来像什么样子？”[87]以色列议会在讨论这个问题时，贝京煽动了一大群群众朝议会议员扔石头，还冲击保护这些议员——也就是他的同事们——的保镖们。第二天，贝京在议会中炫耀自己的得意之举。那天在议会发表的讲话也透露出指引他整个政治生涯的激情和原则：

> 在锡安广场[88]，对着一万五千名犹太群众，我说：“去吧，包围议会，就像在罗马时代那样。当罗马总督想在圣殿中竖立一个偶像时，来自四面八方的犹太人包围了那个建筑物，并大喊‘除非我们都死了！’而对议会，我说，生命中有比死亡更糟糕的事情。这就是其中一个。为了这个事情，我们可能要奉献生命，我们将挥别我们的家
> 137 庭，我们将挥别我们的孩子，但无论如何，都不能和德国人有什么勾搭。我知道你们有权力，你们有监狱、集中

> 营、军队、警察、侦探、大炮、机关枪。这又如何呢？在这个事情上，一切力量都会土崩瓦解，就好像玻璃撞击石头一样。我知道你们会将我拖到集中营里去，今天你们逮捕了数百人，或许你们会逮捕数千人。我们会和他们一起坐牢。如果有必要，我们将和他们一起赴死，但这样就不能从德国人那儿要求赔偿了。

他所提到的可怕的事情，没有一件发生，与德国人谈判以便获得赔偿的议案获得高票通过。但由于他所采取的行动，贝京被暂停议员职务三个月。德国人的资金被用在了以色列电力和通信网络建设上，还有道路、房屋以及国家航空公司。[89]贝京将本-古里安政府隐喻为罗马统治者和纳粹分子，这是他自甘粗鄙地进行煽动的典型做法，而这样做使他一生中都充满恨。他总是将自己描述为一个在悲剧性历史环境中挣扎的人，好像以色列的历史就是他个人的历史一样。

1956 年战争后，贝京在以色列各地演讲，反对从西奈撤军。“西奈的大部分都要继续占领。”[90]他引用《约书亚记》中的内容说道。观察从大屠杀中幸存下来的犹太人——比如贝京——如何解读《圣经》，这很有趣，因为将应许之地赠给犹太人是与约书亚发动的种族清洗联系在一起的。

在《圣经》传说中，当以色列人最终离开西奈的荒野的时候，他们在约旦河边安营扎寨。上帝引导摩西到尼波山顶，将应许之地展示给他看，应许之地在他眼前显现出来，从约旦河谷直到地中海。“这就是我向亚伯拉罕、以撒、雅各起誓的应许之地，‘我必将这地赐给你的后裔’，”主对他说，“现在我使你眼睛看见了，你却不得过到那里去。”[91]摩西活到120岁，他那个时候已经将犹太人民送到了边界附近，在那里，奶与蜜之地向他们招手。

138 上帝指示约书亚，也就是摩西的继任者，将以色列人带到应许之地。上帝说：“凡你们脚掌所踏之地，我都赐给你们了。”[92]然而，那边土地并不是空地，迦南人、赫人和其他许多部落已经占领了上帝赏赐给以色列人的这片土地。“你当刚强壮胆，”上帝告诉约书亚，“因为主，你的上帝，将与你同在。”[93]

约旦河停止奔流了足够长的时间让约书亚和以色列人可以越过，来到迦南，来到了耶利哥城外。在继续前进之前，上帝命令约书亚对所有以色列男人行割礼，这样他们身上所遭受的“埃及的羞辱”——也就是以色列人在埃及做奴隶的记忆——就被消除了。[94]上帝让约书亚包围耶利哥，并围着城墙绕行七圈。这个时候，祭司要吹羊角，然后耶利哥城的城墙就倒了。“到了进城的时间了，”《圣经》这样写道，“城墙塌陷了，百姓便上去进城，各人往前直上，将城夺取。又将城中所有的，不拘男女老少、牛羊和驴，都用刀杀尽。”[95]在将耶利哥城的金银财宝洗劫一空之后，以色列人将耶利哥城付之一炬。之后，约书亚带着以色列人来到了艾城。在那里，根据《圣经》记载，男女老幼总共有12000人之多，都被以色列人用刀杀尽，接着以色列人将艾城付之一炬，“使城永成高堆、荒场，直至今日”。[96]只有艾城的王没有被杀死，因为他们后来要将他在一棵树上绞死。

以色列人屠城的消息传开了。耶路撒冷的王与希伯伦、耶末、拉吉、伊矶伦的王联合起来共同抵抗以色列人。以色列人在上帝用冰雹攻击逃跑的敌人的帮助下，打败了这支强大的敌军。上帝降下的冰雹杀死的人，比以色列人杀死的人还要多。根据约书亚的请求，上帝让日头停住，以便以色列人在白天完成屠杀。

之后，以色列人占领了玛基大，“将其中的一切人口尽行杀灭”。[97]接着又占领了立拿，再一次“将其中的一切人口尽行杀灭”。如此等等，不一而足。“约书亚夺了那全地：山地、一带南地、平原、山坡，以及所有的国王。他没有留下幸存者，而是杀死了所有的人，正如上帝，以色列的神，命令的那样。”《约书亚记》第十二章记录了约书亚杀死的所有国王的 139
数量：三十一位。

但上帝似乎没有打算收手，即便约书亚已经老了。“年老老迈了，”上帝还责备他，用的是贝京引述过的话，“还有许多未得之地。”[98]他向约书亚列出了一长串新土地，包括“整个黎巴嫩”，要约书亚把它们从以色列土地上的部落手中夺过来。[99]

约书亚临终前将所有的长老们都召集在身边，向他们转达了上帝的旨意：“我赐给你们土地，非你们所修治的；我赐给你们城邑，非你们所建造的。你们住在其中，还享用着非你们所栽种的葡萄园、橄榄园的果子。现在，你们要敬畏上帝，并诚心诚意地侍奉他。”[100]以色列人同意了这个约定，约书亚去世了，享年 110 岁。

对于许多基督徒来说，《圣经》中记载的这一段有关屠杀迦南之地的人民的历史，是最令人困惑的一段历史。然而，对于贝京来说，约书亚就是战斗的犹太人的最早化身。[101]约书亚的使命是为以色列人占据一片生存之地，这和当代犹太人要在阿拉伯世界占据一席之地如出一辙。在漫长的犹太历史长河中，犹太人在欧洲被屠杀，被投入集中营，在伊斯兰世界则半为奴隶，约书亚是一个独特而令人畏惧的完美形象。贝京当然不是唯一有这样观点的人：为了犹太人的团结和光荣复苏，流血是一个必需的仪式，而对阿拉伯人的复仇，是治愈犹太人在欧洲和其他地方遭遇的创伤的一种方式。即便是许多不信教的犹太人，比如达扬，都认为约书亚是大屠杀后幸存的当代新犹太人的榜样。“看看这些犹太人，”大卫·本－古里安在对他的传记作者迈克尔·巴尔－左哈尔解释达扬对攻击过以色列的任何阿拉伯国家都进行大规模报复行动的原因时这样说道，

> 他们来自他们的流血牺牲没有被偿还的国家，在那
> 里，他们被虐待、被折磨、被责打，都是被许可的。他们
> 当年习惯了当无助的受害者。而现在我们现在必须告诉他
> 们，以色列人有了自己的国家和军队，将不再允许被欺
> 侮。我们必须让他们挺起脊梁，并向他们表明，那些攻击
> 140 他们的人，不可能不受到惩罚。他们是一个主权国家的公
> 民，这个国家对他们的生命和安全负责。[102]

在当代，考古学家对《约书亚记》中提到的几乎所有城市都进行了考古发掘。耶利哥和艾城在青铜时代中期或者晚期（大约公元前1550年到前1200年）都没有人居住，而这段时期正是《圣经》学家们断定的以色列大量涌入的时期。[103]耶利哥根本不是一个有城墙的城市，根本没有什么墙可倒塌。艾城则在大约一千年前就被摧毁了。《约书亚记》中记载的其他城市，要么荒无人烟，要么没有被毁坏。《约书亚记》中的故事

可能来自更早的迦南地区或者美索不达米亚平原的古老传说，这些传说中有不少相似的细节。[104]埃及帝国在以色列人可能涌入的整段时间（如果我们假定《圣经》中的记载是真实的话），牢牢统治着迦南地区。《约书亚记》中提到的所有国王，不过都是埃及帝国的附庸而已，他们在当地征税、驻军并建立行政中心。与《出埃及记》和以色列人占领迦南的故事缺乏考古证据支持相反，有大量的证据证明埃及人对迦南的统治。

关于以色列人的起源的最可能的解释是，他们当时实际上居住在迦南地区。[105]现收藏于开罗的埃及博物馆中的一块石碑最早提到希伯来人或者以色列人，时间是公元前 1207 年。[106]这块石碑庆祝法老麦伦普塔赫（Merneptah）征服了许多地方，包括迦南。以色列几乎不被当作一支重要的力量：

> 迦南被彻底征服了，陷入了无尽的悲痛之中：
> 亚实基伦被征服了；
> 基色被攻占了；
> 雅罗安不复存在。
> 以色列惨遭蹂躏，几乎灭种；
> 胡庐人因为埃及而都成了寡妇。
> 所有的土地都被征服了，都实现了和平；
> 任何不听管教的人，都被制服了。

在埃及人占领的迦南之地的北部，也就是当代土耳其，则 141
有另外一个很强大的帝国赫梯（Hittites）。大约在公元前 1259 年，为了争夺东地中海地区的控制权——这个地方正是上帝许诺给摩西和约书亚的地方，埃及人和赫梯人在叙利亚西部的一个名叫卡迭石的地方展开了一场激战。埃及人由麦伦普塔赫的前任法老拉美西斯二世率领，拉美西斯二世可能是最善战的法老，但即便是他，也被赫梯国王穆瓦塔尔逼得停战。之后，双方签署了历史上最早的书面和平协议，承诺“永久和平，并以兄弟相称”。现在纽约的联合国安理会入口处，就有这一段文字。

第五天

梅纳赫姆·贝京和兹比格涅夫·布热津斯基
在戴维营的一个门廊上下国际象棋

在戴维营，摆在桌面上的大部分问题，实际上都是以色列 143
在 1967 年的六日战争中取得绝对胜利所带来的、当时未预料
到的结果。直到战争开始之前，许多以色列人都认为，建立以
色列国家的实验是他们陷入的另一个历史陷阱。大家都有一种
不祥的预感，因此大规模地逃离以色列。这时战争爆发了，以
色列在六天之内击败了三个阿拉伯国家。这个国家立即迎来了
爆发性的犹太人移民潮，从美国移民来的尤其多。《圣经》中
有关于在被救赎之前以色列之地“收纳流亡者”的预言：“上
帝说：我必从万民中领出以色列人，从各国内聚集他们，引导
他们归回故土，也必在以色列山上，让他们成为一个国家。”[1] 144

人们觉得奇迹发生了，预言实现了。宗教世界中的各种力量都开始出来活动，而宗教极端主义一旦控制了话语权，是很难控制的。以前不信教的犹太人也日益被吸引到极端正统派内的弥赛亚教派中。正是这一教派开启了建立定居点的行动。占领圣地被视为被救赎的一个前兆，之后以色列宗教国家以及犹太律法（哈拉卡）的统治马上就会得以建立。同样，对于基督徒而言，这场战争也充满着预言、预兆。看起来上帝之手再一次从《旧约》中伸了出来，并将天平倾向上帝的选民，这预示着末日即将到来。毫无疑问，弥赛亚马上就要降临。

许多穆斯林的结论则完全相反。极端伊斯兰分子将这种惨败归结于当代世俗化的阿拉伯社会的道德腐朽。很明显，上帝抛弃了他们。唯一的补救方法是，拥抱先知时代纯粹的伊斯兰教，这意味着回到伊斯兰律法的统治、圣战以及七世纪的阿拉伯部落法则。尤其是失去耶路撒冷，激发了伊斯兰极端主义的兴起，并加剧了对以色列的仇恨。其他穆斯林则对阿拉伯政府的腐败和落后表示不满，所有这些政府——分崩离析的黎巴嫩除外——都掌控在国王、酋长、苏丹、将军、独裁者和终身总统的手中，民主和现代精神根本就没有任何发声的机会。

在任何冲突中，欺骗和错觉都有它的一席之地，中东尤甚。发动六日战争的方式使得六日战争走上了一个不理性的轨道，所有参与者都不愿意或者无法从这种不理性的轨道中逃脱出来。首先是安瓦尔·萨达特，他当时还是埃及议会议长，结束对北朝鲜的亲善访问之后，在莫斯科做了一个短暂的停留。他的飞机延迟了一个小时，因此他有时间与苏联最高苏维埃主席团主席尼古拉·波德戈尔内（Nikolai Podgorny）和副外长弗拉基米尔·谢苗诺夫（Vladimir Semyenov）进行会谈。他们告诉了他一个令人吃惊的消息：以色列将 10 个旅的兵力调遣到了叙利亚边境。而埃及不久前刚和叙利亚签订了共同防御协议。“您可别吃惊，”苏联最高苏维埃主席团主席以严肃的口吻说道，“未来几天将是致命的。”[2]

他是对的。三周之后中东的版图就被改写了，埃及一败涂 145
地，可谓史无前例。但他关于以色列军队调遣的消息却错了，以色列根本没有向叙利亚边境派遣兵力。[3] 这个事实后来引发了大量的猜测，苏联最高苏维埃主席团主席是不是为了摧毁纳赛尔故意向萨达特撒谎；或者，他们是不是将来自叙利亚或者以色列的不准确消息按照自己的目的，告诉了萨达特；又或者，仅仅是搞错了。当以色列了解到了有关他们军队调遣的错误报告之后，以色列三次邀请苏联人到叙利亚边境地区视察，让他们亲眼看看那里根本没有以色列军队集结。每一次，苏联人都拒绝了，说他们已经知道相关事实了。[4] 纳赛尔派了一位心腹将军到叙利亚研究航拍照片，这位将军甚至在一架私人飞机中视察了边境地区。“什么都没有，”他向纳赛尔汇报说，“没有军队在集结，没有。”[5]

然而，纳赛尔认为他有必要显示一下武力，他将军队派到西奈，并要求联合国维和部队从一些地方撤出。[6] 尽管接着他还发表了一些好战的演说，但看起来他不过是虚张声势而已。他并没有想让所有的联合国部队撤离，但联合国部队确实都撤走了。这是一个与以色列开战最不恰当的时机：当时埃及在也门战事中脱不开身，那里的战事几乎困住了一半的埃及军队；[7] 此外，有三分之一的战斗机不适合投入战斗，五分之一的坦克也是如此；[8] 更糟糕的是，埃及人实际上没有真正的战争计划，也没有什么战争战略，纳赛尔只不过是故作姿态而已。之后，由于厌烦了阿拉伯领导人对他过去对以色列软弱的指摘，他禁止以色列船队通过亚喀巴湾。以色列一直警告说，这是一种战争行为。“如果发生战争，将是一场全面战争，这场战争的目标是摧毁以色列。”[9] 纳赛尔吹嘘说，他承诺“将永久地消灭以色列这个国家”。[10]战争逻辑占据主导之后，这种无谓的说辞完全没有理性。“纳赛尔被自己的冲动给毁了”，萨达特这么认为。[11]

许多埃及人回顾这段历史的时候，充满了愤怒与羞愧。他们生活在一个泡泡中，这个泡泡是由骄傲自大、自以为是的军方，一位只愿意听群众欢呼他的名字的独裁者，以及过于驯服
146 的、被钳制的媒体，一起吹大的。对敌人力量和计划的无知，导致出现了一种盲目乐观的情绪：历史终于要向阿拉伯世界低头了。埃及沉浸在自己历史上的辉煌之中，认为纳赛尔就是他们新的伟大领袖，埃及人将一统阿拉伯世界，并带领它走向一条复兴之路。摧毁以色列只是第一步而已。

与埃及的盲目乐观相对应的，则是以色列国内逐步加剧的恐惧感。战争的阴影在两个地方出没：在东方，是与叙利亚，也可能与约旦；在南方，则是与埃及。其他阿拉伯国家也会蜂拥而至，只要它们认为可能取得胜利的话。埃及空军由于装备了新的米格战斗机，居然敢对位于迪莫纳的以色列核反应堆进行勘察飞行。以色列人很清楚埃及人在也门使用了化学武器，而遭受毒气攻击的可能性让他们想起了纳粹的死亡集中营，这正好刺痛了他们巨大的心理创伤。以色列拥有世界上最强大的军队之一，但这种无可战胜的感觉与随时可能到来的脆弱和被迫害的感觉相互交织。战争开始之前的那些日子，大家谈论的都是被彻底消灭，而不仅仅是战败。总理列维·艾希科尔

（Levi Eshkol）在对全国发表演说时，声音颤抖、结巴，这让整个国家都陷入了恐惧。军队总参谋长伊扎克·拉宾都有些神经崩溃了，他认为以色列正面临一场大灾难，而他要为此负责。以色列人囤积针对毒气的解毒药，并在城市公园中挖掘壕沟，以便未来可以用作大规模的墓葬之地。[12]

然而，有一点还是不清楚，埃及军队的集结到底是真的准
备开战，还是只为了在阿拉伯世界为纳赛尔赢得喝彩。美国一
直敦促埃及和以色列双方都不要开第一枪，林登·约翰逊总统
对以色列许诺说，美国将带领一支国际舰队穿过蒂朗海峡，并
迫使亚喀巴湾继续向以色列船队开放。结果，约翰逊的这个行
动计划没有得到其他国家的支持，以色列人决定不等埃及先发
动攻击了。“我们必须现在开战，速战速决，”埃泽尔·魏兹
曼说道，当时他是拉宾的副总参谋长，“我们必须严厉打击敌
人，因为如果我们不这么做，其他国家的军队就会和他们联合 147
起来对付我们。”[13]以色列成立了一个紧急内阁，梅纳赫姆·贝
京在他的职业生涯中第一次进入政府，成了一个没有具体职责
的内阁成员。而在1956年战争中展现出了军事天赋的达扬，
则在战争开始的四天前被任命为国防部长。

达扬立即负责制订了战争计划，并决定将全部力量集中在埃及身上，然后转而对付其他国家。[14]与此同时，他故意给人一个印象：以色列并不急于应对埃及的威胁。他的这种做法很成功，纳赛尔甚至取消了埃及的紧急状态。6月5日，在战争就要开始之前，以色列决定对谁挑起战争撒谎。他们向林登·约翰逊总统传递了一个信息（达扬反对这么做），[15]说埃及军队对以色列定居点发动了攻击，而且他们发现一支埃及军队正向以色列挺进。这都不是真实的。

达扬早上平静地和妻子吃了早餐，然后和情人喝咖啡，最后他去到办公室，发动了战争。[16]早上七点刚过，整个以色列空军力量都飞上了天。“整个计划建立在完全的突袭之上，”魏兹曼回忆道，“所有的飞机从不同的机场起飞并以不同的速度飞行，最后集合成事先计划好的队形，而且在几乎同时，他们将抵达埃及的九个空军基地……如果天平向不利于我们的一方倾斜，如果我们没有摧毁埃及空军，以色列只留了四架飞机保卫它的领空。”[17]在三十分钟之内，有超过 200 架埃及战机被摧毁。战争结局基本注定了。

以色列得益于优秀的情报工作，其中一个以色列间谍是纳赛尔的私人按摩师。[18]同样，以色列也得益于埃及的无能。鼓动纳赛尔与以色列开战的埃及军队总司令菲尔德·马歇尔·阿布德·阿尔－哈金·阿米尔，当时正好在去巡视苏伊士运河附近一个空军基地的路上，所有的高级指挥官都和他在一起。[19]他下令防空和导弹部队先不要开火，因为他害怕他们乘坐的飞机会被打中。埃及空域根本就没有设防。

那天早上，萨达特醒来后，从广播中得知战争开始了。
148 “嗯，我们会给他们一个永远也忘不了的教训。”[20]他边剃胡子、穿衣服，边这么想。直到十一点他才抵达指挥部。他来到了菲尔德·马歇尔·阿米尔的办公室，发现后者正站在屋子中央，眼睛睁得很大，眼神游离，就像一只刚受到攻击的动物。“早上好。”[21]萨达特说道，但阿米尔似乎没有听见他说话。其他军官低声告诉他，整个埃及空军都被彻底摧毁了。

纳赛尔进屋之后，阿米尔突然开始说话了，他编造说是美国空军而不是以色列空军发动了对埃及的攻击。纳赛尔对这种指控嗤之以鼻，但他马上有了一个想法。过了不久，他给约旦国王侯赛因打电话。侯赛因上了纳赛尔的当。几天前，在听信了纳赛尔的谎言之后，他正式加入了战争，当时纳赛尔骗他说战争形势对埃及有利。“快速占领尽可能多的土地，突破联合国停火带。”纳赛尔那天早上早些时候这样建议道。[22]以色列人恳请约旦国王侯赛因不要加入战争，并许诺以色列不会攻击约旦，但他又一次选择和阿拉伯国家站在一起。几分钟之后，侯赛因也失去了自己的空军。叙利亚也损失了一半的战斗机。现在，在这个凄凉绝望的时刻，纳赛尔问侯赛因：“我们是否可以说美国人和以色列人一同对我们开战呢？”[23]他并不知道这条电话线已经被以色列破解，他们的对话都被以色列情报部门录了下来。“我们是说美国和英国，还是只说美国？”

“美国和英国。”侯赛因回答道。

当开罗广播电台散播了有关美国也卷入战争的谎言之后，阿拉伯世界的大部分国家都与美国断绝了外交关系，但约旦没有。在以色列将侯赛因与纳赛尔的对话公之于众之后，侯赛因道歉了。[24]与此同时，暴怒的群众攻击了美国位于整个地区的各个大使馆，阿拉伯石油生产商则禁止向美国和英国运输石油。[25]

萨达特不知道自己该做些什么，只好回到家里，待了好几天，长时间地散步。“我都傻了，不知道自己身处何时、何地。”他承认道。[26]同时，他为埃及人民感到痛苦，因为他们被告知埃及正在赢得这场战争。年轻人坐在平板卡车上唱着欢乐的歌曲。“我真希望我再得一次心脏病，”萨达特这样写道，“我希望我在这些善良的人们了解事实真相之前就已经死了。” 149

约旦是通过攻击耶路撒冷的以色列据点的方式加入这场失算的战争的。贝京斗志昂扬地说服大家应立即占领这座老城，这个地方自1948年以来就是犹太人的禁地。达扬并不想分散对西奈的兵力，但因为基本上所有敌对空军都被消灭了，所以开辟另一条战线也变得更容易。他命令乌兹·纳基斯将军包围耶路撒冷，让耶路撒冷不战而降。

第二天早上清早，达扬做出了另一个重大决定。约旦从约旦西岸的主要城市之一杰宁（Jenin）炮轰以色列的定居点，达扬命令将约旦的炮火消灭。那个时候虽然还没有任何关于攻占这个地区的讨论，但每个人心中实际上都想着占领这个地区。从以色列的角度来说，起初这场战争不过是想消除埃及威胁而已，但现在它已经开启了其他机会。达扬坐在军队总部的指挥室里时，一位指挥官发来了无线电报，说他的军队已经包围了杰宁。达扬转过头看着屋里的其他军官，包括魏兹曼在内。“我知道您想的是什么，”他说，“占领杰宁。”[27]

“对！”

“那就占领它！”

在那个令人眩晕的、难以名状的、几乎是不假思索的时刻，他们做出了占领西岸的决定。几天之后，有超过一百五十万名无国可依的巴勒斯坦人落入了以色列的控制之中，而犹太人的肩膀上也从此扛上了占领者的道德负担。[28]

那天上午晚些时候，达扬宣布他要到耶路撒冷去。魏兹曼给他安排了一架云雀直升机。他飞得很低，这样以色列的军队就可以看到这位很容易认出的指挥官。他们向他挥手。魏兹曼将直升机停靠在耶路撒冷会议中心的停车场上。战争还在他们身边继续，鼻腔中充斥着火药的气味。达扬命令纳基斯将军准
150 备一辆吉普车，把他们带到斯科普斯山去，从这座山可以眺望整个耶路撒冷。尽管名义上这座山是以色列土地的一部分，但

自 1948 年以来，这个地方是约旦控制的耶路撒冷的一个非军事化飞地。1948 年那场战争让这座城市被分割了，犹太人占据了一部分，而大部分（包括老城）则被约旦占领了。现在，19 年之后，将这座圣城重新统一的希望近在咫尺。“多么神圣的景观！”[29]达扬到达山顶时这么说道。在他周围，有基督被钉死之地、橄榄山、锡安山——这些都是信徒们耳熟能详的名字——眼前的这座饱经沧桑的老城就在锯齿状的石灰岩城墙后面，圣殿山和岩顶圆顶寺就在他脚下。他被老城在爆炸声笼罩之下的平静触动了。

魏兹曼和其他人分开了，他到了古老的希伯来大学，这座大学大约荒废了二十年的时间。他的叔叔摩西·魏兹曼曾经在这所大学担任化学教授，他的实验室还在那里。墙上的钟停摆了。魏兹曼教授的论文还放在桌上，黑板上依旧有他的板书。[30]时间似乎停止了，而现在，另一种生活似乎就要开始了。

纳基斯要求获得立即占领老城的命令。“绝对不可以。”[31]达扬回答道，他担心如果任何宗教场所被毁坏的话，会引起国际公愤。但第二天，一个有关联合国可能安排双方停火的消息让贝京打电话给达扬。“我们不能再等哪怕一秒钟了。”贝京说。[32]

两千年以来，犹太人一直这样给自己许下诺言：“明年到耶路撒冷去！”现在这个梦想马上就要实现了。一辆以色列坦克将老城的一扇大门炸开，第 55 伞兵旅的士兵则从苦伤道冲向圣殿山。老城一被占领，达扬就进入了老城。他命令将岩顶圆顶清真寺上的以色列国旗降下来。之后他就和欣喜若狂的士兵一起，来到了西墙，这是在公元 70 年被罗马人毁坏的犹太教堂的残余部分。许多士兵都在哭泣，或者祷告。依据古老的传统，达扬从口袋中拿出一个小笔记本，在上面写下祷词，并将那张纸塞进了这面古墙的一个墙缝中。他是这样写的：“愿以色列获得和平。”[33]

151 “我们现在已经回到了我们最神圣的城市，而且永远不再和她分开，”这位公开宣称不信教的人这样宣布道，“对我们的阿拉伯邻居，以色列向它们伸出和平之手。”[34]胜利是如此迅速、如此彻底、如此难以置信，甚至这场战争的设计师们都很难一下子理解它。达扬吹嘘说，至少要再等十年阿拉伯人才可能有足够的军事力量挑战以色列。[35]谁会怀疑他呢？

之后，在搭乘直升机回总部的时候，达扬披着自己的大衣，安静地躲在角落中，思考着他为自己的国家创造了怎样的未来。

历史上充满战争、征服和投降，而两个激烈冲突的敌人之间通过谈判达成和解的情况则少之又少。在十五世纪，教皇亚历山大六世经过深思熟虑，将新发现的大陆在西班牙和葡萄牙之间做了分配。他在地球上画了一条线，将北美、南美划分给西班牙，将这条线东边的所有地方，也就是非洲，划分给葡萄牙。不过，后来发现巴西伸到了葡萄牙的范围之内，这就是巴西人现在说葡萄牙语的原因。

在戴维营之前，负责近东事务的助理国务卿哈尔·桑德斯，拜访了国务院的历史学家，目的是了解美国外交史上是否有任何类似的先例。[36]这位历史学家可以想到的唯一一个先例就是，1905 年，西奥多·罗斯福总统邀请交战国俄罗斯和日本的使节，到新罕布什尔州的朴次茅斯商讨如何化解分歧。就像卡特一样，罗斯福曾希望这种会谈可以解决问题，但最后证明这是不可能的。他不断地在外交上进行开创性的努力，最终成功地结束了这场战争，这使得他成为历史上第一个获得诺贝尔和平奖的美国人。

在戴维营，周日没有安排什么正式会谈。因此，美国代表团利用第五天的时间来起草美国提议的方案。这个新思路部分缘起于塞勒斯·万斯在戴维营会谈开始前几周的一次偶然但很有收获的会面。当卡特夫妇在大蒂顿国家公园休假的时候，万斯在玛莎葡萄岛租了一个房子，和他的一位在哈佛大学法学院讲授谈判技巧的老朋友罗杰·费舍尔（Roger Fisher）做邻居。他们一起打了网球，然后万斯问费舍尔对于即将到来的峰会有 152
什么看法。费舍尔正等着万斯问这个问题。

万斯已经是一个谈判老手了，林登·约翰逊总统当时就派他作为个人特使去调停埃及和土耳其在塞浦路斯划分问题上的分歧。他也参加了有关结束越南战争的早期谈判，他花了大部分的时间来确定整个谈判框架。不论是从理念上，还是从道德上，他都比卡特总统政府内的任何其他人，与卡特总统更相近。但万斯越来越受到卡特总统的怀疑，卡特觉得他可能没有能力促使双方达成协议。[37]

费舍尔和万斯都参加了二战，那场战争夺去了他们的许多朋友。在哈佛大学法学院，费舍尔总结了一套国家之间如何通过外交努力而不是诉诸武力来解决分歧的理论。喝着餐前酒，万斯问他是否对峰会有任何建议，费舍尔拿出了他正在写的一本书的草稿，题目是《国际调停实用指南：谈判技巧》（*International Mediation, a Working Guide: Ideas For the Practitioner*）*。万斯当

---

* 费舍尔在这本书中提到的许多思想，都体现在了后来出版的一本畅销读物 *Getting to Yes: Negotiating Agreement Without Giving in*（中文版书名为《谈判力》）中。这本畅销读物是费舍尔和威廉·尤瑞一起写的，第二版则加入了布鲁斯·巴顿。后来费舍尔建立了“哈佛谈判项目”。

时还穿着网球服，他坐在费舍尔家草坪的躺椅上，开始埋头读了起来。

万斯吸收的主要思想是费舍尔提到的“单一文本理论”[38]。这是一个简单的概念：争议的调停人起草一个文本，然后要求争议双方对这个文本提出意见。这个文本中没有被提出意见的事项，就被认为是得到了双方的赞同；对于有争议的事项，则通过继续协商的方式将分歧逐渐缩小。当每一方都对相关措辞表示同意之后，这个问题就被视为已经解决了。整个过程的核心是，调停人必须控制文本。当争议双方陷入僵局之后，调停人就提出新的措辞。费舍尔相信，这种方法让本来会引发流血冲突、经济崩溃以及长时间敌对状态的争议，可以通过耐心的谈判得到逐步解决。他想找到替代战争的方法。

卡特有自己的谈判方法，这种方法是他早年在萨姆特县学
153 校理事会的经历中逐渐形成的，在那里他必须处理劳动纠纷。他会事先写出一个自认为比较公平的处理方法，然后试图让双方都向他的想法靠拢。担任州长的时候，有着种族冲突历史的汉考克县，成了佐治亚历史上第一个所有高级职位都由黑人担任的县。而县治所在城市斯巴达的主要居民依旧是白人，这在白人居民中引起了恐慌。白人市长为市警察局订购了机关枪，作为回应，黑人控制的县政府也订购了三十挺机关枪。两级政府之间展开了军备竞赛，而这可能会导致某种意义上的内战。卡特没有派州警察或者调遣国民警卫队去占领汉考克县，相反，卡特仔细考虑了双方的诉求，然后提出了相关的妥协方案。他派了一名特别助理，也就是克洛伊德·霍尔（Cloyd Hall），与双方会谈，并向整个社区做了方案说明。1971 年 10 月 1 日，霍尔给他打电话说：“州长，我给您带来了生日礼

物。”[39]那是一卡车的机关枪。

现在，在戴维营，万斯和卡特都可以试试各自的经验是否奏效。

助理国务卿哈罗德·桑德斯熬了个通宵，从星期五晚上到星期六早上，他都一直在写美国提案的第一稿，最后总共有二十三稿之多。卡特列出了大概三十个事项，他把这些问题称作“协议的必要要点”[40]。这些要点包括：

结束战争。

永久和平。

以色列船只不受限制地通过苏伊士运河和亚喀巴湾。

经确认的、安全的边境。

外交承认和互换大使。

以色列从西奈有序退出，西奈半岛非军事化。

结束封锁和禁运。

废除占领地区的以色列军政府。

巴勒斯坦完全自治。 154

五年内依据联合国第 242 号决议决定西岸和加沙的最终地位。

将以色列军队撤退到特定的安全地点。

立即公平地解决难民问题。

确定耶路撒冷的最终地位。

撤除以色列在西奈的定居点。

在所有谈判结束之前，不得建立新的以色列定居点或者扩大现有定居点。

以色列和埃及在三个月内签订一份正式的和平条约。

将所有这些落到纸面上，有利于美国代表团将精力集中在那些真正重要或实际可以实现的东西上。卡特那天下午与他的团队见面，对这个提议做了几处修改。他决定，暂时将拆除以色列定居点这个要求拿掉，因为贝京可能会一直揪着这个问题不放。他将“经确认的、安全的边境”修改为边境可能可以在 1967 年停火线的基础上进行“细微调整”。他还删除了有关将埃以签订一份和平协议作为在西岸和加沙建立一个自治政府的前提条件的表述。不可避免的是，他开始思考签订两个独立的协议。许多批评家认为这是一个败笔，它导致戴维营未能实现全面和平，而其他一些人则认为，正是因为这样做，戴维营才最终实现了一些东西。

“总统很坦诚，他说我们应该努力签署一份埃以协议，”布热津斯基领导的国家安全委员会成员威廉·科万特在那天的一份备忘录中这样写道，“如果西岸/加沙协议的谈判发生任何迟延，那是其他人的问题。（卡特）说他希望两份协议可以同时推进，但很明显埃以协议占据了优先地位，即便西岸在十年内都没有达成协议，他也不那么关心。”[41]

加沙通常与西岸合并作为一个议题，但实际上每一方都认
155 为加沙是一个单独的问题。它和西岸地区并不连在一起，这使得建立任何巴勒斯坦政府的计划变得复杂。同时，加沙也是中东地区阿拉伯难民最集中的地方。[42]以色列代表团成员私下要求萨达特将加沙拿走归埃及管理，[43]但萨达特不想要，[44]而贝京对于居然还要谈加沙问题感到震惊，他坚持说加沙自古以来就是以色列的领土。

以色列人开始对被困在戴维营表示不满。贝京将戴维营称作“豪华的集中营”[45]。他们开玩笑说，应该挖一个逃生通道。

“这让我想起有关第二次世界大战中的潜水艇的电影，”魏兹曼回忆说，“我们待在戴维营这艘封闭的、给人幽闭恐惧感的潜艇上，而吉米·卡特则是掌握潜望镜的船长。”[46]他将美国人提出的方案比作慢慢降落在以色列人头上的深水炸弹，他们全都屏住呼吸，并希望这些炸弹不会把他们炸沉。

那天早上，魏兹曼骑自行车出发了，他要进行一次私下谈判。他经常和总理不对付，在其他代表团成员看来，他显得和埃及总统过于接近了。在萨达特到访耶路撒冷之后，魏兹曼是以色列内阁中唯一一个和萨达特建立了个人友谊的人。当萨达特希望和以色列讨论什么问题的时候，他总是找魏兹曼。卡特注意到，在以色列代表团，魏兹曼甚至被当作一个对手，甚至敌人。[47]

外交部长穆罕默德·卡迈勒当时正好在和萨达特散步。像贝京一样，萨达特也开始抱怨戴维营就像一个监狱。

“让事情变得更糟糕的是，全世界所有人中，我们居然是和贝京、达扬一起待在这个监狱里，我们不得不和他们打交道！”卡迈勒说道。[48]

“我们正在和最低级的、最恶毒的敌人打交道，”萨达特表示同意，他当时正带着卡迈勒快步走在林间小道上，“犹太人甚至折磨他们的先知摩西，并激怒了上帝！”他继续说道： 156
“我真为卡特要和贝京打交道感到可怜，贝京精神不正常！”

这个时候，魏兹曼骑着自行车过来了。卡迈勒很害怕看见他，他认为萨达特对魏兹曼明显的偏爱影响了萨达特的想法。毫无疑问萨达特认为他正在将魏兹曼作为收集以色列人情报的一种手段，但卡迈勒担心，效果可能正好相反，这位随和但野心勃勃的以色列国防部长也可以毫无障碍地了解萨达特内心的想法。萨达特已经和魏兹曼私下会面了一次，而且没有向他的代表团成员透露到底谈了什么。当魏兹曼问萨达特下午晚些时候是否可以再来拜访一次的时候，卡迈勒特别担心。“当然，”萨达特回答说，“我一直很乐意和您聊天。”

然而，几个小时之后魏兹曼来到萨达特住处时，萨达特看起来有些不耐心，而且心不在焉。与其代表团成员们之间的不断争斗让他有些心绪不宁。

“我感觉许多事情之所以没有取得进展，主要还是心理原因，而不是其他实践层面的原因。”魏兹曼说道。[49]

“当然，”萨达特回答说，“我确信百分之九十是心理原因。”

“我建议您和达扬谈谈，”魏兹曼说道，达扬可是会让萨达特情绪激动的一个名字，“他听您多次说，您不信赖他，因为他是一个骗子。”[50]

“没错，”萨达特表示同意，“他确实是一个爱撒谎的人。”[51]

魏兹曼敦促萨达特将他对达扬的个人情感抛在一边。“他对贝京有影响力。”他说道。接着，魏兹曼想看看萨达特是否还可以适当调整一下自己的立场。“毫无疑问西奈是贵国的领土，”他说，“但三十年间发生了许多事情，您必须理解我们人民的心理状态。一方面，他们从来不相信一个阿拉伯领导人——至少最大、最强的阿拉伯国家领导人——会到访耶路撒冷。但以色列人民依旧相信，任何一个错误都可能给他们带来灾难。”因此，定居点应该保留下来。

“如果这是我必须为和平付出的代价，那我在其他阿拉伯
157 国家面前，脸往哪儿搁？”萨达特抗议道。即使他同意这种安

排，他说，未来也会出现新的问题。他已经告诉贝京他同意以色列人分阶段退出西奈半岛。“我告诉了他其他一些他以前不理解的事情。完全承认？没错！蒂朗海峡成为国际水道？没错！”

“那么，机场呢？”魏兹曼怀着一丝希望问道。

“两年之内必须撤出！”

魏兹曼注意到，萨达特没有提到全面的外交和商贸关系，而这是他们两人之前谈话的时候，萨达特表示同意的东西。

“我知道我和您说过这个事情，”萨达特承认，“我可以告诉你，我也希望那样。但贝京在你们议会中说：‘我不会在没有得到一些东西的情况下，让出任何东西。’我要以其人之道还治其人之身。”

“您在这里希望达到什么结果？”有一些沮丧的魏兹曼问道。

“我希望达成一个框架协议。”萨达特给他吃了定心丸。

魏兹曼离开了，他感觉萨达特不愿意做出重大让步，但至少他也不希望谈判破裂。埃及人提出的方案很明显不是萨达特的最终立场。“他可能爬得太高，需要美国人给他一个台阶下。”魏兹曼得出这样的结论。他回到自己住的屋子，一路上哼着以色列国歌，“我们还没有失去希望”！

当魏兹曼和萨达特谈话的时候，埃及代表团的其他人则闲坐着消磨时光，聊着他们看过的电影。他们注意着到底谁从贝京住的屋子中走出来，并猜测到底说了些什么。在美国人提出他们的方案之前，没有太多可以做的。他们被关在这个地方，也只能这么懒散地待着。最后，神秘兮兮的杜哈米出现了。除了国家首脑之外，杜哈米是唯一一个有自己独立屋子的人，这让他显得格外神秘莫测。没有人知道他整天在这片林地中做些什么，但他一来，代表团的其他成员都立即精神起来了。“他还没有跨过门槛，大家的疲惫、阴郁和焦虑一下子就都不见了，就像变戏法一样，取而代之的则是欢乐、活跃和欢笑，”
158 卡迈勒回忆说，“我们都竖起耳朵听！”[52]

杜哈米给他们解梦，并讲着他自己的一些神奇经历：例如，有一次他到另一个阿拉伯国家旅行，结果中毒了，之后他回到房间，将房门拴上，三天不吃饭不喝水，只吃正好每天都带在身边的解毒药。他异想天开地说达扬刚刚同意将耶路撒冷交还给阿拉伯人。之后他回过头对着卡迈勒，大声说：“耶路撒冷就交给你了，穆罕默德兄弟，小心别把它搞丢了！”[53]每个人都知道这不过是一种幻觉，但就是听听也很开心。

当卡迈勒谈到可能要和以色列那边身份相当的达扬会面的时候，杜哈米告诉他，他要做的就是紧握右拳，盯着达扬，然后突然松开拳头，大声喊：“杜哈米！”[54]

杜哈米会经常将注意力放在高瘦的、有些贵族气的布特罗斯·布特罗斯-加利身上。布特罗斯-加利是旧王朝的遗民[55]，出生在位于开罗的一个有一百间屋子的庄园中，并上了索邦大学，取得了法律学位。他的祖父，布特罗斯·加利（他的名字就取自其祖父的名字）是埃及历史上第一个——也是唯一一个——信仰基督教的总理。（1910年，他在与英国人谈判延长英国人对苏伊士运河的控制期间被一名伊斯兰狂热分子射杀[56]，尽管当时的条款比以往对埃及人更有利一些。）由于他的天赋，以及萨达特对他的信任，布特罗斯-加利本应取代卡迈勒担任外交部长。[57]然而布特罗斯-加利不仅仅是一个基督徒，他还娶了一个犹太妻子，这就让他的政治生涯难上加难了。他不可能担任埃及的任何高级职位了。（他后来成了联合国秘书长。）

杜哈米固执地认为布特罗斯-加利必须在戴维营这个地方，一个更有象征意义的地方，转变为一个伊斯兰教徒。屋子里的其他人则半开玩笑地说愿意下赌注，赌布特罗斯-加利到底会不会看到神之光。然而，后来，有一些人私下里一再地恳请布特罗斯-加利跟杜哈米不停地说话，好让杜哈米没有心思参加谈判。布特罗斯-加利同意了。恰巧，他研究过伊斯兰法律，对于最重要的伊斯兰学者所主张的原则和学说都很熟悉。
那个夏天其余的时间里，他们俩经常在秋天的森林中散步，讨 159
论着伊斯兰学说中一些精妙的理论，而杜哈米则一直试图说服他皈依真正的信仰。“我感觉这样做有些奇怪，但让他离其他人远一点是很重要的。”[58]布特罗斯-加利后来承认，“我就是个烟幕弹”。

晚上，一大群人围在贝京屋子的门廊上，看贝京和兹比格涅夫·布热津斯基下国际象棋。这盘棋很激烈：两个在波兰出生的人，都因为有优秀而又无情的战略眼光而闻名，他们面对面地坐着。贝京将布热津斯基比作将布瑞斯克的犹太人压制得贫困潦倒的波兰封建主。[59]布热津斯基的父亲信仰天主教，在纳粹党崛起的时候，是派驻德国的波兰外交官，而在约瑟夫·斯大林开展大清洗时，是派驻苏联的外交官。因此，贝京这么说是很没有根据的。

布热津斯基有着白皮肤、金色头发，身形矫健，眉毛竖着，给人一种他瞧不起别人的印象。他是一个政治创新者，不断地给谈判输入新鲜的观念。[60]对于他机敏的大脑来说，似乎没有什么是不可以克服的。卡特注意到，即使在一个问题的所有解决方案都行不通的时候，布热津斯基会提出五个甚至六个全新的解决方案。但在戴维营，或许正因为像以色列人想象的那样，布热津斯基对峰会能否成功保持着怀疑，因而他在会谈中没有万斯表现得那么突出。以色列人注意到，他对于自己有些被边缘化，有一些不高兴。

尽管他对于那些强人的政治思路是非常敏感的，但他一度被贝京搞得措手不及。这位以色列新领导人上任不久就到美国来与卡特总统进行会谈，有一次，他要求布热津斯基到布莱尔宾馆吃早餐。布热津斯基觉得这是一个私人早餐，但当他看到有那么多记者和摄像机的时候，吃了一惊。贝京出现了，手中拿着档案袋。他向媒体解释说，档案袋中有布热津斯基父亲塔德乌什的档案，他在担任大使时帮助犹太人逃跑。[61]贝京在公开场合表扬他父亲，这让布热津斯基热泪盈眶。尽管曾经有这样一个温暖的时刻，但贝京在私下里一直将布热津斯基称作
160 “憎恨以色列的人”。[62]他们虽然有着共同的背景，但是如此不同——“天差地别！”耶齐尔·卡迪沙伊曾这样说道。[63]

棋局开始的时候，贝京说这是他1940年9月以后第一次玩国际象棋，当时他由于犹太复国主义活动而被苏联警察逮捕。那天，他正在与朋友伊斯雷尔·谢卜博士下国际象棋。阿丽莎平静地邀请警察进来一起喝口茶。他们感谢了她，但说公务紧急，不过，他们还是允许贝京把皮鞋擦了擦。离开的时候，他告诉阿丽莎，“别忘了告诉谢卜我向他认输，毕竟他们打断我们的时候，他正领先呢”。[64]

对于一个几乎四十年没有摸过棋子的人来说，贝京的棋艺

好得令人惊讶。达扬观察着棋局，将这场棋局比作一场战斗。[65]在第一局中，布热津斯基奋力进攻，却牺牲了王后。贝京也是一个激进的棋手，但他更系统、更深思熟虑。布热津斯基调整了自己的战略，并赢得了第二局，但在第三局中又落后了。那个时候，有关两人下棋的消息已经在戴维营传开了。中间，贝京的妻子出现了，显得特别开心。“梅纳赫姆就是喜欢下棋！”[66]她大声说，这证实了布热津斯基越来越强烈的猜测。

汉密尔顿·乔丹悄悄地走到围观人群中的一个以色列人身边。“帮个忙，确保贝京先生取胜，”他说，“否则布热津斯基会变得很不好惹。”

贝京确实赢了，三比一。[67]后来，以色列代表团中的一个律师认为，布热津斯基是故意输给贝京的，他这样做是一个更大战略的一部分：“他认为这会让贝京心情好，因而就会放弃西岸。”梅尔·罗萨尼说：“这确实让贝京心情好，但他却变得比任何其他时候都更加极端。”[68]

那天晚上，穆罕默德·卡迈勒和布特罗斯·布特罗斯－加利又一次躺在各自的床上，一直聊到很晚，卡迈勒吐露了非常多的担忧。卡迈勒责备他的室友不该和以色列人交谈，特别是不应该和到处攀谈的魏兹曼交谈。“我们不是都同意，不要和那些人说话吗？”他说道。[69]布特罗斯－加利说，谈判不仅仅是坐在桌子边上谈，“离开桌子之后也可以接着谈。”他试图让焦虑的外交部长平静下来。但卡迈勒过于紧张，根本听不进 161
去。他觉得自己失去了对代表团的控制而有些羞恼。他也控制不住自己了，他控制不了自己的紧张和焦虑。萨达特到底想要什么？卡迈勒大声说。这位埃及总统是那么神秘和捉摸不定，他可能说出任何事情！国家的未来悬于一线。谁知道他在没有征询顾问的情况下，都说了些什么？但萨达特躲在自己的屋子里，很少露面，即便吃饭的时候也是如此。美国人去拜访他——甚至以色列人也拜访他！——但他自己代表团的成员却很少去。他从来不去看电影或者游泳，仅仅是准备到剧院中祷告或者每日散步的时候才出现。任何人打算从这种非正式的活动中获得任何情报，都是不可能的。

卡迈勒对于萨达特试图保留自己到访耶路撒冷的遗产这一点，特别担心。戴维营峰会如果失败了，那一次访问看起来就是一个巨大的历史错误。布特罗斯-加利也认为，萨达特可能仅仅为了保全面子，而与以色列人达成协议。他们必须找到一个方法，告诉萨达特，即便谈判破裂了，还有实现和平的其他途径。最后，卡迈勒大声说：“我没法继续下去了，我的神经快要崩溃了。”

第六天

哈桑·艾尔－杜哈米、埃泽尔·魏兹曼、安瓦尔·萨达特、
吉米·卡特、艾米·卡特、梅纳赫姆·贝京和摩西·达扬在葛底斯堡

星期天早上，贝京从恐慌中醒来。美国人计划在下午提交
他们的方案，此前埃及人已经提交过他们毫不妥协的方案了，而以色列却没有对此做出相应的回应。他来戴维营之前认为自己是最不可能损失任何东西的，但现在却发现自己为自己下了个圈套。他没有什么新东西可以提出来，也没有什么战略。以色列代表团来戴维营的时候，没有什么背景资料，也没有什么替代方案，甚至基本没有准备。[1] 他认定这次会议会不欢而散，因此，他决定拿出一点东西，至少表明以色列也是做出努力了的。

早上五点钟，他叫醒了卡迪沙伊，向他口授了一个临时攒

164 出来的以色列方案。尽管他试图以肯定句式来表达，但基本上他的方案就是拒绝任何提议：不会撤出西奈定居点；不会撤出西奈机场；不会缩减在朱迪亚和撒玛利亚地区的定居点；绝对不允许分割耶路撒冷。这些对他来说是原则问题，而不仅仅是普通的立场，妥协和失败是一回事。他真心希望和平，但主要的障碍是他自己以及他的个人历史。

当达扬、魏兹曼和阿伦·巴拉克（贝京的主要律师）那天早上七点三十分过来的时候，贝京大声宣读了自己提出的草案。达扬建议他们应该在美国人提交方案之后，再将这个东西交出来。[2] 这个方案清楚地透露出以色列不想做出任何妥协的心态。

卡特认识到，各个代表团都开始感觉似乎被困在戴维营了。因此，他提议那天上午在教堂仪式结束后，到附近的葛底斯堡国家军事公园去转转。他说在那里参观的时候不会进行任何谈判，这仅仅是为了让大家可以换换气，看看不同的风景。当然，这个地方不是随便选出来的。

贝京让四名代表团成员留在戴维营，完善以色列提议的方案，他们已经不再准备以这个文件作为谈判基础了。它是贝京不可协商的立场的一个总结。贝京告诉巴拉克坐下来，将谈判失败的原因写下来，“然后我们就回家去”。[3] 巴拉克和其他人将自己的东西收拾好，并给以色列航空公司打电话，以便为他们的离开做好准备。

那天早上在山胡桃屋的布道是从《撒母耳记》中摘录出来的，说的是大卫和歌利亚的故事。歌利亚是非利士人的强大

的武士，非利士的参孙。《圣经》说他身高“六肘零一虎
口”——大概九英尺九英寸高。歌利亚身穿铠甲，头戴铜盔，
以色列人的弓箭和长矛几乎都伤不到他。大卫只是一个牧羊 165
童，只有一把弹弓和五颗从河里面捡来的光滑石子。但在第一
次对决中，他就把歌利亚给杀死了，然后将歌利亚的剑从剑鞘
里拔出来，割下了他的头颅，非利士人的军队吓得抱头鼠窜。
牧师塞西尔·里德想通过这个来表达，当上帝选了某个人做某
件事情的时候，就会让他成功。[4]

大卫和歌利亚的故事与当代以色列的处境是最像的。摩西·达扬写道，当代以色列这个小小的国家与广大的阿拉伯国家之间的对比，被大卫和歌利亚这个故事表现得淋漓尽致。大卫告诉歌利亚：“你来攻击我，是靠着刀枪和铜戟。我来攻击你，是靠着万军之耶和华的名，就是你所怒骂带领以色列军队的神。”[5] 对达扬而言，这个故事说的是，“阿拉伯人靠着剑、匕首和长矛来攻击我们，而我们则努力寻求和他们和平相处，肩并肩平等地相处。我们是靠着以色列的神也就是上帝之名来做到这一点的”。[6]

卡特曾长时间担任主日学校的老师，他从大卫和歌利亚的故事中获得不同的启发。即使大卫成了国王，以色列人也没有能力永久击败他们永恒的敌人，大卫的继承人所罗门王在以色列历史上的黄金时代也做不到这一点。尽管在以拉谷获得胜利，以色列人和非利士人仍然不得不继续忍受着与对方共同相处。

尽管通常都认为，非利士人就是现代的巴勒斯坦人，但也有一个完全相反的理论，说非利士人其实是犹太人。以色列第一任总理大卫·本-古里安，以及以色列第二任总统伊扎克·

本－兹维（Yitzhak Ben-Zvi），是持这种观点的知名人物。1918 年，他们两个人当时都住在纽约，写了一本书《以色列：过去及现在》（*Eretz Israel in the past and present*）。他们指出，尽管犹太人在历史上经历了灾难性的四散逃亡，但在朱迪亚和撒玛利亚地区一直都有犹太人定居。他们认为，定居在当代巴勒斯坦地区的居民，并不是阿拉伯移民，而是被迫转为基督徒或者伊斯兰教徒的犹太农民的后裔。本－兹维对历史上犹太人和其他民族通婚这个事情尤其着迷，他认为这正是他们最终失
166 去了犹太人特征的原因所在。他曾经在阿拉伯村庄中游历，混迹于他的“遗忘了很久的兄弟们”之间。[7] 他对阿拉伯地名和犹太地名之间的相似以及宗教实践之间的相似感到吃惊。他和本－古里安希望揭示这种民族起源，可以让两个民族更好地团结在一起。考古发现和基因研究最终将会证实他们的理论。[*] 以色列人和巴勒斯坦阿拉伯人都是从迦南文明中发展起来的。大卫和歌利亚的故事实际上和后面的科学研究相吻合。在《塔木德》的记述中，大卫提醒歌利亚说，他们的母亲是姐妹，因此他们实际上是第一代表兄弟。[8] 古时候部落之间的通

---

* 一项引人注目的研究是安东尼奥·阿尔内兹－维勒纳等人的“巴勒斯坦人的起源和他们与其他地中海民族之间的基因关联”，发表在《人类免疫学》杂志第 62 期（2001），第 889 ~ 900 页，这篇文章是在“9·11”后不久发表的。它比较了加沙地区巴勒斯坦阿拉伯人和其他地中海民族的基因样品，并发现加沙地区的巴勒斯坦人与德系犹太人有紧密的关联。他们都是迦南人的后裔。这篇文章的结论是，犹太人和巴勒斯坦人之间的“敌对”，是“基于文化和宗教的差异，而不是基因的差异”。这些欧洲作者将以色列定居者称作“殖民者”，并宣称以色列在 1948 年建国的时候发动对邻国的战争。尽管这篇文章中的科学研究部分没有受到质疑，这本杂志的出版商却将客座编辑解雇了，并将这篇文章撤下来——从数据库中删除——同时告诉图书馆和订阅人将杂志中的这篇文章撕掉。还可以参见以色列·芬克尔斯坦和尼尔·亚舍尔·希尔伯曼：《〈圣经〉考古》，第 118 页。

婚毫无疑问不只是猜想，而是一个事实。

卡特希望将双方领导人带到葛底斯堡，可以提醒双方戴维营峰会失败会有怎样的灾难性后果。美国内战是一场因为主权和土地纷争而导致的兄弟反目成仇的战争，吉米和罗莎琳成长的深南地区依旧承受着战争失败带来的苦痛以及战争对经济的破坏。

罗莎琳·卡特、阿丽莎·贝京和二位领导人一起搭乘总统专车。卡特刻意坐在贝京和萨达特中间，这两个人都扭头看着窗外宾夕法尼亚州美丽的乡间风景。卡特知道他们两个人都在监狱中待过，因此他问萨达特在监狱中时是否读了不少书，以便缓解一下紧张的气氛。萨达特说头一年半他没有什么书可以读[9]，后来他被允许拥有书籍之后，他是如此饥渴，基本上读了任何可以拿到手的书。那是他第一次坐牢，当时是因为他和纳粹间谍合作而在英国人管理的外国人监狱中坐牢。萨达特要 167
求读英文书，监狱给他提供了短篇小说集以及随手给他选的一本有关英国农村地区地方政府治理的书。这本书给萨达特留下了深刻的印象。萨达特后来被转到另一处监狱，在那里，其中一个纳粹间谍的弟弟教会了他德语。在第三处从别墅改造而成的监狱中，他非常无聊，因此只好在露天走廊中养兔子解闷，这带来了不菲的收入。兔子不久就到处乱窜，后来都因为染上传染病而死掉了。

他第二次坐牢是在因刺杀活动而和穆罕默德·卡迈勒一同接受审判期间。萨达特一直渴望成为一个演员。现在他又被关起来了，有许多空闲时间，因而写了一部戏剧，在这个戏中，他扮演哈里发哈伦·拉希德，这位哈里发的故事正是《一千零一夜》的起源。演出不甚理想。“观众开始冲我大声喊，‘不要这么胡乱演下去了’，”萨达特后来承认，“我只好停止演出。”[10]

最后，他被转到阴暗的开罗中心监狱，被关在第 54 号单人牢房中。这个牢房中什么都没有，只有一块坐垫，一块脏兮兮的地毯，以及满墙爬的虫子。与世隔绝、没有广播、没有报纸，他考虑着自己的人生。他意识到的第一件事是，他在婚姻生活中是不快乐的，因此决定离婚。后来他在终于被允许阅读之后，自学了法语。

在这个时期，他看到了广受欢迎的《读者文摘》（*Reader's Digest*）杂志上的一篇文章，作者是一位美国心理学家，这篇文章帮助他解决了困扰他的“一些精神问题”[11]。作者认为，落在一个人身上的灾难是命中注定的，是无法避免的。上帝给大家带来好时光，也带来麻烦，这是上帝教育他创造的人来扮演他们被创造出来所需要扮演的角色的一种神圣的方式。与萨达特小时候在村里的教会学校学习了解到的令人恐惧的神不同，这篇文章中的神是公正、慈爱的。有一些创伤是如此深刻，以至于让一个人觉得所有道路都被堵上了，生命似乎就是一个永久的牢笼。而宗教信仰，正是打开这所监狱大门的钥匙。

萨达特读到这篇文章之后觉得获得了解放。“我与整个宇
168 宙的关系得到了重塑，而爱变成了我所有行动和感受的第一动力。”[12]他后来这样写道：“由于有了信仰和内心绝对的平静，我从来没有因为我在公共生活或私人生活中所经历的混乱动荡而发生动摇。”[13]他说，在监狱中的最后八个月，是他生命中最快乐的时光。但他在成为总统后，将这所旧监狱拆除了。他拿

着一把鹤嘴锄，挥了第一锄。“那些砖块很软，很容易锄坏。”他回忆说。[14]许多蟑螂从他砸出来的洞中跑了出来。在第一锄仪式之后，他再也控制不了自己了。“我依旧举着鹤嘴锄不停地敲打着墙壁，就好像我一个人就可以把它拆除似的。”他一生中在不同的监狱总共度过了五年的时光。

贝京说监狱对他而言也是一所“大学”。[15]当在维尔纳下棋并被逮捕的时候，他随手抓起了几本书，因为他当时觉得可能需要待很长一段时间。[16]他选择了《圣经》以及一本迪斯雷利的英文传记。而在令人恐惧的位于城市中央的卢基斯基监狱中，他的书都被没收了。成千上万的犹太人被送到那里，最后很少有人能够离开。与贝京同牢房的狱友包括将军和波兰高官。他们通过说笑话来打发时光，都避免公开谈论政治问题。[17]

贝京被一夜接着一夜地审讯，白天也被禁止睡觉。这样折腾几天之后，大部分人为了能够睡一觉，愿意承认任何东西。然而贝京实际上看起来却很享受这种审讯过程，他将之变为一种辩论，锱铢必较、死抠细节的辩论让苏联审讯员十分厌烦。贝京还被要求称其为“公民法官”。贝京回忆说，一天晚上，审讯员试图证明犹太复国主义实际上是另一种帝国主义：

> “公民法官，我们并不赞同建立一个殖民主义政府。”我说；[18]
>
> “我们要求的是建立一个殖民地政府，而这和殖民主义政府是两个完全不同的概念。”
>
> “这有什么差别？你难道是想通过玩文字游戏来影响我吗？”

169 “不是的，这可不仅仅是文字游戏。殖民主义政府意味着外国人对另一个本不属于他们的国家的统治，我们则是回到我们自己的国家……英国人想建立一个殖民主义政府，而我们想做的实际上是反殖民主义。”

“对《塔木德》的信奉！殖民主义，殖民地，这是一个东西。你不过就是想将阿拉伯农民的土地夺走而已。”

尽管贝京从来没有像萨达特那样在监狱中经历神秘的宗教转变，但他一直是宗教信仰力量的默默的见证者。一个年轻的波兰下士被安排和贝京同住一个牢房。他没有受过教育，渐渐地贝京就把他当作了自己的学生，教他历史和语言。下士是一名无神论者，在讲述有关天主教牧师违反了他们保持贞洁的誓言的故事时，他总是兴高采烈的。一天早上，贝京吃惊地发现这位下士跪下来祷告。“我可以作证，重燃的信仰帮助了那名下士，随着监禁时间的延长，他通过宗教信仰克服了监狱生活的阴郁，这可是每一个坐牢的人都躲不开的，”贝京这样写道，“这是一个事实——而且我亲眼所见——那个人在困难的时候，除了宗教信仰之外，没有什么东西可以依靠，也没有什么可以让他得到安慰。”[19]

在监狱中，贝京收到了阿丽莎给的一块手帕，这是通过一个朋友偷偷带进来的。[20]上面绣着“OLA”三个字母。一开始，贝京认为是绣错了，本来应该是 Ala，阿丽莎的昵称，但一个狱友对他说这应该是希伯来语中的 Olah，意思是移民到以色列去。阿丽莎通过这种方式告诉他，如果他重获自由，该到哪里去找她。

最后，贝京未经审判就被判有罪，是“社会危险分子”。

他的审讯员让他在一个口供上签字，上面写着他“因为担任贝塔组织的主席而有罪”[21]——贝塔是一个犹太准军事组织。贝京说他会签字，但前提是将“有罪”这个词删除。

> “你又来了……你不是说你在波兰担任了贝塔组织的主席吗，而我就是这样写的。”
>
> “是的，但是我并没有罪。”
>
> “你毫无疑问是有罪的！”

最后，这位公民法官只好删除这个词，贝京在上面签了 170
字。当贝京被带回牢房的时候，这位审讯员大声喊道：“我再也不想见到你了！”[22]

贝京被送到了西伯利亚的一个集中营，在那里他很渴望回到卢基斯基监狱的悲惨生活中去。然而，他在集中营只待了三个月。他后来宣称自己坐了两年牢，但实际算起来他坐牢的时间只有一年，从 1940 年 9 月到 1941 年 9 月。[23]他被送往西伯利亚的路上，德国对苏联宣战，不久之后所有的波兰囚犯都被释放出来了，与中东地区的纳粹同盟国作战。波兰军队一开始没有要贝京，因为他心脏不好，视力也不行，但贝京提出申诉后还是同意要他。他所在部队的大部分都是犹太人，这支部队在 1942 年被派往中东。这样，贝京就和阿丽莎团圆了。他从来没有看到过真正的战斗，但他到达巴勒斯坦后不久，就被推举为伊尔贡的领导人，伊尔贡有大量贝塔组织的成员。波兰军队给了他一年的假期，从来没有召他回军队服役。

或许如果没有被逮捕，贝京可能就会像家里其他人一样死于大屠杀。事件的发展让他随着一股洪流起伏。其他人可能在历史面前显得很无助，但贝京有一种接受命运安排的信念，这和萨达特一样。

在总统专车中，他们俩看起来很愿意谈论在监狱中的生活。进入葛底斯堡大门的时候，萨达特和贝京的情绪都很高昂。

卡特临时熟悉了一下葛底斯堡的历史。几个月前，历史学家谢尔比·富特（Shelby Foote）向他提交了一份葛底斯堡的简要说明。因此，公园管理人员对于卡特的介绍，几乎没有什么可以补充的。就是在这片绿葱葱的、起伏不定的山脉上，南方邦联的罗伯特·E. 李（Robert E. Lee）将军计划将战火烧到北方去，而这却被北方少将约瑟夫·胡克（Joseph Hooker）的波托马克军挡住了。1863 年 7 月头三天，有超过五万人在战斗中倒下了。尽管这场战争还持续了两年之久，但南方邦联的事业在葛底斯堡就已注定走向失败。

171 卡特在安纳波利斯学习过军事战斗。像卡特一样，参加这次活动的其他军事人员对于发生激烈流血战争的那些神圣地名都比较熟悉：桃园、公墓桥、小圆顶。他们看着那些矮墙，饶有兴趣地看着那些迫击炮和加农炮，说这些武器非常先进，特别是与治疗这些可怕的武器所造成的伤口的医药水平相比。[24]

“摩西，你一直躲着我，”当他们在战场上走着的时候，杜哈米说道，“你生我的气了？”[25]

“是的。”达扬回答说。在峰会之前，杜哈米在一次采访中说达扬原来对西奈半岛和耶路撒冷做了一些许诺，但后来食言了。

“你是反基督的吗？”杜哈米问道。[26]

罗莎琳注意到贝京一个人站着，和他自己代表团的成员都不在一起。或许战场的幽暗氛围让他陷入了沉思。他没有提起他在那个时候正计划着离开戴维营呢。

公墓桥上的一个纪念碑上刻着“反叛的最高水位”的字样。在这里，宾夕法尼亚第69军的爱尔兰裔士兵抵挡着南方邦联军队的猛烈炮火，炮火之后则是军事史上一次最具毁灭性的步兵冲锋，被称作“皮克特冲锋”（Pickett's Charge）。当时，有一万两千五百名士兵，其中大部分都是佐治亚州的青年农民，在没有遮挡的一千码战场上，冒着北方军队可怕的炮火冲锋前进。两边都有一半的士兵倒下了。盟军的防线一度几近溃败，但援军的到来又将邦联军队的进攻压制下去。这是一场无情的、野蛮的战斗，加农炮之后是霰弹，步枪战之后是刺刀战，最后第69军爱尔兰裔小伙子们，几乎是赤手空拳守住了阵地。被击溃的邦联军队趁着雨和夜色，撤到了弗吉尼亚。卡特自豪地说，即便是在这种情况下，邦联军队也没有恐慌，依旧斗志昂扬。[27]

达扬之前到过这个地方，但仍然被卡特对这场让国家陷入分裂的战争充满激情的解说触动了。“看起来他了解给军队提供掩护的每一座小山和每一块岩石，”达扬写道，“他讲到衣衫褴褛、浑身湿透、赤着脚的南方士兵，因为听说葛底斯堡存 172
储了大量的靴子而更想进攻葛底斯堡的时候，似乎在谈论着自己的家人。”[28]

事实上，卡特的曾祖父利托波里·沃克尔·卡特及其两个兄弟，都是参加葛底斯堡战斗的南方军队的一员。[29]他们幸免于难，并穿过被摧毁的南方、被洗劫的城镇、被烧毁的田野，徒步走回了佐治亚，带着在未来一个世纪内依旧让这个地区衰败不堪的精神伤痛。在这场战争中，南方有30%处于战斗年纪的男人都牺牲了。大部分文明社会都被摧毁了，这个地区退回到了边疆状态。这种毁灭带来的后果是无法估量的，葛底斯堡墓地中一排又一排简陋的墓碑则一直阴郁地提醒着人们这一点。卡特说，就是在这片墓地，林肯发表了著名的葛底斯堡演说，当时他是来祭奠那些在战争中牺牲并掩埋在此的士兵的。

> 八十七年前，我们的先辈们在这片大陆上创建了一个新兴的国家，这个国家诞生于自由的理念，并致力于人生来平等的理想。

每一个人都惊讶地转头向贝京看去。他的声音一开始很低沉，似乎在对自己朗读这篇演说。

> 现在，我们正在进行一场重大的内战，目的是考验这样一个国家，或者任何一个建立在自由理念之上并致力于人生来平等的国家，是否能够长久生存下去……

贝京的声音变大了一些，他继续以明显的波兰口音朗读着：

> 但在更大的意义上，这块土地并不是我们能够奉献、圣化或者神化的。那些曾在这里战斗过的勇士们，活着的和死去的，已经把这块土地圣化了，这远不是我们微薄的力量所能增减的……

卡特意识到，贝京和其他军事人员对葛底斯堡的理解是不同的。对于贝京而言，葛底斯堡不仅仅是一场重大战役的发生地，它也是见证历史上一位杰出总统的领导力的重要时刻。在这个时刻，演说的力量超越了军事冲突，并将一个破碎的国家重新聚在了一起。

> 倒是我们应该在这里把自己奉献于仍然留在我们面前
> 的繁重任务——我们要从这些光荣的死者身上汲取更多的
> 献身精神，来完成他们已经彻底为之献身的事业；我们要 173
> 在这里下定最大的决心，不让这些死者白白牺牲；我们要
> 使共和国在上帝保佑下得到自由的新生，要使这个民有、
> 民治、民享的政府在地球上永世长存。

罗莎琳激动得有些颤抖。或许这是一个转折点，她想。[30]或许贝京真的体会到了和平到底意味着什么，和平到底能够给他的国家带来什么。

那天下午晚些时候，回到戴维营之后，卡特与蒙代尔、万斯和布热津斯基一起，与贝京、魏兹曼还有达扬举行了会晤。是时候向各方提出美国方案了。“里面有一些话，可能是你和萨达特都难以接受的。这不是因为这些话对你们国家有害，而是因为它们与你们在过去所持的立场和所做的声明不同。”[31]卡特这样提醒以色列人。他故意将更棘手的问题，如西岸和加沙的主权归属问题、以色列定居点问题以及从西奈撤出的问题，留到后面再说，尽管这些问题最终是要面对的。

魏兹曼注意到贝京看了美国人提出的方案——“十七页

高度爆炸性的文字”（魏兹曼这样描述），脸上连血色都没有了。[32]看完了之后，贝京看着卡特。“我们希望您先别给萨达特总统看。”[33]他这样说道，并援引了基辛格在1975年做出的在提出任何和平计划之前先与以色列协调的约定。

“我写这个东西，可不希望任何一方对它做出实质性的改动，”卡特这样试探着说，“我心里一直记着以色列想要什么。最重要的是以色列和埃及的永久友好关系，它可以合理保障以色列的安全。”

贝京看着里面涉及联合国第242号决议的内容——“通过战争是不能合法获得土地的”。他说这句话是不可接受的。“那句话说的是通过侵略战争不能合法获得土地，”他说，“1967年战争给了以色列改变边境的权利。”

“您拒绝联合国第242号决议？”卡特问道，提高了嗓音，“要是把这个删除，就意味着我们现在和未来都没有进行谈判
174 的基础了。您刚才说的，让我觉得萨达特的说法是对的——您需要的是土地！”

这次会议推迟到那天晚上较晚的时候，为的是让以色列人有机会仔细看看这份文件。卡特很不情愿地给萨达特传递了一个口信，说要等以色列人对这份文件提出自己的看法之后，才能够将美国方案提交给他。

美国人离开之后，贝京说：“先生们，美国人基本上就是重复了埃及人的提议。”[34]他非常生气，魏兹曼都有些担心他会不会再犯心脏病。但贝京之前返回以色列的命令被搁置了，至少暂时如此。

卡特和美国代表团在当晚九点三十分的时候又过来与以色列人会晤。贝京首先称赞了一些段落，“耶路撒冷那部分的编

号很好?”[35]——但他坚持要将联合国第 242 号决议的内容完全删除。

“现在可不是拐弯抹角的时候,”卡特愤怒地说,如果他知道以色列人连联合国决议都不想遵守,“我一开始就不会邀请您到戴维营来,不会召集这次会议。”[36]

“十一年来我们的立场一直如此。”贝京回答说。

“这或许就是你们在十一年中都没有得到和平的原因所在,”卡特回应道,“以色列一直都支持联合国第 242 号决议,但现在您似乎不愿意遵从里面的文字。”

“我愿意,但不是作为您的提议的一个基础。”

卡特认为这是故意拿腔捏调。他指出,整个联合国决议就一句话,你不可能将你反对的部分去掉,只接受你同意的那一部分。如果每一个代表团都将已经确定的协议和决议抛开,那么峰会就完全倒退了。而且,美国方案是灵活的,它允许各方就最终的边界问题进行谈判,这正是考虑到了以色列合理的安全顾虑。

“萨达特希望按照他开出的条件与以色列达成协议,这对于以色列来说是危险的,”贝京坚持说道,“我们在这里说的可是我们国家的生存问题。”

贝京一直以咬文嚼字的方式说着。这在卡特看来,完全没
有办法进行理性的探讨。即使是以色列代表团的其他成员也对 175
贝京情绪化的做法有些不耐烦了。“我们继续吧。”魏兹曼敦促道。但贝京对美国方案的每一点都细细分析。

“听着,我们是为了帮您,希望给您的国家带来和平,”卡特有些沮丧地恳求说,“你这样让我们觉得,我们费了半天劲儿,似乎就是为了对以色列极尽不公平之能事。”[37]

几个小时过去了。食物和咖啡端了上来。贝京对里面提到的保持国际水道开放的措辞不以为然，说埃及人本来就没有权利不允许以色列船只通过苏伊士运河，因此，这根本不是什么让步。即使卡特已经将最有争议的问题，包括西岸和加沙问题，留待后面讨论，贝京还是拒绝了提到巴勒斯坦人的每一句话。在卡特看来，这位以色列领导人完全不关心巴勒斯坦人的困境。贝京拒绝了关于巴勒斯坦人“合法权利”的措辞，说这是一种赘述，天知道这样的词会将人们带向何方。

卡特将贝京提议的巴勒斯坦人民“完全自治”的内容纳入美国方案中。但即使是在这个方面，贝京也提出了不同的措辞。是的，巴勒斯坦人可以自治，但以色列政府将有权批准他们的法律、任命一位军事总督，并对巴勒斯坦人自治委员会的决定保留否决权。

“您这样做实际就是想让西岸成为以色列的一部分，”卡特说，“没有任何有自尊心的阿拉伯人会接受这样的安排。看起来您就是在耍个花招而已。”毫无疑问，这不是“完全自治”。[38]

“享有自治并不是享有主权，”贝京说道。

卡特的结论是，贝京不过是要让巴勒斯坦人表面上自治，但以色列依旧要保持完全的控制。“如果我是阿拉伯人，我宁愿接受现在以色列的占领状态，而不是接受这种自治。”他说。

大家都提高了嗓门，卡特也是如此。当达扬被允许发言的时候，他说，以色列人会重新考虑他们对这份方案所提的反对意见。“我们并不想进行政治控制，”他说，“如果这让您误会我们想要控制，那么，我们会再看看。”他公开讥讽了贝京提出的在方案中加入“耶路撒冷，以色列的首都”语句的要求，说萨达特永远不可能签署这样一份文件。卡特开始意识到，在以色列代表团内部，他有一些盟友。达扬和魏兹曼有时候会以希伯来语和贝京交谈，明显是在敦促他对卡特的提议更友好 176
一些。

快到凌晨三点了。这个时候，贝京回到了联合国第242号决议关于通过武力占有土地的内容。“我们不能接受那一点。”他宣布。[39]

“总理先生，”卡特有些不耐烦地回复道，“这不仅仅是萨达特的观点，也是美国的观点，您必须接受。”魏兹曼注意到卡特的嘴唇紧闭，蓝色的眼睛中充满愤怒。他将桌上的纸揉成一团，将铅笔扔在桌面上。“您必须接受这一点!”他又说了一遍。

“总统先生，”贝京说，“请不要威胁我。”

这次会晤在激烈的争吵中结束，之后卡特邀请达扬陪他一起回到自己的屋子。他认为贝京就是在故意捣乱，因此非常生气，并希望得到达扬的帮助。

他们在卡特屋前的台阶上坐了下来，低声说着话，以免将罗莎琳吵醒。达扬说，卡特对贝京有误解。他确实希望实现和平，但西奈定居点的问题一直是一个障碍。对贝京而言，犹太人应被允许在任何地方生活，这是个原则问题。在来戴维营之前，贝京就对自己的代表团承诺说，他不会同意撤除西奈的定居点。[40]如果他被迫这么做，那么他将退出谈判。考虑到这一点，达扬建议，卡特或许可以试试向萨达特提议允许以色列人继续在那里生活，至少暂时可以，就好像他们可以在开罗和亚历山大港生活一样。如果萨达特同意了，贝京可能会感到满意。

达扬离开之前，卡特走到屋内，拿了一袋花生给他。[41]他自豪地说，花生产自佐治亚州。这些花生被浸在盐水中，然后去壳，从而有了一种独特的风味。达扬因为这个简单的举动而有些感动。

天就要亮了，但还黑着，达扬往自己屋子走的时候，有些辨不清方向。在战争中失去了左眼之后，他一生中最担心的事情就是另一只眼睛会完全丧失视力。现在，尽管他一直试图掩盖，但他真的快要失明了。他转身朝自己的房间走时，直接撞
177 在了一棵树上，[42]卡特跑过来帮助他。达扬鼻子流血了，卡特将他带到了主路上。

卡特终于爬上床的时候，罗莎琳问："发生了什么事情？"[43]此时已经接近四点。"我们必须陪着贝京对每一个字词唱一首歌、跳一番舞，"他疲惫地说道，"早上我再和你说吧。"卡特相信，如果达扬或魏兹曼是总理的话，可能现在已经达成了和平协议。他开始担心贝京是否精神正常。快要睡着前，他说贝京是一个"疯子"。[44]

第七天

安瓦尔·萨达特和他的顾问们，从左到右：奥萨马·艾尔－巴兹、萨达特、穆罕默德·易卜拉欣·卡迈勒（背对着镜头）、哈桑·艾尔－杜哈米

达扬的室友们都在担心他。[1]在撞到树之前，他身上已经有些疼痛了。这位著名的军人已经六十三岁了，健康状况糟糕。他不愿意去看医生，他可能已经患上了七个月后才诊断出来的癌症，只是他当时不知道而已。他总是显得很坚强，但在夜里，他总在呻吟。而且，他从来没有真正从十年前的一次事故中恢复过来，当时特拉维夫附近的一个史前葬坑发生了塌方，他的肋骨断了，几根脊椎骨也断了。

在以色列，全国上下都弥漫着考古热情，达扬尤其疯狂。或许因为他不信教，以及宗教记载的以色列存在的证据不够有

180 说服力，因此，埋在以色列地底下的文物就成了宗教性补充。他疯狂地迷恋考古，就好像一个狂热的宗教分子一样。[2] 他将自己在扎哈拉军事区域内的家，变成了一个考古场，堆满了他在全国各地发现或者盗抢过来的无价文物。他经常冲到保护区域去，甚至用军队运送文物。他的这一爱好成了全国丑闻。他越来越被大家看作是一个文物抢劫者，而不是一个文物爱好者。除了从文物贩子那里买文物之外，达扬还和小偷、走私犯打交道。人们会吃惊地发现，他正在他们的后院，拿着铲子，勘探有没有文物。所有的其他时间他都一个人待在书房内，将陶瓷碎片粘贴在一起，以便收藏起来。这是他最快乐的时光。

六日战争结束后，达扬让自己负责管理耶路撒冷城的圣址。达扬比其他任何以色列人杀死的阿拉伯人都要多，但他作为一名管理者还是非常先进和慷慨的。战争结束后的那个星期六，他与包括耶路撒冷的宗教领袖穆夫提在内的穆斯林领袖们，在阿克萨清真寺会面。他特意脱掉了鞋子，坐在垫子上。穆斯林们不安地和达扬打招呼。他们知道，许多犹太人都渴望这一天来临：拆毁圣殿山上的清真寺，建立起新的犹太教堂。如果这一天真的存在，那么就是他们取得闪电胜利。相反，达扬告诉他们，尽管现在犹太人可以到圣殿山上去，但并不会对圣殿山的现状做出什么改变。他要求穆斯林领袖们继续周五的布道活动。

他把将耶路撒冷一分为二的所有障碍、隔离墙都拆除了。他没有将西岸的阿拉伯社区单独隔离开来，相反，他命令双方都可以自由走动，不设立任何检查点或者要求获得任何许可证。尽管犹太领袖们提出了抗议，警官们表示非常失望，但这样做实现了一次很好的和平过渡。“城市中有一种节日气氛，”耶路撒冷市长泰迪·科勒克（Teddy Kollek）在隔离墙被拆掉

的第二天这样写道，“好极了！你们是对的，所有阿拉伯人都
在锡安广场，所有犹太人都在巴扎。”[3] 开心的达扬说道，“警 181
察唯一要做的事情，就是舒缓交通拥堵”。[4]

更为突出的是，达扬宣布了一项“桥梁开放”政策，让西岸的人们可以自由地穿过约旦河。如此一来，阿拉伯公民就可以到大学去，也可以与朋友和家人团聚。他希望桥梁开放政策可以让阿拉伯人和以色列人相互接触。阿拉伯人可以在以色列工作，这给西岸和加沙地带带来了经济繁荣。但达扬对人口自由流动可以让占领地区的以色列人和巴勒斯坦人和平相处的期望落空了。阿拉伯国家没有采取互惠措施，允许以色列人到访他们的国家。占领强化了巴勒斯坦极端主义，这导致了恐怖袭击，以及以色列人的严厉报复。

占领西岸，是达扬做的决定。但在实施过程中，他制造了一个永久存续的问题，这个问题可不是靠他的理想主义就能够解决的。在占领地区扩张犹太定居点的政策，成了和平的一个障碍，或许这从来就是他的目标。在 1967 年 9 月战争刚刚结束的时候，他宣布他的主要目标就是要阻止占领地区在未来又成为阿拉伯人占多数的地区。而那时，占领地区里连一个犹太人都没有。[5]

萨达特对于达扬的妥协一点儿耐心都没有。他告诉卡特，哪怕西奈半岛被马上交还给埃及，让以色列定居点在西奈地区保留下来也是绝无可能的。卡特问，他是否允许来自任何国家的犹太人——包括以色列的犹太人——在埃及的其他城市生活，如开罗或者阿斯旺。

“当然。”[6]

那么，卡特解释道，他禁止犹太人在西奈生活是不合逻辑的。

“中东有一些事情就是不合逻辑的。”萨达特这样回应说。

他们在讨论的时候，纳入以色列人意见的美国方案被修改
182 完并交了上来。萨达特仔细看了这份文件，基本上没有提出什么修改意见，只有一个地方除外：他希望埃及和约旦军队可以在西岸和加沙驻扎，这样就不会显得是允许以色列单独军事占领这个地方了。卡特提出，他可以将这份文件进一步修改，以便包含外交承认和交换大使等释放善意的内容,。但萨达特笑了，说除非贝京离职，否则他做不到这些。

卡特这个时候提到了耶路撒冷。他知道这个问题对于埃及人来说十分重要。但这是卡特为了照顾萨达特的感受而愿意私下讨论的一个问题。任何妥协都会遭到双方的极端分子的攻击。萨达特自己一个人试图解决这个问题，是非常危险的。卡特建议他等一等，并让侯赛因国王和其他人介入，这样他就不需要独自为此承担责任了。萨达特听着，但没有回应。

“萨达特比我聪明。”[7] 卡特午餐时对罗莎琳说。他将他们会面的前十五分钟讲给罗莎琳听。萨达特说了自己对贝京的四个观点：

1. 他不愿意也不打算在戴维营期间签任何东西。
2. 戴维营会暴露他的真实想法。
3. 他希望得到土地。
4. 戴维营对他而言是一个陷阱。

“我觉得他说的四点都对。”卡特说。

吉米和罗莎琳吃午餐时，急得团团转的埃及代表团终于有

机会和萨达特开一个私下会议了。整个上午埃及人都看着以色列人不停地往冬青屋跑，那里，美国人正在紧张地将以色列人提出的修改意见，纳入美国方案中。以色列人会递过来几张纸，然后又跑回自己住的屋子里去。之后，美国人会骑着自行车将几张新纸带给以色列人。埃及代表团对此自然有很多疑问，他们对这种不均衡的关系非常反感，在他们看来，这分明就是两个人联合起来对付另一个人。

但埃及人不只是在和美国人、以色列人谈判，真正的问题 183
出在他们的总统身上。直到现在，萨达特还是埃及代表团中唯一见过美国方案的埃及人。他终于将这个方案交给大家，并让布特罗斯－加利大声朗读这份文件，让大家提意见。然而大家发现，他根本没有注意听大家的发言。萨达特心不在焉的时候，就会盯着空中玩烟斗。当卡迈勒提议大家都离开去私下讨论时，他马上就同意了。

卡迈勒相信美国人的文件基本上被以色列人的观念浸染了。巴勒斯坦人自决以及允许难民返回家园的条款，都写得模棱两可，而且没有要求以色列人从西奈和西岸撤出。看起来，这份文件以其他议题为代价而响应了以色列的安全需求。

在他的代表团成员们回来汇报的时候，萨达特的心情已经完全变了。似乎发生了一场情绪风暴。他对贝京的毫不妥协愤怒异常，并抱怨说美国人的方案只提到了西奈半岛分阶段而不是立即交还给埃及。代表团成员都为他鼓劲，因为他们的感受和他一样。既然这样，萨达特宣布退出谈判，明天早上就离开戴维营。

什么？离开？布特罗斯－加利小心地建议说，两手空空地离开戴维营可能让萨达特的政府面临危险。萨达特对他大声说："你根本对政治一窍不通！"[8] 之后他命令所有人都出去，他需要打个盹。

迷惑不解的卡迈勒和杜哈米一起溜达到食堂去。他们现在该做什么？他们是真的要离开，还是萨达特的一次戏剧表演而已？路上他们碰到骑着自行车的卡特总统。他和他们打招呼，并表达了对在未来几天达成协议的愿望。“我很遗憾地说，我可不像您一样乐观，总统先生。”卡迈勒说道，“以色列人的态度和以往一样寸步不让、不屈不挠，而美国方案与我们可以接受的、最低限度的东西相去甚远。”

184 卡特解释说，大家还需要谈判，关键是要达成一个双方都可以接受的方案。

“我们面临的问题是，我们没有权利就被占领的阿拉伯领土做出任何让步，”卡迈勒说，“我们在安全安排以及和平关系方面，可以非常灵活。然而，很明显，这不是以色列人想要的东西。”他恳请卡特总统不要给萨达特施加更多压力了。其他阿拉伯国家是不会批准一个包含了领土割让的协议的。“如果您希望这次会议取得成功，协议必须规定以色列从西岸、加沙和阿拉伯耶路撒冷退出。这会吸引其他国家也加入到和平进程中来。”

“看起来你没有理解我的目标是什么，”卡特冷淡地说道，“我认为让萨达特总统一个人来承担阿以冲突的全部责任，是不公平的。”他计划去争取约旦国王和沙特阿拉伯国王的支持。

“那问题就又来了！”卡迈勒大声说道，“除非以色列人从西岸和加沙撤出，否则不论是侯赛因国王还是哈利德国王，都不会同意加入谈判。”

卡特调转自行车走了，这让卡迈勒感觉更加沮丧，在谈判中更加孤立无援。

卡迈勒立即到萨达特那里去，向他汇报了和卡特的对话。他发现萨达特一个人坐着，无精打采的、孤零零的。现在美国人主导着谈判，萨达特或贝京都没有太多事情可做，只能焦急地等着下一稿。两位领导人都陷入了一种精神上的消极状态，而卡特则在努力忙活着。

卡迈勒向萨达特汇报时，屋子里的电话响了，是侯赛因国王。萨达特告诉这位约旦国王，他对于达成协议不乐观，因为贝京不愿意接受新观念。[9] 他恳请侯赛因参加峰会，但国王拒绝了，说除非以色列保证将从西岸地区完全撤出，否则他是不会来参加峰会的。这正应了卡迈勒当时对卡特所说的话。萨达特一个人在这里，他只能一个人扛了。

卡迈勒回到自己的屋子后，布特罗斯－加利再次试图让他平静下来。卡迈勒说，他感觉被美国人出卖了，美国人很明显在以色列人的压力下退缩了。他认为这是一个陷阱，埃及人实际上并不是在和以色列人谈判，而是在和他们的美国伙伴谈 185
判。埃及人在戴维营的宏大设想是和美国人建立更为紧密的关系，而不论与以色列人谈得怎么样。现在萨达特正以与美国的关系为赌注，卡迈勒对此却无能为力。萨达特背着他们一个人与美国谈判。

布特罗斯－加利指出，他们来这里的目的就是给萨达特支持。“我们必须向我们的头儿提出建议，”他说，“但最后的决定由他来做。”[10]

“但我们的头儿着了魔！”卡迈勒大声说。

午餐后，天气变冷，下起了小雨，这正好和代表团成员们低落的情绪相呼应。与其他人一样，魏兹曼精疲力竭，他抓住机会回到屋里面小睡了一会儿。他脱掉衣服，倒到了床上。突然，卡特的叫声“魏兹曼先生！”把他叫醒了。[11]

魏兹曼看见卡特总统站在门口，大吃一惊。他手忙脚乱地从床上跳下来，穿上了裤子。“我想和你聊聊。”卡特一边解释，一边尴尬地笑着。他眼睛看着其他地方，好让魏兹曼穿好衣服。之后两个人一起去散步。

魏兹曼之前就惊讶于卡特总统缜密的思维，从来不说什么多余的音节，似乎他的思维是由电脑程序控制的一样。“工程师就是这样思考的，”魏兹曼提醒自己，“他们以正方形和长方形的方式思考。”

卡特直截了当地说，谈判到了一个关键时刻，美国人已经提出了自己的方案，但没有一方接受美国人的方案，必须有人做出让步。魏兹曼心里清楚，这个“有人”指的到底是谁。

现在，美国人已经搞清楚了两名以色列高级顾问在以色列代表团中所扮演的角色了。魏兹曼在这里是为了和阿拉伯人，尤其是萨达特，保持接触。每一次魏兹曼进来的时候，萨达特就轻松起来。他的魅力和热情，与沉闷的贝京相比，受到大家
186 的欢迎。相反，达扬则是一个直率的人，他天性阴暗、悲观，但也是最有可能说服贝京做出某种让步的有创造性思维的人。卡特派人去找他，达扬同意在晚餐后见面，但他想带个人一起过来。[12]

和达扬一起来的人是阿伦·巴拉克，一名以色列律师，刚刚被任命为以色列最高法院大法官。他以令人惊讶的坦率和卡特总统交谈。他解释说，西奈问题对贝京而言是一个重要问题，这主要是因为他担心撤除西奈半岛的定居点会变成处理西

岸和戈兰高地问题的先例。对卡特来说，这是一份神赐的礼物。他还了解到，贝京在就职时就承诺过他退休后会住在西奈的某个定居点里面，因此这个问题在一定意义上也是个人荣誉问题。[13]在贝京的个性中，荣誉是非常重要的。

卡特说以色列人针对美国方案的修改意见让他有一些沮丧，达扬有一些吃惊，他说实际上并不是他想象中那样的大幅度修改。巴拉克和达扬还对卡特说，贝京并不打算完全拒绝美国人的方案。每一个问题都可能有三种行动方案：一是让贝京直接批准；二是让他同意，但将它交给议会或者内阁来确认；三是他对某个条款直接表示不同意并建议不接受，但同时将这个问题提交给以色列政府，让政府做最后的决定。西奈问题很可能就要按照最后一种方法来处理。

卡特懊恼地意识到，由于劳累，他可能夸大了某些问题的重要性。实现和平的道路上有那么多实实在在的障碍，他当然没有必要去制造新的障碍。他从与达扬和巴拉克的谈话中获得的信息是，贝京不会对和平说不。很明显，以色列代表团正在积极地做贝京的工作。卡特在午夜刚过的时候上床睡觉，他精疲力竭，却是七天以来头一回感到有一丝希望。

第八天

安瓦尔·萨达特和吉米·卡特坐在山杨屋的门廊上

187 如往常一样，卡特醒得很早，戴维营还在沉睡之中，他就
骑着自行车绕了一大圈。晚上入睡前心中抱有的希望在有些寒
冷的晨曦之光中显得那么遥不可及。他原本计划峰会持续三到
四天，现在已经进入第二个星期了，却没有取得任何进展，他
开始直面自己作为一个谈判者的局限。首先，他过于野心勃
勃，他希望解决整个中东问题，那太天真了。现在，他都不能
确信自己是否有能力解决中东冲突中的一个很小的问题。他原
来的设想是萨达特和贝京之间可以找到问题的解决方法，但实
际上并没有，他们对彼此的憎恨和不信任似乎真的有三千年之
188 久。美国方案也失败了，双方都利用这个方案来攻击另一方，

都要求在方案中加入根本行不通的条款，而这样做似乎没有什么明显的理由，仅仅是为了让对方不舒服。卡特有工程师般的确信，认为只要有坚定的信念、智慧和坚持，任何问题都可以得到解决。这方面的品性他一点都不缺，但他开始认识到，人的问题有它不理性的一面，因此魔术师或者精神病学家可能比工程师更能处理好这样的问题。

由于自己的野心，卡特没有很好地设定优先次序。每一个东西都放到桌面上谈判，但到底什么是最重要的？他是否应该将问题分为不同的类别，例如，将加沙和西岸问题放在一边？卡特不愿意下放权力的特点也开始显现出了问题。在其他人可以休息、看电影或者打乒乓球的时候，卡特认为自己的存在是至关重要的。但他开始觉得疲倦了，每天晚上只睡几个小时，精疲力竭让他无法做出正确的判断。

他的不耐烦也是一个问题。如果卡特任着自己的急躁性子来的话，这次峰会注定会失败，但两个月后就要开始中期选举了，卡特那时应该出去参加竞选活动。经济仍然低迷，贷款利率维持在20%的水平，能源价格高涨，而伊朗国王就要被一个极端牧师从孔雀王座上推下来。卡特所在党内的反对派也开始磨刀霍霍。美国总统可以离开职位多久呢？或者说，就这一点而言，埃及总统或者以色列总理又能够离开职位多久呢？如果萨达特和贝京无法达成一个彼此都接受的协议，那么，卡特召开这次峰会的鲁莽决定，可能让他们几个人都倒台。他应该拿出一个新战略。今天必须拿出来。除非提出一条通往和平的新道路，否则他可能无法让这些人在这里多待哪怕几个小时。

骑自行车路过萨达特的屋子的时候，卡特意识到他将萨达特置于怎样的危险之境了。那天上午晚些时候他们要会面，萨

达特届时会提出埃及人对美国方案的修改意见，但当他骑车经过的时候，他看到萨达特正和他的高级顾问们激烈地争论。这
189 是一个令人不安的画面。卡特回到山杨屋，心中有一种不祥的预感。

萨达特当天上午出席会议时，脸色苍白，浑身颤抖。他手中拿着一份文件，但不是美国方案。卡特直觉地意识到，萨达特是来告诉他谈判完蛋了。作为一种拖延，卡特建议他们在泳池边坐坐，希望换个环境，让大家心情轻松一些。他不希望萨达特说出已经到嘴边的话，或者已经写在那份文件中的话，萨达特的手一直紧紧地抓着那份文件。

与世界上所有其他领导人相比，卡特与萨达特最亲近。实际上，他觉得自己就是萨达特的一个兄弟。他们之间的这种关系也面临危险。他只能想象萨达特所面临的压力。他没有谈什么方案，而是描绘了埃及处在一派和平之中的图景。那个时候，萨达特有五个师的部队对以色列整装待命，这让埃及难以履行其作为阿拉伯世界领袖以及非洲大陆最为重要的国家的天然角色。一旦卡特和萨达特化解了埃以冲突，他们就可以着手处理这个地区的其他问题——也门、阿富汗、利比亚和埃塞俄比亚。

萨达特也曾对这样一种伙伴关系抱有幻想。他为自己在世界政治舞台上的精明表现而自豪，但这个上午，他可不会再上当了。他说，以色列没有签署和平协议的任何意愿。同时，为了让贝京高兴，美国人和埃及人提出了可能会疏远阿拉伯世界的方案，这种方案最终也会不可避免地将埃及和美国划分到不同的阵营中。

好在萨达特并没有读过他手中的那份文件，但他离开的时

候，依旧显得有些沮丧和游移不定。参加谈判的每一方都开始意识到，像战争一样，实现和平也会遇到一些预料不到的风险。埃及希望这次峰会实现的最重要的东西是，借助萨达特与卡特之间的个人友谊，与美国建立更为紧密的关系。但在实现这个目标的过程中，他们可能不经意间也损害了两国维持任何关系的基础。

美国人完全被蒙在鼓里的是，贝京已经指示他的代表团发 190
布一份声明，说谈判结束了，但为了表明并不是以色列人想结束这场谈判，声明中还说他们“随时准备在任何时间和任何地点继续谈判”。[1] 魏兹曼和达扬意识到，不论这份声明怎么写，现在离开戴维营将可能毁掉卡特总统的计划及其总统任期。这对于以美关系又意味着什么呢？在没有美国政治、军事和经济支持的情况下，以色列可以坚持多久？“这意味着我们就要彻底离开这里了，”魏兹曼警告同行的以色列人说，“但萨达特还会留下来——这是最糟糕的情况。”[2]

贝京依旧不依不饶。他已经放弃了峰会。“我会要求今天和卡特见一次，”他告诉以色列代表团，“我将向他说明我们的观点，并告诉他，我们将对以色列人和整个世界说些什么。”[3]

达扬离开了以色列代表团的会议，内心里的一切希望都破灭了。在返回住处的路上，他遇到了美国驻以色列大使山姆·路易斯（Sam Lewis），一个精明的人。“这些会谈没有什么意义。”[4] 达扬对路易斯直截了当地说，他说他马上就要离开这里，回到以色列了。整个以色列代表团中，达扬是最有创造性的。现在他也要离开了，这个最希望达成协议的人也放弃了。

魏兹曼跟着达扬到了他的屋子。这位外交部长先生蹲在地上，整理自己的公文包。

“摩西，”魏兹曼说，“不要那么着急，我觉得还有希望。”[5]

万斯冲到以色列人下榻的屋子里，恳求他们保持耐心。达扬建议他把那些大问题放下——例如西奈定居点，找一些可以达成协议的小问题，这样可以挽回大家的面子。万斯拒绝了这样的提议。戴维营峰会的整个目的是解决构成和平障碍的主要问题，而不是做出什么不改变实质的象征性姿态。达扬耸了耸肩，他说他尽了全力。历史将证明他们之间的谈话是挽救峰会的最后机会，他这样对万斯说，而这次谈话也无疾而终了。[6]

191 魏兹曼应卡特总统的召唤过来了，他发现卡特总统正盯着一幅巨大的西奈半岛地图。白宫要求这幅地图长宽分为二十英尺和十五英尺，[7] 这和戴维营桌球室一样大。卡特将地图在地板上铺开，很长时间跪在地上，仔细查看这个地区的每一个旱谷和绿洲。他告诉魏兹曼他决定将美国方案一分为二：一个是一个大方案，他希望这个方案可以解决中东冲突；另一个则主要处理西奈定居点的问题，目的是让埃以可以达成一个单独的和平协议。一开始以色列人就希望将两个问题分开，卡特需要找一个办法，让萨达特相信这两个协议在某种意义上是联系在一起的。

卡特拿着黄色记录本，花了三十分钟时间写好西奈问题方案。之后他走到萨达特的屋子，萨达特读了卡特字迹清晰的六页文件，它的题目是“西奈定居点问题框架协议”。

“为了实现两国之间的和平，埃以两国同意本着诚信原则开展谈判，目标是在三个月内签署一份和平协议，”这份草案这样写道，“联合国第 242 号决议的全部内容都将适用。”[8] 西奈的剩余问题，包括“埃及在延伸至国际认可的埃及和巴勒斯坦边境的地域内行使主权的问题”，以及机场和军队部署的处理问题，“都将由双方通过谈判解决”。这份文件明显是模棱两可的——这份框架协议只说了将就有关问题展开谈判，但卡特希望双方都可以明确宣布如果这些问题解决了，两国之间就将保持和平。

在不到二十分钟的时间内，萨达特对这份草案提出了两处修改意见，这两处原来都偏向于以色列的立场。“没有问题了。”[9] 他告诉卡特。

夜幕降临，正好也下起了雨。卡特踏着泥泞来到了贝京的屋子，以色列人都聚在那里。卡特并不想现在就把西奈协议草 192
案给他们看，部分原因是他想放慢一下节奏，但他和以色列代表团的每一个人都握了手，并告诉他们明天将会有一份全新的美国方案。之后，他提了一个令人兴奋的、打破常规的建议：我建议以色列代表团和埃及代表团各派一名代表，与我一起来起草这个方案。[10] 考虑到萨达特和贝京之间的个人敌意破坏了整个谈判，卡特基本上将他们两个人排除在外了。这是史无前例的安排。即便在戴维营，代表团成员是与其身份对等的伙伴会晤——万斯对卡迈勒或达扬。但现在，美国总统和埃以两国首脑之外的其他人一起会谈，让人难以接受。卡特已经想好要和以色列代表团中的哪一位代表会谈：阿伦·巴拉克。他只是一个律师，甚至连以色列内阁成员都不是。而至于以色列总理贝京先生，卡特则建议推迟他们两人原定于当天晚上的会晤。

贝京立即表示反对。“请您原谅，总统先生，”贝京说，“我要求与您会面，在今晚进行一次非常重要的会谈，或许是我一生中最重要的一次会谈。”[11]

卡特原计划和以色列代表团一起吃晚餐，但贝京现在站起来宣布：“我要去刮胡子，为和总统先生会谈做准备，其他人可以去看电影。”

“既然这样，”卡特说，“那我也去刮胡子吧。”

哈桑·艾尔－杜哈米继续追着布特罗斯·布特罗斯－加利。他说自己整个晚上都没有睡，在“交流”。[12]

“和谁？”布特罗斯－加利问。

“上面。”杜哈米说，用手指着天空。他再一次试图说服同伴皈依伊斯兰教。

“这样一个重大的决定需要好好考虑。”布特罗斯－加利回答说。

萨达特听说了杜哈米试图让加利皈依伊斯兰教的事，感觉很好玩。“哈桑，可不要低估了布特罗斯，”他说，“在他转投伊斯兰教之前，你已经转投基督教啦！”

193 杜哈米依旧像是对萨达特施了魔咒一样，其他代表团成员都难以理解。那天上午在门廊上激烈讨论的时候，萨达特突然大声说：“如果我们可以使用一平方英里的概念，那就非常好了！”[13]当穆罕默德·卡迈勒问他是什么意思的时候，杜哈米插话解释：以色列可以从耶路撒冷中大概一平方英里的地方撤出，而在这一平方英里要升起一面阿拉伯或者伊斯兰旗子。杜哈米说完之后，转过头看着萨达特。“我要向您请求一件事情，头儿，您要遵守您的诺言，让我来做耶路撒冷的总督。”他说道。他想象着自己骑着一匹白色的骏马进入耶路撒冷，“这是我一生的梦想，我恳请上帝，希望您在我死之前让我实现这个梦想！”

卡迈勒不以为然。想象一下，居然让杜哈米治理耶路撒冷！

戴维营峰会开始的时候，各方之间似乎有一个默契，耶路撒冷应该是统一的，人们可以自由地到各个圣地去，也可以自由地信仰自己的宗教，将由一个独立的机构来管理耶路撒冷[14]——这基本上是联合国1947年在划分以色列和巴勒斯坦时对耶路撒冷的设想。但埃及人和以色列人越讨论耶路撒冷，分歧就越大。他们原来觉得能够解决这个问题，但由于不同的宗教信仰对这个城市的对立主张，让它变得难以解决了。美国人和以色列人希望将这个问题放一放，到峰会最后阶段再来谈。[15]但杜哈米一直强调这个问题，而他对萨达特有令人难以理解的影响。

在势力逐步壮大的伊斯兰极端分子看来，耶路撒冷发挥着一种强大的情感力量。萨达特到访那里已经让整个伊斯兰世界震动不已。耶路撒冷是巴勒斯坦运动的一个象征，到处都挂着岩顶圆顶寺金色圆顶的图片，提醒着人们阿拉伯人对这个城市的诉求。[16]耶路撒冷也变成了伊斯兰长久历史的见证。宗教场所的控制权在异教徒、犹太人、罗马人、十字军、奥斯曼人、英国人和阿拉伯人之间多次易手，每一个强权都强化并利用了这个城市的神圣地位。《旧约》一直宣称耶路撒冷是上帝生活的地方，也是其力量最有效的地方，这在无数个世纪以来吸引着朝圣者涌向这座城市。穆斯林也有这样一种观念，任何人只
要在耶路撒冷——用阿拉伯语说就是“圣城”——祷告，他 194
所有的罪行都会被宽恕，他将成为如新生儿般纯洁无瑕的人。三大宗教都相信，耶路撒冷是进行最后审判的地方。福音派基督徒和犹太人都说，弥赛亚将会莅临橄榄山，并通过金门进入

老城。伊斯兰教中有这样一种信念，最后一天，圣堂——也就是麦加最为神圣的地方——的灵魂将来到耶路撒冷，死去的人将会复活，并在这座城市的大街上满心狂喜地相互打招呼。由于大家都坚信这种情形会出现，因而争夺耶路撒冷的斗争从来没有停止过。

这种危险的潮流使得耶路撒冷在峰会上成为一个几乎不可触碰的问题。在中东地区实现卡特和萨达特所设想的那种真正的、全面的和平，将有助于遏制极端伊斯兰运动。而如果在中东和平上完全失败，将正中唱反调者的下怀，不过这可以让萨达特重返阿拉伯人的怀抱。中间的某种妥协立场，反而是真正危险的。

萨达特知道他将各种极度不稳定的东西混在一起了，但他的个性就是如此。他一直被伊斯兰政治所吸引，在青年时代，他与哈桑·阿尔－班纳（Hassan al-Banna），也就是穆斯林兄弟会的创始人，多次见面。[17]穆斯林兄弟会是一个秘密组织，这个组织注定要塑造整个阿拉伯地区的政治气候，并催生了许多更为极端的组织。后来，萨达特成了穆斯林兄弟会和纳赛尔的地下军政府，也就是自由军官运动之间的联络人。萨达特甚至通过国王的私人医生，在班纳和皇宫之间安排了隐蔽渠道。

在 1948 年独立战争中，埃及和其他阿拉伯国家痛苦地失败之后，秘密的穆斯林兄弟会人员骤增。那个时候埃及人口大约为 1800 万，而有 100 万人是这个秘密组织的成员。[18]与萨达特一起密谋军事政变的人中，有一些人也加入了这个组织，手按《古兰经》和一支手枪起誓。[19]这个组织的恐怖主义分支被称作秘密机关，他们炸毁戏院、骚扰犹太人、反对政府、刺杀

高级官员。国王觉得自己受到了穆斯林兄弟会的很大威胁，于
是皇室在 1949 年将班纳处死，但穆斯林兄弟会在创始人死了 195
之后存续了下来。[20]

纳赛尔的革命组织在 1952 年掌权之后，他试图与穆斯林兄弟会合作，任命这个组织的著名宣传家赛义德·库特布（Sayyid Qutb）为革命指挥委员会顾问。但穆斯林兄弟会和自由军官组织之间实在没有什么共通的地方。纳赛尔的梦想是统一阿拉伯世界，埃及则是这个世俗的、社会主义共和国的中心。穆斯林兄弟会有一个类似但完全不同的目标：重建穆斯林宗教神权，称为哈里发，而这种国家形态在奥斯曼帝国倒台之后，已经很久没有出现过了。这两种完全对立的乌托邦式目标，在未来几十年中将把埃及搅得昏天黑地。纳赛尔后来发动了对穆斯林兄弟会旷日持久的斗争，将这个组织的领导人都被投入监狱，并且在 1966 年，绞死了库特布，他因密谋推翻政府而被判死刑。

纳赛尔在 1970 年去世后，萨达特将伊斯兰教人士当作盟友，他想着他们会和他站在一起，抵抗纳赛尔的追随者和共产主义者。他开始与坐在监狱中的兄弟会领袖们对话，最后这位新总统允许穆斯林兄弟会返回社会，只要他们宣布放弃暴力即可。萨达特没有意识到伊斯兰教徒之间有一个代际分裂。极端的新组织已经在形成，而且远远超出了埃及的边界。他让伊斯兰教徒获得自由，但他们则在监视着他，等待时机。

晚上八点，胡子刮得干干净净的贝京来到了卡特住的屋子。“除了以前与亚博廷斯基探讨以色列未来之外，这是我一生中经历过的最为严肃的一次谈话。”[21]贝京说道，并提到了自

己的政治导师。之后他一一拒绝了美国方案中的所有条款。

贝京的第一个话题就是联合国第242号决议。是的，以色
列签署了这份决议，他承认，但他不愿意在“和平框架协议”
中引用决议中的话。为了支持自己的立场，他拿出了多个国家
过去对这个决议的新闻报道剪纸，这些新闻报道均没有提到那
196 句引起是非的“不承认通过战争获得的领土”的话。在卡特
看来，这些剪纸完全不相干，但贝京坚持说，以色列在任何情
况下都不会签署包括这种话的文件。

接下来的一个小时中，贝京情绪激动地谈论了西奈问题。他提到曾经与一位埃及将军谈话，这位将军说，只需七个小时，埃及军队就可以渡过苏伊士运河并冲到以色列边境。“七个小时！”贝京向卡特强调，“如果我们从西奈撤出，那么，在苏伊士运河这边，就不会有任何一个以色列士兵或者坦克来阻止埃及军队了，七个小时之内他们就可以来到我们的南大门并威胁我们国家的平民。”[22]这就是为什么以色列定居点必须保留。“总统先生，我们难道是在要求获得西奈的任何一平方公里的土地吗？”[23]他问道。“我们难道不是提出了一个和平计划，根据这个计划，整个半岛都要还给埃及吗？”然而，在以色列的方案下，所有十三个定居点必须保留，因为其他东西都无法阻挡埃及军队理论上可能发生的闪电攻击。贝京发誓说，他宁愿辞职，也不愿意同意撤出西奈。“我不会屈从于萨达特的最后通牒或者威胁。”

贝京接着谈到了西岸——朱迪亚和撒玛利亚，以及加沙。它们是大以色列的一部分，贝京这样坚持认为。“是我们祖先的土地，我们在逃亡过程中从未忘记，尽管那个时候我们作为一个少数民族被迫害、被羞辱、被杀害、被伤害、被活活烧

死……”[24]以色列完全有权宣布对这些地区享有主权，但贝京却选择了另外一个解决方案。“我们殚精竭虑地思考，终于找到一个方法，”他说，“让主权问题保持开放，让我们先来处理人的问题，两边的人民的问题。让我们给巴勒斯坦人民自治，给巴勒斯坦的犹太人安全，我们将带着人的尊严和平共处。”

贝京所说的“自治”是指巴勒斯坦人将获得自己治理自己的名义上的权力，以色列拥有否决权，并且对各个地区都有军事控制权。既然以色列没有选择正式兼并朱迪亚、撒玛利亚和加沙，贝京辩解说，整个有关通过武力“占领土地”的问题就不存在了。

卡特提出了在圣殿山升一面阿拉伯旗帜的问题。沙特人也 197
要求采取这种象征性的安排。[25]“不可能！”贝京大声说，“如果弥赛亚来了，会发生什么呢？毕竟，这是我们要建立教堂的地方，同意挂一面阿拉伯旗帜就等于放弃我们的宗教信仰。”[26]他引述了《诗篇》137：5～6，“耶路撒冷啊，我若忘记你，情愿我的右手忘记技巧。我若不记念你，若不看耶路撒冷过于我所最喜乐的，情愿我的舌头贴于上膛。”这是一段婚礼上的犹太男人在打碎一个玻璃杯来象征耶路撒冷在伟大的大卫王之后所遭受的劫难的时候，都会说的话。大卫王在三千年前建立了这个城市，作为犹太国家的永恒首都。（贝京没有引述《诗篇》最后那一段有关复仇和持久的仇恨的内容：拿你的婴孩摔在磐石上的，那人便为有福。）

耶路撒冷不容谈判。

最后，贝京把手伸进口袋中，拿出了提前准备好的声明。卡特做好了准备。没有什么办法阻止贝京，这和萨达特不同。

这个声明语气稍微缓和了一些，加入了感谢卡特总统的内容，但基本上宣布峰会结束了。读完之后，贝京补充说，他真诚地希望自己可以签署卡特提出的方案，但他必须代表以色列人民的意志。

现在，卡特是真的愤怒了。他已经忍受了贝京一个半小时的烦琐的争议性言论了。他指出，以色列的民意调查一再显示，大部分人都希望实现和平，哪怕和平意味着要拆除定居点并放弃以色列控制的西岸大部分地区。[27]卡特说，他比贝京更好地代表了以色列人民的意志。

这次会晤变得如此令人不快，卡特最后起身让贝京离开。他指责贝京对定居点问题有一种荒唐不堪的执着。难道以色列真的愿意放弃与它唯一一个强大的敌手实现和平——在苏伊士运河和蒂朗海峡自由通行，获得自由贸易以及埃及完全的外交
198 承认，取消经济制裁，耶路撒冷得以保持完整，以色列获得永久安全和整个世界的赞许——而仅仅为了让少数犹太人在埃及土地上非法地生活下去？

贝京的回答让人难以捉摸。[28]他说以色列在头五年并不希望获得西奈或者西岸的任何土地。卡特不知道他到底是什么意思。后来，以色列代表团成员解释说，贝京的意思是同意在五年之后“决定”西岸的前途，而不是像他以前所说的只是“考虑”西岸的前途。

很晚了，两个人都累了，而且都在气头上。这次会晤不欢而散。两个人都说了一些感到后悔却不愿意收回的话。峰会真的结束了吗？当贝京在夜色中摸索着回到住处的时候，他不清楚第二天究竟会发生什么。

第九天

阿伦·巴拉克、摩西·达扬和梅纳赫姆·贝京

在中东这样一个联系紧密的地方，文化傲慢和政治误算居然发挥着这么可怕的作用，这真是非常神奇。由于在1948年攻击了以色列这个新生国家，阿拉伯国家失去了巴勒斯坦建国的机会。通过赶走原住民，以色列使得周边地区变得不稳定，催生了大量的恐怖主义分子，每一次战争和人口迁徙都让恐怖主义分子活跃起来。1956年，以色列人为欧洲帝国主义国家发动了一场代理人战争，这让阿拉伯国家感到恐惧，也给了埃及一个与它敌对的合理理由。1967年，纳赛尔一系列注定要

遭到以色列武力反击的行动和宣传则导致了六日战争的发生，
200 纳赛尔并不特别在意他的行动和宣传将带来的后果。以色列宣称它的边境很难守护，但在这种情况下，它依然迅速击溃了埃及、约旦和叙利亚，占领了西岸、加沙和戈兰高地，还有西奈，给后来的冲突做了铺垫。

六日战争之后，以色列考虑过退回到战争之前它在西奈和戈兰高地得到国际认可的边境，条件是这个地区要实现非军事化。以色列希望保留沙姆沙伊赫这座城市，为的是确保它可以有抵达蒂朗海峡的通道。不过，以色列并没有提出要交还西岸。[1]阿拉伯领导人则召开了喀土穆峰会，一致宣称不会与以色列保持和平，不会与以色列谈判，也不会承认以色列这个国家。[2]以色列当时的外交部长阿巴·埃班（Abba Eban），口才很好，说“这是历史上第一次出现这种情况：战胜国要求与战败国和谈，而战败国却要求战胜国无条件投降”。[3]无论如何，以色列都没有正式提出自己的方案，因为它的敌人们被彻底击溃了，根本构不成任何威胁。[4]

埃及和以色列现在在苏伊士运河两岸深沟壁垒地对峙。尽管埃以冲突的死伤情况不总是被报道出来，[5]但 1968 年之后两年内持续的炮战，[6]即所谓的消耗战，给双方都造成了伤亡，以色列估计牺牲了约 3500 人，埃及则牺牲了约 10000 人。出于对这种状况的不满[7]，以色列在 1970 年 1 月开始了对埃及的一系列空袭，目的是将战火引向埃及本土，从而使埃及人民起来反对纳赛尔——法国和英国在 1956 年犯了同样的错误，这次也遭遇了滑铁卢：埃及人民团结在他们领导人的周围。纳赛尔这个时候转向苏联寻求帮助，苏联提供了武器、军队、训练人员、飞行员，以及一个先进的导弹系统，为后续战争奠定了基础。尼克松政府出面调解使双方在名义上结束了敌对状态，但以色列仍然认为，实现和平的唯一道路就是在军事上取得压倒性的胜利。以色列人有这种幻想，部分是因为暗地里得到了美国人的战术支持：轰炸埃及，迫使它屈服，尽管美国人的这种战略在越南被证明是毫无用处的。

1971 年 10 月，萨达特到莫斯科要求获得更多的武器。他 201
已经宣布 1971 年为“做出决定之年”（Year of Desicion）。“我们不能把问题留到 1971 年之后，不论是通过和平谈判还是战争，都需要解决这个问题，哪怕为此要牺牲一百万人。”萨达特在那个夏天夸下海口。[8]他的设想是建立在苏联人向埃及提供更多现代武器的基础上，而随着时间流逝，这种公开吹嘘让他越来越陷入两难境地。

苏联人已经向埃及提供了先进的对空导弹发射装置及其他武器。埃及到处都是苏联政治顾问、情报人员和外交人员，还有超过一万五千人的作战部队。他们在埃及国内趾高气扬的做派，让埃及人想起了英国占领时期。苏联人也觉得为难。这是他们第一次将自己的部队部署在一个非共产主义国家。[9]白宫对此感到紧张[10]，在以色列空军击落了四架由苏联飞行员驾驶的战斗机之后，更是如此。

萨达特感觉，苏联军事援助的目的只是让埃及远远地落在以色列后面，这样埃及就不再想去真的动用那些武器。尽管他一再要求苏联人遵守承诺，但从来没有获得更多的军火，在国人眼中，萨达特似乎越来越软弱无用。那年秋天，他从莫斯科回来，带着苏联人对支援埃及挂载导弹的战斗机及培训驾驶操作技术的专家的保证。萨达特迫切希望在年底之前得到这些新式武器，但两个月之后，他还是没有获得莫斯科许诺的任何东西。“做出决定之年”过去了，“嘲讽之年”（Year of Derision）开始了。

苏联人正在进行更为重要的秘密谈判——与美国人谈判，因为中东地区的军备竞赛让两个超级大国十分担忧。世界上，没有任何其他地方比这两个国家更可能发生灾难性冲突了。每一方都认为在中东具有不惜一切代价捍卫的重大利益，但它们盟友之间的持续争斗，以及越来越复杂的、威力越来越大的武器，则意味着美国和苏联的命运并不完全掌握在它们各自的手中。

202 1972 年 5 月，尼克松访问了苏联，双方关系缓和之后发表的第一个声明是，中东地区的军事紧张局势必须缓和下来。萨达特彻底失落了。他觉得现在不可能得到武器了。他召见了苏联大使。“我决定不要苏联军事专家的任何帮助了，”他这样对吃惊的大使说道，“他们必须在从今天开始一周内离开。”[11]

这个看起来鲁莽的决定最后却被证明是萨达特政治生涯中最为出彩的一笔。这个简单的决定改变了中东的外交结构和超级大国之间的战略平衡。[12]这是美国在冷战中取得的最为辉煌的成就，但完全出乎意料。离开了苏联的怀抱，萨达特能够引导埃及经济偏离阻碍经济增长的社会主义模式。而且，后悔的苏联人由于希望重新获得萨达特的青睐，反而更快地向埃及运送了军火。[13]美国发现自己有了一个新盟友，当然，也有了新的责任。如果不是萨达特主动投到美国势力范围，戴维营峰会是完全不可能实现的。

就萨达特而言，他这样做还有一个额外的好处，那就是所有人都误解了他驱逐苏联人的真正原因。以色列、苏联人和西方国家都认为，萨达特之所以离开苏联军事圈，是因为他拒绝发动战争。但事实是他觉得有苏联人掣肘，他就不可能发动什么战争。

“为什么他要这么帮我们呢？”基辛格这样问自己的助手，“为什么他不先要求各种让步？”[14]让大家更为困惑的是，美国人在九月得到了开罗的一封信，说埃及人并不打算就赶走苏联人的举动而要求从美国人那里获得什么好处。尽管信中对美国人偏袒以色列表示不满，但它同时也表示愿意重新开放苏伊士运河。苏伊士运河在1967年战争之后就关闭了，而且埃及人对于与美国人重启谈判不设任何前提条件。“后来我意识到，萨达特真是一个高手，”基辛格后来回忆道，“它的谈判技巧不是纠缠于细节，而是创造一种从心理上难以表达反对意见氛围。”[15]萨达特认为，在大的概念上达成协议，比达成一份复杂的条约更为重要，那些复杂的条款终究要被大家淡忘或者抛弃。“我不能说我那个时候完全理解萨达特的想法，”基辛格承认，“伟大的人物是很少的，我们需要时间来习惯。” 203

埃里克·布里克（Erik Brik）1936年出生在立陶宛城市科夫诺（现在被称作考纳斯）。父亲是一名律师，在当地的犹太复国主义运动中担任职务，母亲是一名教师。1941年，在纳粹占领贝京的家乡布瑞斯克的那个月，纳粹军队也冲到了科夫诺。“我记得机关枪对准犹太人扫射，”他后来告诉以色列记者阿瑞·沙威特，“我记得我们家乡的犹太人被纳粹大规模屠杀。”他当时只有五岁。[16]

纳粹并不亲自动手做所有的事情。[17]这是纳粹大规模屠杀计划的早期阶段，在科夫诺，这座犹太文化和教育中心，纳粹发现他们可以站在一边，看着这座城市的市民将他们原来的邻居们打死。成千上万的犹太人被开枪打死了或者被用棍子打死了，而其他人则袖手旁观，或者甚至在屠杀活动中插上一手。立陶宛和乌克兰的其他城市也发生着类似的大规模屠杀事件。但最黑暗的时刻还远没有到来。

在接下来的三年中，布瑞克家居住在科夫诺的贫民窟中。埃里克是这片纳粹占领地区一百六十万名犹太儿童中的一员。战争结束时，有超过一百万的犹太儿童死去。[18]在战败前的最后几个月，纳粹决定消灭所有的犹太儿童，因为他们是不会劳动的“无用的饭桶”。[19]德国士兵在贫民窟中挨家挨户地搜查，将所有十二岁以下的儿童搜罗出来。埃里克的母亲把八岁的儿子藏起来了，但屠杀结束之后，他必须穿着厚跟鞋、戴着帽子，把自己伪装成青少年。最后，父亲把他装进帆布袋子中，堆放在马车上，偷运出了贫民窟。他的母亲后来也逃走了。在接下来的六个月中，他们被一个农庄人家收留，生活在有两重墙的屋子里面，只在晚上才出来。白天，他们不见阳光地躲在墙后面时，埃里克的母亲就把儿子当作唯一的学生，教他数学、拉丁文和历史。

埃里克的父亲继续在贫民窟中劳动，直到战争结束。那个
204 时候他才得以和妻儿团聚。就像许多幸存者一样，布瑞克一家人在欧洲的废墟中做了一次漫长的旅行。被俄国士兵抢劫，被反犹的波兰人和匈牙利人欺负，最后抵达了奥地利的英国统治区。在那里，他们见到了一个犹太旅。这真是一场梦。士兵们说希伯来语，埃里克还听不懂这门语言。

最后他们坐上了一艘去海法市的船。埃里克的姑姑等着迎接他们。她给他带来了以色列衣服——卡其衫、裤子和凉鞋。

“当我脱掉旧衣服的时候，我就告别了过去、颠沛流离和贫民窟，”他说，“我是一个全新的人。一个以色列人。”[20]

他有了新名字：阿伦·巴拉克。

巴拉克很快学习了希伯来语，融入了以色列社会。他成为希伯来大学法学院最年轻的教员。三十八岁的时候，成为法学院院长。三年之后，担任了以色列司法部长。他有诚实且严格的名声。正是他判定伊扎克·拉宾的妻子有罪，而这为贝京最终在选举中战胜拉宾的继任者西蒙·佩雷斯打开了一扇大门。巴拉克结束了这个国家一直以来对政治腐败的官方容忍。

即使身在高位，巴拉克依旧看起来像一个教授，沉迷于艰深的法律理论。手指上总是有墨水，裤子经常和上衣不配套，头发乱蓬蓬的，没有好好打理。他似乎从来不照镜子。内阁开会的时候，他总是在胡写着什么东西，有时还叹口气。[21]在戴维营峰会之前，他被任命为以色列最高法院大法官，这个国家历史上最年轻的大法官。贝京还必须向法院特别申请，才能让他加入以色列代表团。

在戴维营谈判的新阶段，巴拉克面对的是奥萨马·艾尔－巴兹。他是一位检察官，从开罗大学法学院以优异成绩毕业之后，曾被任命为开罗地区检察官。巴兹身材瘦小，皮肤蜡黄，尖嗓门，很容易被人当作一个十几岁的青少年。但是，他的智商十分出众。他是九个孩子中的一个，出生于诗书世家，父亲是一位著名的伊斯兰学者。他的兄弟之一法鲁克是一位地理学家，参加了阿波罗登月计划。巴兹本人在哈佛大学法学院学习了六年，获得了两个高级学位。在哈佛大学学习期间，他师从 205
亨利·基辛格和罗杰·费舍尔——也就是那位帮助赛·万斯为戴维营做准备的教授。[22]

卡特认为巴兹是埃及代表团中最特别的。[23]他曾是哈佛大学阿拉伯学生协会会长，[24]并起草了萨达特在耶路撒冷发表的字字铿锵的演讲。尽管巴兹是一个比较狂热的伊斯兰教徒，但他在美国学习的时候有一个犹太女朋友。[25]事实上，他还央求以色列代表团的成员带一个多连灯烛台过来，他好送给她。

萨达特任命巴兹担任副总统穆巴拉克的首席政务官，目的是让他将自己在哈佛大学所学教给这位“未来总统”。[26]作为穆巴拉克的左膀右臂，[27]巴兹是埃及政府中最有影响力的人之一，但他对这样人人羡慕的高级职位并不真正感兴趣。他一直与众不同地保持着简朴，坐公共汽车上班，在最简朴的餐厅吃最简单的埃及食物——炖蚕豆和沙拉三明治。他不喜欢社交活动，喜欢埋头工作。即便是在戴维营，他吃饭的时候也是安静地坐着，谨慎小心，不与人混在一起，只是默默地吃饭。但在会议中，他马上就活过来了，与对手针锋相对，显现出他不屈不挠的理念和对材料的熟练把握。在整个代表团中，萨达特最信任的就是他。有时候，他会将巴兹带来开会，表面上是担任译员和记录员。他们事先有一个约定：会议中如果提到巴兹不同意的内容，巴兹就轻微抬起头，接着再低头看记录本。收到这个信息后，萨达特就会将相关议题搁置起来。[28]

卡特倡议的与两个谈判代理人一起工作的实验于星期三早上八点正式实施。萨达特和贝京都不在场，工作气氛就不同了，尽管这将巴拉克和巴兹置于有些尴尬的位置。在戴维营，他们是最为出色的律师，但他们并不是在法庭上辩论，而是与美国总统就他们各自国家的前途展开谈判。

206 巴兹和巴拉克那天与卡特和万斯一起工作了十一个小时。

卡特从联合国第 242 号决议着手，以色列人反对提及这个决议，因为里面有“通过战争占领的土地不被承认”的措辞。为了避免最终协议成为导致以色列从西奈撤出的先例，巴拉克提出了一个有独创性的想法。以色列同意联合国第 242 号决议适用于西岸，一旦自治协议达成且巴勒斯坦获得政治自治权，这个地区就不再是被正式“占领”的地区了。这种情况下，根本就不存在“撤出”的问题了。卡特说，巴拉克可以担任美国最高法院的大法官了。[29]卡特接着建议从协议正文中将那句有争议的话删除，而只提双方都同意“整个”联合国第 242 号决议。[30]同时，将该决议的整个文本作为附件附在后面。巴拉克同意这种安排，但巴兹有一些犹豫。联合国第 242 号决议是埃及代表团关心的核心问题，现在看起来为了迎合贝京的想法它的重要性被削弱了，这就意味着埃及人优先考虑的一个事项受到了损害。卡特让巴兹将那一段中他不喜欢的措辞都删掉。巴兹指着“双方都同意双方之间将不再发生战争”这句话说，如果以色列不从西奈撤出，那么可能还是有必要发动一场战争。[31]巴拉克没有反对，戴维营峰会上终于第一次达成了一致意见。

另外一个看起来比较小但很棘手的问题也被解决了：大家决定在美国和埃及版本的协议中，使用“西岸”这个字样，但在以色列版本中，则使用“朱迪亚和撒玛利亚”。然后，有关西奈定居点的问题，巴拉克说他甚至都不能讨论这个问题，因为贝京对这个问题有非常强烈的想法。那天，贝京对布热津斯基发誓说：“哪怕把我的右眼摘掉、右手砍掉，我也不会同意拆除任何西奈定居点。”[32]

既然那样，巴兹说，埃及也不会承诺开放边界和完全承认以色列。

这个时候已经是晚上了。他们在讨论难民问题，巴兹说以色列没有权利参与决定哪些巴勒斯坦人可以回到西岸。卡特把笔放下，盯着巴兹看。在这种时候，卡特不会大声说话，但他
207 蓝色的眼睛会发出怒光，愤怒是显而易见的。他说，他之前和萨达特谈到过这个问题。现在萨达特居然出尔反尔？

巴兹最后承认，他没有和萨达特谈论过这个问题。实际上这是他自己的想法，他觉得萨达特会同意他的想法。

“与你达成协议看样子是不可能的，”卡特说，“我想和萨达特直接谈谈。”[33]卡特站起来，示意巴兹离开。

阿伦·巴拉克对总统的愤怒有一些吃惊。“他生气的时候，真的是非常生气！”[34]巴拉克回忆说。另一方面，协议似乎已经有了基本框架。“现在我相信以色列是真心希望实现和平了。”卡特对巴拉克说。

巴拉克回到以色列代表团的住处，并将协商情况向大家做了汇报。尽管已经有了不少进展，但现在峰会聚焦到了一个问题上：西奈定居点。魏兹曼在那天早些时候对萨达特说，看看萨达特是否可以适当软化一下自己在这个问题上的立场。“我不会放弃任何一寸土地！”萨达特宣布道。[35]

后来，卡特来找贝京，他发现贝京正在放映室看电影。卡特总统向他说明了万斯和布热津斯基计划向达扬和魏兹曼提出的西奈协议。贝京再一次说，他不会签署任何要求从定居点撤出的协议，卡特回答说，没有这样一个东西就不可能达成协议。峰会的成功取决于这个问题。

“没得谈！”贝京说。[36]

当奥萨马·艾尔-巴兹回来向萨达特汇报他在巴勒斯坦难民回到西岸问题上与卡特发生了激烈冲突的时候，萨达特正在看电视。“你是对的，”萨达特回答说，“我不可能同意那样一个条款。但你知道我的策略，奥萨马。我们想把卡特争取到我们这边来。我知道他是一个软弱的人，但我们要保持耐心。”[37]

“他没有权利以您的名义说话，”巴兹嘟囔着，“我是代表您的。”

“我们必须将就一下，”萨达特说，“现在，卡特要做 208
什么？”

“他要来见您，总统先生。”

“我现在不想和他说什么，我要想想。”萨达特告诉巴兹离开的时候把灯关掉，这样他就可以假装已经睡下了，“告诉秘书我在睡觉，不允许任何人打扰。”

卡特听说萨达特已经睡下而无法和他见面的时候，是有一些怀疑的。他知道这位埃及总统是一个夜猫子，晚上九点三十分就上床睡觉不符合他的性格。

罗莎琳在华盛顿待了一天，回到戴维营的时候，她发现吉米正坐在床上看书。他告诉她今天还不错，和以色列人谈得比预期的好，但是和埃及人却谈得很糟糕。他们入睡的时候，他依旧感到前景乐观。

突然，在半夜，卡特因为一个可怕的预感而醒来。他认为，埃及人那边有可疑的事情正在发生。他回忆起一天前看到萨达特在门廊上与他的代表团成员发生了激烈的争论。巴兹在今天会议上的表现也有些奇怪。萨达特屋子里的灯也比平时早很多就关了。所有这些看起来像一个阴谋，这个令人担心的阴谋让他再也无法入睡。

罗莎琳翻了个身，当她意识到吉米已经起床之后，她也坐了起来。现在是清晨四点，卡特很明显有些心烦意乱。“我不知道到底是因为什么，但我对萨达特的安全有一种不安。”[38]他承认道。他叫醒了布热津斯基，布热津斯基穿着睡衣就来了，还有特工处的头儿。“布热津斯基，我非常担心萨达特的生命安全。”卡特说。[39]

第十天

哈桑·艾尔－杜哈米、穆罕默德·伊布拉欣·卡迈勒和
阿梅德·马赫与吉米·卡特交谈

早上八点，吉米和罗莎琳从山杨屋的窗外望去，他们看到 209
萨达特起来了，正要开始快走。悬着的心终于落了地，他跑过
去和他一起快走。

穿越林间小路的时候，萨达特一直以军人的步伐快速走
着。卡特心情很好，尽管他没有告诉萨达特他昨天晚上的担
忧。萨达特说，自从到过葛底斯堡之后，他看卡特的角度不同
了——他觉得卡特是一个理解战争的破坏力的人，不仅仅是对
物质的破坏，也包括对战败一方的精神伤害。他们谈论着美国
要花多久才能够抛开越南战争所造成的心理创伤。萨达特说，
即便是他们在戴维营达成了和平协议，他也不知道中东人民是 210

否有可能从这种创伤中恢复过来。[1]

卡特回到山杨屋之后，直接到了书房。他希望在阿伦·巴拉克来之前，继续润色一下最新的方案。罗莎琳又要去华盛顿赴一个午宴。她离开的时候，进来看了看卡特，看他心情怎么样。当他看到她的时候，把椅子往后一推。“过来，”他说，罗莎琳坐在了他的膝盖上，“我觉得现在一切都开始顺利起来了。”[2]

会议开始时，魏兹曼一直敦促萨达特和达扬见面。他认为他们两个人可以打破阻碍双方和解的心理障碍。卡特也认为，让萨达特和达扬会谈是很重要的，因为以色列外交部长是以色列代表团中最具有创造性也最熟悉西岸的人。然而，两个人都不愿意进行这种会谈。萨达特恨达扬，也害怕达扬，[3]因为达扬是六日战争的总设计师。没有哪个阿拉伯人在看到达扬的时候，不会产生遭遇惨痛失败的强烈羞辱感。而且，达扬的直率和毫不留情也与埃及人注重形式和拐弯抹角的性格，格格不入。埃及人在非常困难的谈判中，总是会加入各种让人心情愉悦的客套话。

而对达扬而言，他个人的神话也是被萨达特打破的。1973年萨达特派遣埃及军队渡过苏伊士运河，打破了以色列给自己披上的不可战胜的外衣，而当时达扬正担任国防部长。这是以色列的“珍珠港事件”。达扬一直都是以色列最伟大的英雄，但他也因此受到最多的责难。在那场战争之前，他是世界各地杂志的封面人物，女人们爱慕他，政治家们也很崇拜他。但1973年之后，甚至连他从来都不放在眼里的人，也都躲着他——而这一切都是拜萨达特所赐。

即使他们两个人现在追求同样的目标，甚至比任何其他人都想实现这个目标，让他们坐在一起会面，也肯定会引起强烈的、相互敌对的感受。压力之下，萨达特终于“看在卡特的份上”[4]同意和达扬会谈。“看在卡特的分上”后来成了埃及代表团内部的一个笑料，因为在峰会似乎就要找到一条通往和平 211
之路的时候，两个人都不希望进行的会谈却将一切东西都摧毁了。

带给了以色列最大的军事挫败同时也给达扬带来了羞辱的，是以色列人对巴列夫防线（Bar-Lev Line）的错觉。巴列夫防线是历史上伟大的防卫工事之一。[5]它是在 1967 年战争之后建立起来的，沿着苏伊士运河东岸绵延一百英里。对于对岸的埃及军队来说，它就是一堵高七十英尺的沙墙，犹如一条起伏不断的人造断层线。这堵悬崖般的表墙后面，则矗立着三十六座用钢筋混凝土浇筑的以色列军事堡垒，这些堡垒既可以抵御炮火的攻击，也可以抵御超过一千磅的炸弹的轰炸。每座军事堡垒都配备了机关枪、防空武器和迫击炮。这些军事堡垒的地下室里则储存着大量的原油，这些原油可以倾倒在运河上，使河面燃烧起来。军事堡垒之间还有供三百辆坦克作战的区域。后面还有第二道防线，大概六到八公里长，包括机场、地下指挥中心、长距离火炮以及对空导弹基地。它们外面都围着好几层铁丝网、地雷以及陷阱。以色列人认为，这个庞大的防御工事是他们的第一道防线。但对于埃及人而言，巴列夫防线代表着以色列试图吞并整个西奈的野心。

1973 年，达扬担任国防部长。他带领美国外交官尼古拉斯·维利奥特斯（Nicholas Veliotes）参观了这个防御工事。他们站在这堵起伏绵延的沙墙上，望着两百码宽的苏伊士运河对面的埃及阵地。像往常一样，埃及军队在踢足球，在运河中钓鱼和游泳。维利奥特斯问达扬，如果埃及军队突然发动进攻，会发生什么情况。“今天的埃及军队就像一艘锈迹斑斑的船，停靠在港湾中，根本就开不动！”达扬不以为意地回答道。[6]他这么说反映了以色列军方的一致看法。没有必要也不希望实现和平。达扬已经在制订再度扩大以色列领土的计划，从约旦河
212 到运河，并通过建立以色列定居点来稳固地占据这片新疆域。“没有什么巴勒斯坦了，”[7]他在7月告诉《时代周刊》杂志，“结束了。”

1967年胜利的喜悦让以色列看不到阿拉伯还有能力带来真正的损害。一位又一位以色列指挥官出版了回忆录，并在电视上吹嘘他们在刚刚过去的这场战争中的杰出战术，并预测以色列会一直在军事上拥有压倒性的优势。他们都认为，阿拉伯人再来进攻以色列是不可想象的，那就等同于自杀。

但就好像六日战争是以色列军事史的一个顶点一样，它也是埃及社会的一个转折点。这次战败激励埃及走向现代化，特别是在军事方面。在这场战争之前，阿拉伯世界根本就无视以色列的存在。海关官员将进口图书中提到以色列的地方都撕掉，包括《拉鲁斯法语词典》和《大英百科全书》。[8]战争结束后，埃及领导人开始去了解这个敌人。纳赛尔找到了以色列将军在电视上大吹大擂的录像带，一连看了好多天，希望从中窥探以色列成功的秘密。[9]很明显，突然袭击是成功的关键。谁先发动攻击谁就有了一个很难被抹掉的优势。以色列获胜的另一个原因是，他们有先进的装备，因此纳赛尔劝说苏联向埃及军队提供更好的军火。但这并不是以色列的唯一优势所在。他们

的士兵更善战，比埃及人有更大的积极性。纳赛尔的结论是，必须对军队进行改造。大学生被招募到军队担任军官，并被鼓励学习希伯来语。苏联顾问也帮助训练埃及军队。即使是有了这么多改变，纳赛尔仍然对取胜不抱什么希望。

萨达特在 1970 年掌权之后，收到了达扬发过来的一份临时解决方案提议：双方都撤出对方的火炮射击范围，并允许埃及人重新运营运河。作为回应，萨达特在几个月之后提出了一个更野心勃勃的计划：宣布停火并通过联合国与以色列签署一份和平协议。[10]他的条件是：将西奈还给埃及。以色列可以在某些关键地方维持安全的存在，比如在沙姆沙伊赫。巴勒斯坦 213
人则要么被允许建立自己的国家，要么被允许与约旦王国合并。在给美国的一个秘密提议中，萨达特的代表团对基辛格说，和平谈判的起始日期有一个最后期限：必须在 1973 年 9 月之前开始谈判，因为届时以色列就要开始选举了。在此之前，以色列必须部分退出西奈，以此作为未来与埃及达成协议的诚意之举。[11]果尔达·梅厄总理拒绝了这个提议。她要求基辛格先压住萨达特的和平倡议，维持政治僵局，等到选举结束之后再说。[12]作为交换，基辛格得到了以色列不会发动另一场战争的承诺。

提议失败了，萨达特宣布“全面对抗的阶段”马上就要开始了。[13]“埃及的每个角落都被动员起来了，准备开始另一场战斗——这是不可避免的，”[14]他在 1973 年 4 月告诉《新闻周刊》，“让大家震惊的时刻到了。”没有人相信他。在埃及，他成了笑柄。骄傲自满的以色列人忽略了那年秋天运河对岸埃及军队正在集结。他们认为这不过是无能的埃及领导人又一个毫无意义的举动而已。毕竟，没有苏联的帮助，埃及只能独自战斗，或者带着另一个脆弱的阿拉伯国家一起战斗。以色列人想当然地认为，因为阿拉伯人肯定会失败，所以他们不会发动战争。这个观点很合理，因此以色列人根本就听不进其他东西。梅纳赫姆·贝京警告说，需要对埃及坦克在运河附近的大规模集结进行反制，[15]但没有人听。以色列防务专家们说，运河本身就是最大的坦克陷阱，更不要说还有固若金汤的巴列夫防线了。然而，在专家们这么说着的时候，以色列却在逐步降低运河的防卫力量。三分之一的堡垒都用沙封起来了，不过是做做样子而已。[16]而仍在使用的堡垒的军力水平也降低了。

达扬威胁说，一旦发生战争，“我不会排除攻击到尼罗河的可能性”。[17]他总是认为战争是扩大以色列领土的一个机会，随着 9 月这个开始和谈的最后期限临近，他开始大谈“一个新的以色列，疆域更加广阔，和 1948 年完全不同”。[18]他主张在西奈和戈兰高地建立更多的定居点，以便巩固以色列对这些地
214 方的占领。他宣布在西奈北部建立一个以色列港口，这个港口将位于埃及领海内。所有这些都让萨达特相信，以色列永远不可能主动放弃埃及领土。[19]战争是唯一的解决之道。

埃及军队指挥官们花了许多年的时间来研究他们所面临的挑战。首先，他们必须让军队渡过苏伊士运河。这个目标被分解为多个小目标，比如，将卡车倒着开到水边，然后急速刹车，这样巨大的惯性就会将装载于卡车车厢中的平底浮舟甩到水中。四年以来，士兵们每天两遍地练习这种方法。同时，其他士兵受训将这些平底浮舟连接在一起，成为一座浮桥。一旦第一波部队通过之后，以色列坦克就会在那里等着攻击埃及步兵。[20]为了冲破这条军事防线，埃及士兵每天用仿真品练习使用苏联新式手持式的萨格尔反坦克火箭筒。不断地重复使得这

些操作变成了士兵的自然习惯。即便那些怀疑是否真的会派上用场的士兵也是如此。

但埃及军队面临的最大障碍，是固若金汤的巴列夫防线。俄罗斯人告诉他们，只有原子弹才可以摧毁这个防线。[21]传统的轰炸或者炮火攻击，都无法在这条沙堡防线上撕开什么缺口。沙子会崩塌，将炮弹炸出来的洞填上。最终，埃及工程师想到一个聪明绝顶的解决方案：他们发现高压灭火水龙带接上德制水泵，每分钟可以喷射出一千加仑的水，可以用海水将这些从运河中挖出来的沙冲走。埃及人建了一条模拟的巴列夫防线，夜以继日地对这个模拟防线进行攻击。[22]后来，士兵们可以在五个小时之内，在沙墙中打开一条宽二十英尺的通道。之后，步兵和坦克就可以冲过去。萨达特根据公元624年先知穆罕默德围攻麦加的历史，将这个计划称作“白德尔计划”(Operation Badr)。根据《古兰经》，当年先知穆罕默德得到了三千名“猛烈攻击敌人”的天使的帮助。[23]

对于发动战争的时机，则做了许多考虑——比如，应该在
潮水低、太阳光照着对方眼睛的时候发动进攻。叙利亚计划同 215
时进攻，但在晚秋戈兰高地可能会下雪。十月是最理想的，夜晚很长，天气也还暖和。而且，以色列人那个时候正好在进行议会选举，美国人则因为水门事件而忙得不可开交。那年的十月正好是斋月，穆斯林禁食的月份，这会让以色列人认为在这个月发动进攻不大可能，同时也会让埃及的军事进攻有更强烈的宗教意义。军事指挥官们选定了一个日期：犹太赎罪日，即1973年10月6日。[24]那一天，以色列人的日常活动基本停止了——没有公共汽车、没有广播、没有电视——这意味着要将预备役部队召唤起来，是比较困难的。那天晚上，月亮将从日

落时分升起，一直照到午夜。

10月4日，还留在埃及和叙利亚的苏联人被疏散了——这是战争马上就要爆发的清晰信号。第二天，以色列在空中侦察发现，埃及有五个师集结在运河西岸，还发现了浮桥，而且多出了五十六门大炮。尽管看到所有这一切，以色列内阁还是不相信阿拉伯人会真的发动进攻。或许1956年埃及士兵穿着内裤逃跑的景象给达扬留下的印象太深刻了，让他对马上就要遭受的打击视而不见。但并不是他一个人这样。以色列军事指挥官们基本上都认为，发生战争的概率是“低之又低的”。[25]

战争开始前的那个晚上，埃及的蛙人部队游过了苏伊士运河，破坏了燃油管线，以色列人本来是要用这些管线烧毁任何试图越过苏伊士运河的战船的。[26]叙利亚已经将大炮聚集在了可以攻击到戈兰高地的地方。那一天晚上，以色列给基辛格传递了一个信息：战争不大可能发生。[27]

接着，10月6日凌晨，以色列情报部门提醒军事指挥官们，他们从一名可靠的间谍那里——实际上这个间谍就是纳赛尔的女婿、萨达特的密友阿什拉夫·马尔万（Ashraf Marwan）[28]——得到消息，说埃及军队要在当天晚上六点开始进攻。以色列人于日出之前在达扬办公室开了一个会。他还是反对进行全面动员或者对埃及进行先发制人的空袭。考虑到以色列对基辛格做出的不会首先发动战争的承诺，达扬说，以色
216 列常规军可以抵挡住第一波进攻，并快速组织起大规模的报复性反攻。然而，那天早上晚些时候，梅厄拒绝了他的提议，并动员了10万人的军队。但这些军队需要花二十四个小时才能抵达埃及前线。[29]

埃及军队对以色列那边没有什么反应感到吃惊。埃及人的

想法自春天以来就已经昭然若揭了。当时，萨达特公开说明了埃及人的计划。然而，在战争爆发当天，巴列夫防线上只有436名以色列士兵，3辆坦克，70门大炮，第二道防线处则有8000名士兵和277辆坦克。[30]他们面对的是10万名埃及士兵和苏伊士运河西岸上的1550辆坦克。

下午2点05分，埃及大炮——有2000门之多——开火了，每分钟投向以色列阵地的炮弹有10000枚之多。15分钟后，8000名突击队员和工程师冲到了西岸，并跳入橡皮艇。750艘橡皮艇都做了编号，而且上了不同的颜色，以免搞错。[31]低空飞行的埃及飞机攻击了以色列的空军基地、对空导弹发射台、指挥中心和雷达站。与此同时，在东边，700辆叙利亚坦克向戈兰高地的以色列阵地发动了猛攻。

埃及军官抵达运河东岸后，用绳梯爬上了巴列夫防线的巨大防御工事，将埃及旗帜插在了军事堡垒上。水泵抽上来的水开始冲过沙墙。几个小时之后，就打开了六十个通道。五个步兵师源源不断地越过了苏伊士运河——通过浮桥或船，有的士兵甚至是游了过来。[32]“我的上帝，”一名以色列无线电报员向后方汇报说，“就好像中国人冲过来了一样！”[33]

以色列空军起飞很慢，两个小时之后才抵达。但他们被热追踪的SA－6导弹打了个措手不及——将12架幻影战斗机打下来了，受挫的以色列空军只好返回。在上一场战争中毁灭力强大的以色列坦克战团则从后防线冲到运河来援助那些幸存的战士。但埃及突击队正拿着有线制导的萨格尔反坦克火箭筒等着他们呢。以色列的坦克都被摧毁了。晚上十点三十分，八座 217
浮桥已经架好。到午夜，头五百辆埃及坦克已抵达苏伊士运河东岸。在开罗，伊斯兰激进主义者散发传单，宣称又有天使和穆斯林并肩作战。为此萨达特不得不提醒国人，第一个跨过运河的将军并不是穆斯林，而是科普特教徒。[34]

阿拉伯人现在有了更好的武器，而且士兵也与以前不同。[35]达扬发现：他们训练有素、纪律严明，不再逃跑。此外，他们现在还拥有先发制人的关键优势。然而，那天晚上，达扬在电视上还是继续安慰以色列人民说，他已经控制了整个局势。他承认“在戈兰高地，或许有一些叙利亚坦克冲破了我们的防线”，但这没有什么可担心的。至于苏伊士运河，达扬说，“埃及人的进攻最终会证明这是一种极为危险的冒险举动”。[36]他知道，事实上，以色列两线作战，每一条战线都在失利。二十四个小时内，阿拉伯人已经摧毁了两百辆以色列坦克、三十五架飞机和数百名以色列士兵。[37]

从骄傲自满中惊醒之后，达扬本人也经历了很大的转变。他不情愿地认识到，阿拉伯人是他同等的对手。如果这个结论是对的，那么以色列的生存就会面临风险。以色列无法承受像埃及人或叙利亚人那样的损失，因为两个国家加起来有超过一百万的军队。而以色列全部人口也不过是三百万。[38]

阿拉伯军队的任务是占领在 1967 年战争中失去的土地。叙利亚的目标是占领戈兰高地，并在那里坚持四到五天——这足以让埃及军队占领西奈山区的全部关隘。[39]萨达特希望这次攻击带来的冲击，可以让各方在外交方面都能保持灵活性。只要阿拉伯人因为之前的战败继续蒙羞、以色列继续享受现状，这种外交灵活性就是不可能实现的。但以色列领导人并不相信阿拉伯人发动这场战争仅仅是为了实现这样一个有限的目标。阿拉伯领导人之前的各种讲话依旧在以色列人耳边回响——以色列被从地图上抹掉，被扔进大海。以色列人不禁感到恐慌。

没错，他们害怕的不是战争，而是可能会被灭绝。

第二天早上，达扬要求空军集中火力阻止叙利亚在北方的
攻势，[40]以色列在那里是最脆弱的，但以色列战机未能摧毁叙 218
利亚的对空导弹，反而有七架以色列战机被击落。达扬警告果尔达·梅厄说，一场大灾难来临了。以色列军队应该从戈兰高地撤军，并将西奈的军队撤退到山区的关隘中，然后在那里“坚持到最后一颗子弹”。[41]总理和内阁被他的这种悲观预测震惊了，但第二天，以色列在西奈的反攻开始之后，以色列军事指挥官却表现得手足无措，恐惧不安，莫衷一是。这天结束时，以色列总计损失了四十九架战机和五百辆坦克。[42]局面似乎比达扬预测的还要糟糕。

达扬说他计划到电视台，告诉以色列人民现在他们的处境十分危险。[43]但梅厄恳求他不要这么做。那天晚上他们窝在一个巨大的地下指挥中心里面。如果以色列人的噩梦成真，阿拉伯军队冲破了防线的话，那么就必须使用终极防御战术了：核武器。以色列从来没有承认拥有核武器，但众所周知它是有一些核武器储备的——大概有二十五枚核弹[44]——这些核弹可以在最糟糕的情况下使用。达扬给这个计划起了一个很恰当的代号：“参孙计划”（Samson Option）。

那天晚上到底发生了什么，我们并不清楚。以色列可能已经决定在全面军事失败的情况下，装备几枚核弹。[45]还有一种可能是，利用发动核战的威胁，迫使华盛顿同意继续向以色列派驻军队。威廉·科万特也参加了戴维营会谈，当年是国家安全委员会的领导官员。他回想当时看到了一份报告，报告中说以色列已经激活了耶利哥弹道导弹发射装置，[46]但根据糟糕的精准度来看，他认为是准备用来装载核弹头的。

梅厄希望到华盛顿请求获得更多的武器供应，但感到震惊的基辛格立即拒绝了她的访问请求。梅厄在这样一个生死攸关的时刻居然要离开以色列，让以色列处于群龙无首的状态，这不仅表明以色列此时多么绝望，也表明它对美国有一种病态的依赖。另外，这件事也反映出美国和以色列在评估以色列实际
219 面临的威胁上，存在巨大的不同。基辛格从来没有怀疑以色列最终会取得胜利，但他不想阿拉伯人再一次被彻底羞辱，而且他肯定希望不要将美苏牵涉其中。一方的全面胜利很难为双方日后的和平谈判留有余地，上一次战争的结果就是这样的。他很快同意向以色列增加武器供应，但他希望控制以色列取得胜利的程度。他相信，最好是让以色列“流一点血，但不要太多”。[47]与此同时，苏联也开始向叙利亚和埃及提供更多的武器。超级大国的卷入使得局势面临更大的风险。

10 月 11 日，以色列在叙利亚战线上取得了优势，[48]达扬此时威胁要进军大马士革。由于希望缓解叙利亚盟军面临的压力，萨达特调集了 1500 辆坦克，与驻守于西奈半岛的数量相当的以色列军队展开战斗。这是历史上最大的一次坦克战。在这场大战中，由于利用武装直升机发射反坦克导弹，以色列人取得了决定性的胜利。埃及人因离开了自己的空军保护范围，为此一天内就损失了 250 辆坦克。[49]

这场胜利之后，以色列立即在少将阿里埃勒·沙龙的指挥下，对驻扎在苏伊士运河南部一个叫“中国农场”的地方的更大规模的埃及军队，展开了反攻。这个地方之所以叫“中国农场”，是因为那里的农业设备上面有一些标记，以色列军队误认为是中文（实际上是日文）。反攻目标是冲破埃及防线，越过运河——这是一个出色的、出人意料的战略。这个战

略如果成功，埃及军队就会被困在苏伊士运河东岸了。

以色列军队的攻击在 10 月 15 日开始，起初没有遇到什么抵抗，但不久后就陷入这场战役中最为血腥的环节。双方的装甲部队、步兵和空军，连续三天三夜地对攻。最后，在 10 月 18 日天亮的时候，以色列成功地在苏伊士运河上架设了一座浮桥，并冲到了对岸。战争发生了决定性转折。

达扬飞到中国农场去查看伤亡情况。阿拉伯士兵和以色列士兵躺在一起，到处都是武器和士兵的个人物品。有数百辆被烧毁或损坏的战车，依旧冒着烟，被摧毁的埃及和以色列坦克静静地待在那里，相互之间不过几码远。“我可不是战场新兵
或者初次到战场的人，”达扬回忆说，“但我从来没有见过这 220
种场景，没有在电影中或者绘画中见过，也没有在最离谱的战争故事片中见过。在这片战场上，我所看到的，是一大片绵延不断的屠杀场。”[50]

萨达特停止进食，仅靠果汁维持。他发现自己夺回西奈的希望消失了。他变得苍白、憔悴，开始尿血。[51]他刚刚才知道，在战争刚开始五分钟的时候，他的弟弟阿迪夫就牺牲了。他驾驶的飞机在运河上空被击落。吉安·萨达特没有勇气将这个消息告诉丈夫，因此拖延了四天。此前她唯一一次见到丈夫哭泣，是在萨达特母亲去世的时候。“所有那些为国家牺牲的人，那些献出自己生命的人，都是我的孩子。”他对妻子说，“现在我的亲弟弟也是如此。”[52]

10 月 17 日，一个全新的、引人注目的现代战争因素登场了。阿拉伯石油生产商在科威特开会，宣布立即减产百分之五，而且每月都减产百分之五，直至以色列从所有的占领地区撤出为止。而且，他们禁止将石油卖给美国。[53]三天之后，基

辛格飞赴莫斯科。

到了莫斯科之后，基辛格希望将会议限定在提议停火上面，联合国安理会在 10 月 22 日上午通过了这样一个决议，埃及立刻接受了。尼克松有些冲动，立即给苏联领导人列昂尼德·勃列日涅夫写了一封信，重申了之前的一个概念，即两个超级大国给中东地区施加和平。当时水门事件正闹得沸沸扬扬，尼克松很希望获得一个外交胜利，来击退政敌。而中东地区的和平则是可以想象到的最佳武器。勃列日涅夫也很热情，但基辛格不希望苏联人借机恢复他们在中东地区逐步消退的影响力。

接着，基辛格飞赴以色列。在和梅厄及其内阁一次气氛紧张而激烈的午餐上，基辛格注意到了这场战争给以色列人造成的心理创伤。以前的骄傲自满让这种创伤尤为强烈。基辛格同情地看着一脸阴郁的摩西·达扬。[54]他们相识已近二十年之久了。在基辛格的印象中，没有哪个以色列人的想象力和机智敏捷可以与他相比。尽管达扬因自己的军事天才和对阿拉伯人的报复性袭击而知名，但他也与其同僚不同，他对阿拉伯人的悲惨遭遇还抱有同情心。在基辛格看来，摩西是可以带领以色列
221 走向和平的最适合的以色列领导人，然而现在以色列人却把他当作叛国者对待。这场战争已经造成 3000 名以色列士兵牺牲。[55]带有他的头像的游行标语上写着“谋杀犯”。[56]

以色列人希望复仇，因为这样才可以恢复他们不可战胜的声誉。[57]但埃及军队渡过了苏伊士运河的事实打破了他们这种不可战胜的幻觉。萨达特掀翻了桌子，以色列人则愤怒得无法保持克制。梅厄抱怨说，停火决议来得太快了，她要求再战斗三天，这样就可以包围并摧毁埃及第三军，这支部队现在正被

困在运河南部地区的东岸上。基辛格不同意再给三天时间，但他说：“如果晚上在我乘飞机返回期间发生了什么事情，华盛顿是不会提出什么严重抗议的。在明天中午以前，华盛顿都不可能做出什么反应。”[58]

基辛格还在飞往华盛顿的飞机上，勃列日涅夫就向白宫递送了一封令人紧张的信，再次提到了尼克松有关苏美两国强制中东实现和平的设想，并警告说，如果没有实现和平，苏联会采取单方面行动。三个苏联空降师已经待命，[59]一个海军舰队实际上正在赶赴埃及的路上，目标是给埃及第三军解困。当时的尼克松被政敌围攻，忧心忡忡，喝酒喝得很厉害，完全被水门事件困住了。基辛格担心，苏联人会利用美国政治的这个混乱时刻。如果他们以阿拉伯人的拯救者的身份回到中东，那么他们就可以影响石油生产商，并威胁世界经济。为了避免这种情况发生，基辛格不惜冒让两个超级大国走向核战边缘的风险。[60]

美国国内是按照五级防卫级别来定义国家所受威胁水平的。最低的水平是五级防卫，这表示未受威胁。最高的级别是一级防卫，意味着全面的核战争。基辛格决定向苏联人发出一个紧急而明确的信号（他没有告诉总统）：他和国家安全委员会将防卫级别提高到第三级，这是自 1962 年古巴导弹危机以 222
来最高的一次。他还让第 82 空降师做好准备——士兵们实际上已经坐上了运输机，在跑道上等着，准备飞赴以色列。[61]他然后坐下来，觉得苏联人这回会退缩了，但苏联人的舰队仍继续往埃及进发。

萨达特用出人意料的举动，改变了局势，将两个超级大国从它们正在滑向的冲突中拯救出来了。他要求联合国安理会派出一支国际部队来执行停火协议。但这支部队不包括美国和苏联的军队，由于埃及人不愿意追随苏联，苏联最后屈从了，但以色列依然拒绝放第三军一条生路。当时第三军在沙漠中苦苦撑着，没有食物、水和医药。

萨达特又一次挽救局面。他突然宣布，愿意和以色列在苏伊士－开罗公路的第 101 公里记号处，与以色列人进行直接会谈。这是以色列这个国家诞生以来第一次有阿拉伯国家愿意和它直接会谈。作为回应，以色列同意让一支带着非军事供给物品的车队，开赴第三军所在地。

基辛格虽然还没有见过萨达特，但对他佩服得五体投地。战争发生之前，他认为这位埃及总统就是一个“傻瓜，一个戏剧丑角”，[62]但萨达特一次又一次让他感到惊奇，他不仅仅有远见和勇气，而且在复杂的国际政治棋局中每一步都下得恰到好处，而基辛格是玩这种国际政治象棋公认的高手。世界舞台上没有哪位领导人的棋艺水平会让他产生兴趣，但现在，他认识到，萨达特有一种做出改变历史之举的天然潜质。

基辛格之前从来没有访问过任何阿拉伯国家，但在 11 月 6 日，他搭乘的飞机降落在开罗机场，目的是就埃以停火展开磋商。萨达特将这个美国人带到自己的办公室，给基辛格看他的停火计划局势图。“这可以被称作基辛格计划。”[63]萨达特带有一些羞怯地说道。他提议，以色列撤退到西奈中间线附近。基辛格提出，以色列是不会同意单方面撤军的。萨达特抽着烟斗，眯着眼睛，目光迷离。基辛格继续建议说，关键是双方建立互信，这样以色列才会相信最终的安排。他说，问题主要在
223 心理层面，而不是外交层面。最好的办法是让第三军待在原地——依旧被困在那里——但可以源源不断地给第三军提供供

给，同时美国人会努力将结解开。

基辛格恳请萨达特信任他这个以前从未谋面的美国人，一位在中东事务上没有任何经验的美国人，同时还要让自己的军队继续在沙漠中待数星期甚至数月之久。任一环节出了错——基辛格没有履行职责或第三军在压力下崩溃了，那么，萨达特就全毁了，埃及将又一次蒙受羞辱。但萨达特立刻就同意了，这再次让基辛格感到很意外。

基辛格开展着英雄式的个人外交活动——在 1974 年 1 月马不停蹄地在埃及和以色列之间往返穿梭，目的是让双方达成他给萨达特承诺的协议，在这种协议安排下，双方都必须从运河往后撤，并将前线的部队人数降低。埃及和以色列之间进行平谈判的基础都具备了：埃及有一个愿意与以色列会谈的大胆的领导人，以色列则有一个谨慎但依然愿意信任美国人的领导人，同时美国人在不断地开展外交活动，推动他们实现仅凭他们自己无法实现的和平。但真正的和平还没有出现。

卡特的恳求奏效了。萨达特派杜哈米向达扬发出邀请，邀请他下午三点过来喝茶。当卡特知道双方要会面的时候，他建议达扬不要讨论具体问题。他担心双方会变得更加固守自己的立场，这样的话峰会就将再一次陷入僵局了。这次会面的唯一目的是缓和双方关系的紧张程度。达扬承诺只讨论“骆驼和椰枣”。[64]

萨达特礼貌地笑了笑，以此来迎接达扬。当服务员送来加了蜂蜜的薄荷茶之后，萨达特指责以色列人破坏了峰会，因为他们顽固地拒绝放弃西奈的定居点，其中最引人注目的就是达扬最喜欢的计划——在西奈北部建一座全新的城市，[65]这座城市主要由高楼大厦和电影院组成，在未来的二十年内预计会有二十五万人口。此时此刻，已经破土动工了，推土机正在工作。“您难道认为我们会接受这样一个地方的存在吗？”他试着问达扬。[66]

224 达扬完全忘记了他对卡特的承诺。他说，1967 年战争之后，纳赛尔拒绝了以色列关于将西奈送还给埃及以换取和平的提议。“您的回答是什么？”他问道，“您说，被用武力抢去的东西，需要用武力夺回来。”他继续说道：“当您宣布不会承认以色列这个国家的时候，您认为我们该怎么做呢，难道只是将胳膊交叉在胸前坐着吗？”

“如果希望与我们实现和平，桌子必须清理干净。”萨达特说。尽管阿拉伯国家反对，但他愿意与以色列实现全面和平。“但贵国必须将所有你们的人撤出西奈，包括军队和平民，拆除所有军营和定居点。”

“如果有任何人告诉您以色列政府愿意放弃西奈定居点，”达扬说（他这么说明显是指杜哈米），“他们是在误导您。”[67]定居点是保障以色列本土安全的一条安全带，不仅仅是针对埃及，也针对巴勒斯坦的游击队，这些游击队通过加沙地带的难民营渗透到以色列境内。如果埃及人不同意保留定居点，达扬毫不客气地说：“我们将继续占领西奈并开采石油。”

萨达特爆发了。“请把我的意思告诉贝京！”他大声说，“保留定居点，没门！”[68]

在这次灾难性的会面结束后不久，卡特送来了新的美国方案。萨达特扫了一眼，说只有在定居点必须（而不是如果）拆除的情况下，他才会就这个东西开始谈判。他之前在这问题上的灵活性都因为对达扬的愤怒，而被抛诸脑后了。

这个时候，卡特不知道该如何弥合双方的分歧。他去找达扬，问他有什么主意。毫无悔意的达扬告诉卡特，最好的办法是将双方还存在的分歧列出来，这样可以说明近十天的努力没有白费。达扬自己并不认为峰会还会取得进一步的进展。

埃及代表团也在猜测，现在萨达特到底是怎么想的。卡迈勒去看他，发现萨达特穿着睡衣躺在沙发上看电视。“嗨，穆罕默德，坐吧。”[69]他说，依旧躺在那儿。他继续看电视上的演出。不久之后，代表团的其他成员，包括杜哈米和布特罗斯-
加利，都来了。他们说的事情都与戴维营完全不相关，卡迈勒 225
思考的时候，突然听见萨达特大声叫道：“我能做什么？我的外交部长认为我是一个傻瓜！”之后，他让所有人都离开他的屋子。

卡迈勒站起来准备离开，然后转过身对着萨达特说：“您怎么可以当着那么多人的面，指责我说我认为您是一个傻瓜呢？如果我真这么认为，我会和您共事吗？”他又补充说，他打算一回到开罗就辞职。

“等一下，穆罕默德，”萨达特说，“过来，坐下。”

卡迈勒还是站着没有动。

“你到底怎么了，穆罕默德？”萨达特问道，“你不知道我正在经历什么吗？如果连你都不能忍受我，谁还能呢？”

“我很理解您的感受，但您没有什么理由当着这么多人的面这样对我说话——即便是我父亲这样说我，我也不干！”

“我非常抱歉，这都怨把我们困在这里的该死的监狱！”萨达特说，“你为什么不坐下来呢？”

“午夜了，我想走一走。”卡迈勒说，依旧很生气。

罗莎琳那天待在华盛顿。她早上离开的时候，成功似乎近在眼前。在白宫参加一个当地社区基金会的午餐会期间，她一直压制着内心的喜悦。任何表情都会泄露会谈到底进行得怎么样，因此，她尽可能地做到面无表情。下午回到戴维营的时候，她吃惊地看到卡特、布热津斯基和汉密尔顿·约翰在游泳池中游泳。这几个男人大笑着，这种笑让罗莎琳觉得诡异。她马上意识到事情不对。

谈判完蛋了，他们对她说。

“你们在开玩笑吧，”她绝望地说，“我知道你们在逗我。”[70]

“没有，”卡特说，“我们失败了。我们正在想如何以最好的方式向公众解释这个失败。”

卡特让副总统蒙代尔空出时间，帮助他处理这次失败带来的政治损害。[71]万斯后来到卡特的住处喝马丁尼酒。他安慰卡特，说他们已经实现了预期可以实现的全部东西了，但双方在情感方面的障碍太深，这导致不可能真正实现任何重大突破。
226 那天晚上，就像达扬建议的那样，卡特坐下来，列出了双方无法达成一致的各个问题。这些问题与长久的和平所能带来的巨大好处相比，是多么微不足道，真是令人伤心透顶。[72]

第十一天

罗莎琳·卡特、愤怒的吉米·卡特、梅纳赫姆·贝京和
耶齐尔·卡迪沙伊

在过去的二十四个小时中，埃泽尔·魏兹曼坐在电影院一 227
部接一部地看电影。[1]他看了五遍乔治·C. 斯科特主演的《巴
顿将军》（*Patton*）。[2]他太紧张了，睡不着——或者是因为太害
怕面对现实了。以色列到了十字路口，一边是和平，另一边是
无休止的战争。魏兹曼原本相信战争是以色列生存的唯一出
路。1970 年，在 1967 年战争之后血腥的对峙中，他的儿子绍
尔（Shaul），在苏伊士运河河岸上被一个埃及神枪手射中了两
眼之间。绍尔幸存下来，但永久残疾了。他原来是如此聪明，
如此有前途，但大脑中的这颗子弹将他本拥有的未来都毁了。[3]
出院之后，他的思维混乱、情绪失控，大量饮酒。每一天，看 228

着儿子的时候，魏兹曼都会想到冲突所带来的人道代价。这种经历让他逐步变成了一个鸽派。[4]还有那么多家庭的儿女也牺牲了，或遭受着同样恐怖的伤痛——而这到底是为了什么？拒绝本可以实现的和平是不是不道德呢？看起来马上就要达成的协议，现在再一次离大家远去了，而这在很大程度上是魏兹曼的错。

富有、轻率、自大、粗暴，魏兹曼看起来就像一个以色列王子，这既因为他和以色列第一任总统切姆·魏兹曼的关系，也因为他在创建传奇的以色列空军方面发挥的作用。他和达扬一直在争夺非正式的"最受欢迎的以色列人"的称号，直到达扬从神坛上坠落下来为止。魏兹曼依旧敬仰达扬，达扬是他的前姐夫（他们的爱人是姐妹）。然而，达扬从不掩饰对年轻一些的魏兹曼的蔑视。[5]他认为魏兹曼就是个花花公子、一个一无是处的人，从来没有认真对待过生活。

1969 年，魏兹曼加入了贝京创建的小党希鲁特党（Herut），这让他的家人和朋友都很震惊。他将这个政党称作贝京的雕塑花园，因为它充斥了地下斗争时期绝对忠实于贝京的人。一次又一次竞选失败，证明了这个政党基本处在以色列政治生活的边缘。成为一个被抛弃的政党的成员，是要付出代价的。没有职位、利益，只有外人脸上的怀疑和嘲弄，以及报纸上对他们的嘲讽。贝京对成功吸收了这样一位受欢迎的、地位崇高的将军，感到很兴奋。贝京一直希望吸引军方人士，魏兹曼的加入相当于军方人士对他的认可。

两人之间的差异是非常大的，而这种差异对于贝京来说是不利的。六英尺两英寸高的魏兹曼英俊潇洒，而贝京则比他矮一头，再加上身体虚弱，看起来就更加渺小。魏兹曼就是以色列的时髦的世俗阶层的化身，而一脸严肃的贝京则一直有一种书生气。两个人都是极端的鹰派人物，这种鹰派特质在魏兹曼身上被诠释为在军事生涯中历练出来的，而贝京则被广泛地视为一个种族主义者和法西斯主义者。身为波兰律师的贝京严厉 229
而克制。[6]魏兹曼则总是带有土生土长的以色列人的随性，经常穿着 T 恤衫参加晨会，手中还拿着一罐啤酒。有些生气的贝京叫他“我迷人但调皮的男孩”。[7]

加入希鲁特党之后不久，魏兹曼决定接管这个政党，但他低估了这个政党对贝京的忠诚。贝京将他赶了出去。1977 年，受到惩罚的魏兹曼重新回到党内，这一次他负责政治战略。由于贝京的政党已经连续八次选举失利，魏兹曼将希鲁特党与其他反对党联合起来，组成了利库德集团，后来利库德集团主导了以色列政治生活。在选举中，魏兹曼刻意淡化贝京激进的过去，相反，他将贝京描述为一个祖父、爱国者、居住在特拉维夫的三居室公寓中的廉洁公仆——这与以色列公众心中那种高高在上的腐败分子形成了巨大的反差。新的梅纳赫姆·贝京既受到年轻的、对现状失望的选民的欢迎，也受到西班牙裔犹太人的欢迎，这些人对贝京的局外人身份感同身受。张贴画中的贝京是一个秃头、微笑的老头儿，戴着一副时髦眼镜，下面写着：“我们的家人和民主人士”。[8]

贝京在竞选中反对从西奈撤出，他说基辛格构思的让以色列、埃及都撤退的协议，是一个糟糕的交易，会危害以色列的安全。“撤出西奈只会将敌人引到我们家门口。”[9]他警告说。他的政策很简单，“西岸、戈兰高地、加沙地带和西奈都是我们的领土”。[10]

然而，这次选举中其他一些因素也在起作用。在 1973 年的赎罪日战争之前，大屠杀是一个很少在以色列日常生活中出现的话题。[11] 以色列人对那些毫不抵抗地走向死亡的犹太人——就像等待被屠杀的绵羊一样——感到难堪，就好像他们这种顺从的行为会玷污这个新的犹太国家一样。以色列这个国家建立的目的就是要克服这种消极主义态度。从建国开始，这个国家一直是由大胆的先驱和强悍的本土犹太人掌管的，他们没有遭受过大屠杀。像贝京这样一直记着犹太大屠杀经历的欧洲犹太人，在一定程度是孤立的——本土犹太人觉得他们就像
230 外国人一样。以色列人是不同的。以色列人强壮有力，不懦弱；积极进取，不被动。他们手上起了老茧，指甲里面有泥土。他们可以扳动机关枪，也可以驾驶飞机。犹太人则不同，他们被迫害、复杂、神经质。用达扬和其他人的话来说，他们并不总是好的“人类材料”，不是建立一个强大的现代社会所需要的那种人。[12]

赎罪日战争改变了这一切。这场战争开头几天以色列人所体会到的毁灭感，让大家一下子认识到一直在他们的梦中逗留但他们拒绝承认的事实：这种毁灭是可能发生的。由于他们是以色列人，所以他们不可能超越困扰着整个犹太民族的民族灭绝危险。在这种愤怒和脆弱的时刻，梅纳赫姆·贝京的话听起来就更有道理了。他从大屠杀和俄国集中营中幸存下来的事实本身，就意味着犹太民族可以在这场灾难中幸存下来。他不用表现得多么虔诚，就能比大部分以色列政治家更容易与教徒相处，而这种宗教虔诚也将他和一个许多人认为已经丧失的传统联系起来。他的心理创伤现在被认为让他更加高贵，而不是让他的地位受损。他的勇猛和毫不妥协，似乎是对以色列所面临的危险的恰当反应。魏兹曼在软化贝京的形象方面，取得了成

功，但以色列人知道，在慈祥的、注重礼节的波兰祖父外表之下，是一个为了拯救人民而无所畏惧的人。他的暴怒是抵挡大灾难的盾牌。

另一个因素也在贝京的选举中发挥了作用。美国人刚刚选举吉米·卡特为总统，在以色列几乎没有人知道这个人。他谈论以色列的方式让人担忧。当他谈到确立“安全的、清晰的边界”[13]时，以色列人对确立边界的焦虑感再次被唤醒。这个国家的最终规模和边界依旧在变化，依旧取决于对这个国家的性质的激烈争论。一个来自佐治亚州的天真男孩居然对这个问题感兴趣，实在是令人不安，特别是他在以色列选举前两个月说到“那些遭受苦难这么多年的巴勒斯坦难民，必须有一个家园”[14]的时候。从来没有哪一位美国总统这样给巴勒斯坦人 231
撑腰。

在选举期，贝京突发心脏病。几个星期之后，当他出院并重新投入选举活动的时候，他依然苍白、消瘦，魏兹曼的主要担忧是如何说服选民相信贝京足够健康，并且有能力履行总理所担负的职责。选举日前两日，与另一个候选人西蒙·佩雷斯辩论的时候，机会来了。佩雷斯是本-古里安的追随者，而且几乎一建国就在政府中任职。佩雷斯温文尔雅、灵活机智而且知识渊博，是一个可怕的对手，但他表现得似乎天然就要继承总理职位一样。他是在警察摩托车队的护送下到达辩论现场的，贝京则是悄无声息地开着小车，带着家人和一个助手，来到辩论现场的。佩雷斯选择了常见于以色列本土政治阶层的随性着装，上身是夹克、开襟衬衫，不打领带。而贝京则像往常一样穿着黑西服，看着更像一位政治家。贝京简朴的着装中还有一个关键的地方：蓝衬衫。据说这种衬衫更适合上电视，而且也会让他看起来不那么苍白。他的衣橱中所有其他的衬衫都是白色的。[15]尽管这场辩论双方平分秋色，但贝京能够自己一个人坚持下来，给许多选民吃了定心丸。

贝京的胜利震惊了以色列人，他们不敢相信他真的赢了。他的当选被称作一种“逆转”，是大家投票对以色列几十年来的政治历史表达反对意见。“今晚，犹太人民和犹太复国主义运动的历史发生了转变，我们在自第十七届犹太复国主义代表大会以来的四十六年间，从来没有见过这样的情景。在那次大会中，亚博廷斯基提出，犹太复国主义的目标就是建立一个犹太国家。”[16]贝京说。然后，他戴上了一顶黑色的圆顶小帽，并朗读了《诗篇》中的相关段落。佩雷斯总结说，选举结果其实就是“犹太人打败了以色列人”。[17]

魏兹曼取得了一次杰出的胜利。尽管贝京当选他功不可没，但他后来却怂恿了人们对他可能取代多病而抑郁的贝京的猜测。有时他直接不客气地称贝京为“玛挪亚”——也就是“死去的人”。[18]萨达特到访耶路撒冷之后，魏兹曼对于贝京的强硬派路线感到越来越失望。许多以色列人和他的观点一样，
232 这让魏兹曼的受欢迎程度超过了贝京。戴维营峰会开始六个月前，在没有咨询贝京意见的情况下，魏兹曼甚至提议建立一个全国“和平联盟”政府——这是一个糟糕的赌博行为，贝京将这个提议轻松地压制下去了。现在，在戴维营，在魏兹曼看来，他成功让贝京当选总理的苦果就是，任何实现和平的真正机会都没有了。

卡特在第十一天早上醒来的时候，他知道整个局势已经无法挽救了。他绝对不能再离开白宫更长时间了。他告诉埃及人

和以色列人准备他们各自的最终立场文件，并让他的顾问们准备周一国会演讲的提纲，这个演讲要解释为什么峰会失败了。

卡特在和国防部长开会的时候，哈罗德·布朗、赛·万斯突然冲进屋子，脸色苍白。卡特从来没有见过他这种颤巍巍的样子。卡特立刻想到的是，苏联人进攻埃及了。[19]

“萨达特马上就要走了，”万斯说，“他和助手们已经整理好行囊。他让我给他安排一架直升机！”[20]

卡特最后的一点希望是，双方代表团至少会有序并有尊严地离开。但看起来，整个峰会要被彻底撕成碎片了。

卡特对万斯和布朗说让他一个人待一会儿。他走到那个小办公室的窗前，望着卡托克廷山脉，思考着如何应对这种结局。不可能将双方遗留的一堆令人觉得无望的分歧和矛盾，掩盖起来。这在国际上和历史上都是一个大败笔。以色列会将这次失败怪罪到他身上。美国人与阿拉伯世界以及石油生产商的关系，将遭到彻底损害。苏联人会重返中东。而且，毫无疑问，他个人的政治生涯也被毁了。他向上帝祷告，恳请上帝阻止萨达特离开，并以某种方式打开一条通往和平的道路。[21]之后，他将身上的T恤衫和牛仔裤换下来，穿上了西服，并打好领带。

他在一生之中从来没有这么愤怒过。这种愤怒不停地涌上来。萨达特欺骗了他。直到那一刻之前，卡特还一直认为他们 233
是亲密的兄弟。在过去的十一天中，他们几乎每天都一起散步。萨达特从来没有说出任何东西，让他觉得萨达特会以这种方式抛弃他。

当卡特找到萨达特的时候，萨达特已经穿好出行的服装了，行李也已经放在门廊上了。

“我想您是要走了。”卡特开门见山。[22]

“是的。”萨达特也毫不避讳。

“您是否真的想过，这样走意味着什么？”卡特问道，但他并没有等萨达特做出回答，“让我来告诉你吧。这首先意味着埃美关系完蛋了。我们无法向我们的人民解释这个事情。这也意味着和平努力完蛋了，而我在这里面投入了如此巨大的精力。这还可能意味着我的总统生涯结束了，因为我的整个努力都会被认为没有意义。还有就是，这意味着我珍视的一个东西也完蛋了：我与您个人的友谊。您为什么要这么做呢？”

萨达特使劲地吞了一口唾沫。卡特蓝色的、冷冷的眼睛，离他只有十二英寸远。他说贝京从来没有打算实现和平。“您让我们和这个人谈判，就是浪费时间！”[23]

卡特指责萨达特违反了自己做出的待到峰会最后一刻的诺言。他说萨达特欺骗了他。萨达特对他撒谎。峰会失败的整个责任都会被推到萨达特身上。之后，美国将与埃及断绝往来，埃及只能回到苏联的怀抱。更加激进的势力将控制埃及。萨达特作为一个和平缔造者的声名将彻底被毁，他访问耶路撒冷的举动将被认为是一个走向历史死胡同之举。阿拉伯世界的对手们将大声宣称，他们才一直是正确的。

萨达特说他不知道还有什么可做的。

“您能够做的就是待在这里，让我来决定什么时候结束这个峰会。”[24]卡特严厉地说道。他答应，只要萨达特留下来，美国会在定居点问题上支持埃及的立场。[25]

萨达特这个时候才说，这正是他要离开的原因所在。达扬让他坚信，贝京不可能在戴维营峰会上做出任何进一步的让
234 步，因此继续下去是没有意义的。[26]达扬还说，以色列人愿意

和埃及人在未来某个时间举行会谈，并重新开始谈判。萨达特认为，他在戴维营做出的任何让步，都会被以色列人拿来说事。以色列人会说："埃及人已经同意了所有这些东西。因此，我们会将已经签署的任何东西作为未来协议的基础。"[27]他告诉卡特，他认为这样他就被逼到墙角了，因此他唯一的出路就是打道回府。

卡特承诺说，他会写一封信，明确只要一方拒绝了协议中的任何一部分，整个协议都将失效。

萨达特沉默了很久。之后他终于开口了："既然您这样说，那我就和您待到最后一刻。"[28]

卡特和萨达特正在交谈的时候，埃及代表团在另一个屋子里焦急地等待着。他们不知道到底是要走还是要留。他们在议论，这是不是萨达特在表演而已，表示他的不满，从而看看可不可以争取到什么妥协。[29]他们知道萨达特完全能够上演纯粹表演性质的愤怒。他们对美国人的最后一稿方案感到震惊，它说整个西奈都将成为一个非军事区，由联合国部队管理。因此，这个地方只是名义上归埃及而已。杜哈米非常愤怒，因为这里面根本就没有任何条款要求将耶路撒冷交还阿拉伯世界。[30]他们担心，卡特可能正躲在背后让萨达特做一些无法挽回的让步，同时，他们也担心萨达特头脑一热，把埃美关系给毁了。不会有什么好事情发生的。

半个小时之后，萨达特让他的代表团到他这边来。他和他们在自己住的屋子的露台开会。他精神矍铄，很开心——与他们刚才见到的那个人完全不同。"卡特总统是一个伟大的人，"他告诉他们，"他以最轻松的方法解决了问题。"[31]他解释说，卡特建议，峰会上达成的任何协议最终都需要获得埃及人民议会和以色列国会的批准。如果任何一方拒绝了整个协议，里面的所有条款就都会作废，对未来的协商没有任何约束力。之后他说："这样的话，我会签署卡特总统提出的任何方案，甚至连读都不用读。"

235 吃惊的代表团成员们沉默了一会儿。最后有一个人开口问道："为什么，头儿，签东西之前连读都不读？如果这个东西让我们满意，我们签；如果不满意，我们就不签。"

"不，"萨达特说，并径直站了起来，"我不会读的，我会直接签字。"之后他回到了自己的屋内。

卡迈勒忧心忡忡。萨达特总统对他而言就是一个谜。如果萨达特只是一个小家庭的家长的话，卡迈勒认为，或许法庭会宣布他没有担任家长的民事行为能力。但他是整个埃及大家庭的首脑，四千万人民的命运都系于他狂热的大脑突然做出的任何决定。

埃及人正在考虑下一步该怎么做的时候，贝京来到他们吃午餐的桌子前，邀请他们第二天去欣赏以色列交响乐团在华盛顿的演出。这个看似简单的邀请让埃及人有了更多的警觉。这到底是什么意思，他们这么问自己。贝京难道是在暗示峰会已经结束了吗？为什么没有人告诉他们一点儿消息呢？

午餐后，卡迈勒和布特罗斯－加利一起走了很久。卡迈勒一直在向加利倾诉。他回忆起他和萨达特在监狱中的特殊友谊。由于对萨达特忠心耿耿，他才同意担任外交部长，而他自己从来没有想过要担任这种职位。但他现在发现，由于总统先生总在背后做决定，他很难发挥什么作用。"萨达特早上同意了某件事情，一个小时之后，他又拒绝了刚刚同意的事情，然而到了下午，他又同意了同样的事情！”[32]卡迈勒看起来已经彻底崩溃了。

萨达特的按摩师过来说，总统想在他的屋里见卡迈勒。卡迈勒到的时候，萨达特正在和身处巴黎的妻子通话。卡迈勒听见他对妻子说，有不错的可能性，可以很快达成一份不错的协议。怎么可能？之后萨达特与自己的孙子通话：“谢里夫，你这个坏孩子！”[33]他这样说了几次，边说边笑地逗着小孙子。最后，总统挂断了电话，将注意力转到正在等候他的外交部长身上。他高兴地拿出卡特总统手写的一封信，并让卡迈勒大声读出来。

卡迈勒看见卡特在信中说，他计划在星期天结束峰会，因
此每一方都需要提交最后的意见。卡特自己会起草一份“和 236
平框架协议”，同时，每一方都不应该对外公开发表看法。就
是这样。

“那么，现在你怎么想呢？”萨达特问。

“想什么？”卡迈勒说，“这个东西说的只是程序问题，完全没有价值。”

萨达特从他手中把那张纸夺了过去。“不，这是一份非常重要的文件，而且是卡特亲笔写的，”萨达特说，“我打算留着它，并把它锁在我的个人保险柜中，等到时机成熟我再拿出来。”

“请原谅。”卡迈勒恐慌地说着，之后便匆忙离开了屋子。

当他回到住处的时候，每个人都在等着听总统到底有什么指示。“没有什么重要的事情。”卡迈勒说。之后他将自己信赖的几个朋友召集在一起。他们一起到林间散步，直到来到一个巨大的树桩那里。卡迈勒说，他终于决定放弃了。戴维营真

正的问题，不是贝京的冥顽不化，也不是美国人对以色列人的偏袒。问题出在萨达特身上。他被卡特牵着鼻子走，而卡特完全屈从于以色列的要求。卡迈勒不想再参与一份他无法以任何方式施加影响的协议了。他要辞职。

他的同事们建议他晚上好好想想，然后第二天早上去见萨达特。他可以对萨达特说明签署一份没有达到代表团最低的目标要求的协议，有什么风险。如果萨达特仍然不听，卡迈勒再提出辞职，因为他已经做了自己能够做的一切了。

“好的，我会这么做的。”卡迈勒说道。

贝京开始慢慢地认识到现实。卡特决定在星期天结束会谈，还有两天时间。第三天总统就要对国会发表演说。他将会告诉国会，峰会失败完全是贝京的错。

以色列人紧急开会，讨论如何以有利于他们的方式结束这次峰会。魏兹曼恳请贝京做出一些让步。但根本无法掩盖的事实是，以色列更愿意保留西奈的定居点，而不是与埃及实现和平。达扬同意，以色列无法承受峰会失败的风险。这不仅仅是
237 与埃及实现和平的问题，以色列与美国的关系也将面临风险。必须做出一些让步。但贝京还是无动于衷。

或许他心中想的是自己做出的许诺，也就是离开公职之后到贝塔战友们定居的那个西奈定居点生活。[34]他对定居点的执着并不是源于神学——西奈不一定就是上帝和犹太人契约的一部分，至少贝京是这么看的。在以色列人眼中比卡特更同情以色列立场的蒙代尔与贝京谈了好几个小时，让他想想自己作为一位历史人物的形象到底是什么，但没有效果。[35]对贝京来说，西奈问题是关乎生存的问题。西奈半岛是以色列和它的历史敌

人之间的缓冲带。不论签署什么协议，这个协议无论如何都替代不了苏伊士运河和以色列之间130英里的山脉和沙漠。在赎罪日战争期间，西奈就是以色列获得的转机所在。定居点是重要的据点，可以放缓敌人进攻的步伐。每当犹太人相信其他人时，历史事实总是残酷的。

以色列人在内部紧急会议上没有提出什么解决思路。后来，也在戴维营的以色列军事顾问亚伯拉罕·塔米尔（Avaharn Tamir）将军，悄悄地找到魏兹曼，提议说和阿里埃勒·沙龙将军联系一下，沙龙是以色列定居点的首席设计师。贝京对沙龙这位勇猛异常的将军非常崇拜，而且，沙龙的波兰祖母接生了梅纳赫姆·贝京。[36]没有人比沙龙更鹰派的了。如果他能够被说服，认为与埃及实现和平比西奈定居点更重要，那么他或许可以影响贝京。这是一个走投无路的做法，但魏兹曼同意了。几个小时之后，贝京重新将代表团召集起来。他情绪激动，说沙龙给他打了电话，并说如果定居点问题是和平协议的最后障碍，“我们军方对拆除定居点没有什么反对意见”。[37]沙龙这么说相当于贝京有了做出妥协的政治防护伞了。但让以色列代表团沮丧的是，他还是拒绝让步。

“拆除定居点对于我们实现和平是至关重要的。”魏兹曼恳求地说。[38]

“我知道了！”贝京大声说。

在激烈的讨论过程中，他们收到了一个口信：卡特总统要求达扬和巴拉克过去与他进行进一步的会谈。[39]魏兹曼也去了。 238
卡特知道这些人是影响贝京的最佳人选。他最后一次请求他们。[40]他说，埃以之间的分歧并不大，难道以色列人就不能拿出什么东西来挽救这次会谈吗——哪怕是象征性的东西，比如在耶路撒冷的岩顶圆顶清真寺上面挂一面约旦国旗？几个象征性的东西，可能就会发挥作用。现在的僵局主要是文字方面的，而不是实质方面的。毫无疑问以色列人肯定可以找到一个方法，将协议写成贝京也会同意的样子。

卡特提出，以色列必须做出一个让步，这个让步是不可讨论的。“你们必须同意拆除西奈定居点，这样才可能达成和平协议。”[41]

“这样一个决定我们在这里是无法同意的，”达扬说，“如果没有整个内阁和议会的同意，就实现不了。”

但需要内阁和议会的同意与在这里说做不到这个事情，完全是两码事。

罗莎琳又在华盛顿待了一天，一直心神不宁的，心中总是想着峰会的暗淡前景。然而，当晚上直升机把她送回到戴维营的时候，她发现美国人的心情又有了一个大转弯。“我们比以往任何时候都接近达成协议。”[42]万斯告诉她。萨达特愿意留下来，而以色列人也担心美国会单独和埃及签署一份以色列人未作为当事方的协议，因此他们终于表现出了一定的灵活性。“在我看来，每一方都认为达成协议是可能的。”万斯这样告诉罗莎琳。

以前在戴维营，似乎除了阴郁异常和兴奋异常之外，没有其他情绪。罗莎琳发现卡特和蒙代尔在萨达特的屋子中喝薄荷茶，并观看穆罕默德·阿里和里昂·斯宾克斯之间的重量级拳王争夺赛。萨达特一直很崇拜阿里，拳击比赛结束后，卡特给阿里打了电话对他的胜利表示祝贺，但阿里直到凌晨一点三十分才回电话过来，那时萨达特已经休息了。

布热津斯基在国家安全委员会的同事威廉·科万特，正在屋子里写着万一峰会失败卡特需要在周一向国会发表的演讲稿。总统希望先说明一下取得的进展，以及萨达特愿意做出的 239
诸多让步。只有两个问题妨碍了双方达成协议，演讲稿中写道，分别是：贝京拒绝放弃西奈的定居点，而且拒绝接受联合国第 242 号决议作为西岸和加沙最终地位谈判的基础。卡特接着向以色列人民发出呼吁，呼吁他们抛弃他们的领导人的观点。峰会失败的政治后果是不堪设想的。[43]

同时，以色列代表团正在庆祝他们在戴维营的第二个安息日。这次，晚餐的时候没有客人。以色列交响乐团的表演被取消了。代表团成员们的情绪都比较低落，只有贝京不是这样的，他似乎决心要让大家振作起来。他坚持要求大家唱地下运动时候的歌曲，但只有贝京和耶齐尔·卡迪沙伊知道歌词。[44]他们两个人一首接一首地唱，其他人则心不在焉地等着晚餐结束。

穆罕默德·卡迈勒爬到床上，但睡不着。[45]他不停地吸烟，心中充满恐惧和不安。他在这个离家有数千英里远的地方，困在马里兰州一个山顶上的林地中——实际上，一旦把这些树木砍掉，这个地方就是一个军事基地。他被迫成为埃及代表团的一员，而代表团对萨达特的决定没有什么影响力，但需要为萨达特的决定所必然引发的灾难负责。他预测美国人敦促他们达成的协议，会将阿拉伯世界带入一个新的混乱年代。埃及将被邻居们抛弃，而以色列将获得统治性地位，根本不理会阿拉伯国家要实施报复行动的威胁。他觉得，以色列是一头野兽，正等着将困惑、虚弱的阿拉伯人大口吃掉，洗劫他们的财富，并屠杀任何阻碍它这么做的人。

如果辞职了，他会遭遇什么呢？埃及是一个关系亲密的社会，但对失势的人可能也会很残忍。卡迈勒是一个有雄心的人。他已经占据了埃及人可能占据的最高职位之一了。有一天，总统职位可能也会向他招手——如果他鼓励萨达特不顾一切地去拯救和平倡议的话。既然这样，为什么不睁一只眼闭一只眼，跟着萨达特走，而不是将自己的职业生涯弃之不顾？谁会知道其他情况呢？

240 他最后终于睡着了，却被噩梦困扰着。美国中央情报局和以色列情报部门摩萨德，逮捕了他。他们折磨他，杀死了他，并将这一切掩饰为一场意外事故。在另外一个梦中，每个人都离开了，只有他一个人被困在戴维营，没有护照，无法证明自己到底是谁。

那个人到底是谁？半睡半醒之间，他想起了自己的父亲，父亲是一位法官，在他十九岁的时候就去世了——当时他是一名法学院三年级的学生，正在蹲监狱。父亲的话不断地冒出来："永远不要出卖自己或者让自己蒙羞，我的儿子……你必须一直勇敢，并说出你自己的感受，只做你的良心和荣誉所允许的事情。"

那天晚上卡迈勒决定，他绝对不允许自己被指责为一个胆小鬼：在埃及命运面临重大灾难的时候一声不吭的胆小鬼。"明天，"他对自己说，"我将对总统先生平静、坚定、诚恳地发表自己的看法。或许他最终会醒悟过来，并回到正确的道路上。否则，就让一切顺其自然吧：我已经履行了我的职责，对得起自己的良心，并遵循了父亲的教诲……我相信上帝，无所不能的上帝。"

第十二天

梅纳赫姆·贝京站在桦木屋的门廊上

早上，卡特和萨达特又一起散了步，之后他来到了冬青 241
屋，美国代表团和以色列代表团正在那里举行会谈。达扬说，他个人愿意让定居者在二十年后离开定居点，但警告说，贝京不会接受任何这样的期限。而至于西岸，达扬说他同意不再建立新的定居点，但不会将现有的定居点拆除。他希望卡特晚上在安息日结束之后去和贝京见一面，因为贝京总理现在已经有些觉得自己被从谈判过程中踢了出来。[1]事实上就是这样的：卡特刻意避免和他谈什么。

早上九点，布热津斯基、蒙代尔、万斯和卡特一起审阅最 242
新的美国方案。罗莎琳加入了。万斯在头一天晚上和以色列人开过会。他汇报说，贝京对于最后做出的一些修改不满意，因此，美国代表团在那天晚上剩下的时间里，基本上就是在修订语言。这是一个通过选择有微妙差别的词语来不断降低分歧的痛苦劳作的过程。贝京对于“巴勒斯坦人民的合法权利”[2]这样的表达还是有意见。难道还有不合法的权利吗？他这样争辩说。而且，犹太人也是巴勒斯坦人。贝京更愿意使用“居住在朱迪亚和撒玛利亚地区的阿拉伯人”。他愿意接受“巴勒斯坦的人民”（people of palestine）而不是“巴勒斯坦人民”（palestinian people）这样的表达。[3]因为前者强调了他希望做出的区分：他们是居住在以色列土地上的阿拉伯人，而不是一个居住在自己国家的民族。

在戴维营，有一些词语显得有非常强烈的感情色彩，因此使用它们必定会引起强烈的反应，特别是贝京。当卡特将贝京提出的巴勒斯坦自治计划称为“耍花招”之后，贝京很生气，他不断地提到这个词语，就好像他个人受到了伤害一样。同样，当布热津斯基告诉贝京说，阿拉伯人认为以色列是一个殖民主义国家的时候，贝京非常不快，就好像这是布热津斯基自己的看法一样。在与美国人会晤的过程中，贝京会不断用挖苦的语气说：“我们是殖民主义者，试图耍一个花招。”[4]当然，如果任何人提及“那个人”这个词组，大家一下子就明白这是萨达特因不想提贝京的名字而使用的指代。

卡迈勒没有来吃早餐。两个同事过去看他，发现他还在睡觉。他说他整晚都在抽烟，没有胃口吃东西。他的一个年轻助手坚持要给他拿一盘水果和奶酪三明治来。十一点的时候，卡迈勒来到了萨达特的屋子。“我想和您谈谈，不是作为外交部长与共和国总统交谈，而是以一个朋友和弟弟的身份。”他说。[5]

“有什么就直截了当地说吧。”萨达特说。

卡迈勒说，他读了卡特的“和平框架协议”最新稿。这 243
可不是萨达特突访耶路撒冷的时候希望实现的东西。它一点儿也不全面。“美国人的计划是，让埃及和以色列签订和平协议，而不论西岸和加沙可能会发生什么。”卡迈勒说。以色列与埃及实现和平之后，就可以放手实施它的吞并占领地区的计划了。“以色列需要的就是几年时间，把这些土地纳入到它的控制之下，”他警告说，“您知道以色列的宣传攻势有多么强大。”他说以色列人会援引埃以协议来证明他们那么做是正当的。他恳请萨达特不要签署这样一份“毁灭性的文件”，这份文件毫无疑问会让埃及的阿拉伯世界盟友转而反对埃及。

“你一点儿也不了解阿拉伯人，”萨达特说，“如果交给他们自己的话，他们永远不可能解决这个问题，以色列的占领也就会永久持续下去。以色列会吞并它占领的阿拉伯土地，而阿拉伯人却不会对此竖起哪怕一个手指头，他们只会喊各种口号，虚张声势而已。他们一直就是这种德行。”

“您说的并不完全属实。”卡迈勒说。他指出，阿拉伯人在 1973 年战争中是支持了萨达特的。“现在，美国人的无能以及他们对实现公正而全面的和平的放弃，是显而易见的，这种情况下，难道您不认为您应该回到阿拉伯世界的怀抱中吗？”卡迈勒坚定地认为，阿拉伯国家只不过是在等萨达特的一个信号而已，只要得到信号，“它们之间的分歧就会像夏日的闪电一样一闪而逝”。

但是，卡特的协议给了巴勒斯坦人自治权，萨达特说。这个协议废除了以色列在西岸和加沙的军政府。“卡特向我保证，他有一种道德上的义务，为巴勒斯坦人民做些什么，而他再次当选之后，他就会着手去做。”萨达特说。另外，卡迈勒没有理解埃及所处的现实困境。国家经济状况非常糟糕，公用设施基本就要崩溃了。埃及需要和平，这样才可以集中精力和资源去发展。只有埃及变得强大了，才可以帮到巴勒斯坦人。无尽的战争会削弱埃及，这对谁都没有什么好处。

244 “如果您认为我们国内的情况已经到了这种地步，以至于我们不得不立即与以色列达成一份中期协议，那么，您就公开宣布吧。”卡迈勒说。这至少是解释为什么埃及投降了的一个方法。

哦，苏联人和那些反对我的阿拉伯人会怎样幸灾乐祸地看待我这样一份声明呢，萨达特说道。“我知道我在做什么，而且我会将我的计划执行到底。”

“很好，那么，”卡迈勒说，“请接受我的辞职。”

萨达特并不感到意外。他让卡迈勒先保密，回到埃及之后再说。“平静下来，放松一点，”萨达特对他说，“最终所有的事情都会回到正确的轨道上来。”

“总统感觉怎么样？”[6] 蒙代尔问罗莎琳，他下午过来与卡特和万斯开会。罗莎琳说目前看来好像一切都好，但还没有到最后一刻呢。“我的天，这东西真是恼人啊！”蒙代尔说。他已经往返华盛顿好多趟了，没有紧密跟进戴维营里剧烈的情绪摇摆。

实际上，会议结束的时候，卡特有些沮丧地对罗莎琳说，他有些怀疑双方是否会接受最新的协议。罗莎琳受不了了。她离开去找人打网球了。她觉得自己只要在这个屋子多待一秒中，就会生病。

萨达特和巴兹一起过来看有关定居点问题的新条款。卡特先和萨达特说了一通，如果峰会失败，萨达特会失去：以色列全面接受联合国第 242 号决议的可能性；结束以色列军事占领；接受从西岸和加沙撤军的原则；巴勒斯坦人五年的自治，之后将永久地解决巴勒斯坦问题；与以色列的全面和平，相伴随的还有经济利益和国际声誉。[7]

萨达特同意接受这份草稿中有关耶路撒冷问题的有限表述，卡特认为耶路撒冷问题太棘手了，难以在戴维营解决。作为应对，卡特说，双方可以交换信件，说明各自对这个问题的
立场。美国则会再次确认它一贯的政策：东耶路撒冷是被占领 245
的西岸地区的一部分。萨达特承诺哭墙一直都归以色列人所有。

然而，还有一个棘手的问题。前一稿说双方会就“从西奈撤出的时间”展开谈判。贝京要求将“的时间”删除，因为他不会就撤出时间做出什么承诺。萨达特则坚持说，他愿意就撤出的时间展开谈判，但不是就以色列“是否”撤出进行谈判。[8] 他依旧坚持这一点。

万斯将最新稿带到以色列人那里去。联合国第 242 号决议的问题依旧是一个地雷。达扬提出一个观点说，从通过战争占领的土地上撤出的概念只适用于国家，而巴勒斯坦人根本就没有什么国家，因此没有必要在这里讨论联合国第 242 号决议问题。[9]

巴勒斯坦问题其实一直以来都很少被讨论到。大家都在集中讨论西奈问题，巴勒斯坦问题就被暂时搁在一边。现在，时

间不多了。卡特只有二十四个小时了。

万斯和巴拉克提出了一个想法，就西岸和加沙问题同时举行两场会谈：一场是以色列和约旦之间的，另一场是以色列和巴勒斯坦人之间的。协议条款会说，联合国第 242 号决议的原则适用于这种“会谈”。[10]这里的“会谈”到底指代什么，是不清楚的。埃及和美国可以说它指的就是以色列和巴勒斯坦之间的会谈，而以色列可以说它只包括了和约旦之间的会谈，而以色列和约旦之间的边界问题根本就不是问题，因为贝京拒绝了约旦对西岸有任何权利主张的提法。美国人根据这个想法重新修改了一遍，但还是保留了这样的表述：会谈应该解决“巴勒斯坦人民的合法权利”[11]问题。这种表述还是需要说服贝京接受才行。对于贝京而言，巴勒斯坦人是一个很棘手的两难问题——而且也是他自己恐怖主义生涯中最黑暗的一个方面。

大部分悲剧都是在转瞬间成了过眼云烟。它们给人造成内
246 心的伤痛，占据了新闻头条，但历史不会因为这个而改变。即使是最为惨烈的战争，回头看，也被证明是无关紧要的，只是未来的学术界对它们有兴趣而已。记忆的消退是生活得以前进的一个因素，也是后面的世世代代不会永远纠缠于远古纷争的原因所在。但还有一些悲剧，它们带来的后果远远超出了一般的悲剧，一段历史结束之后，它又在另一段历史中重演。

代尔亚辛村（Deir Yassin）事件就是这样一个悲剧。

在 1948 年 4 月 9 日，代尔亚辛村是巴勒斯坦人的一个村庄，里面住着好几百名居民。这个村庄位于耶路撒冷郊区一个覆盖着松树林的小山顶。根据五个月之前提出的联合国分治计划，代尔亚辛村是耶路撒冷国际区及周边地区的一部分，但耶

路撒冷是最大的奖赏，阿拉伯人或犹太人都不愿意让它从自己手中溜走。

代尔亚辛村的村民主要靠采掘耶路撒冷蜂蜜色的石灰石谋生。他们知道自己的村庄比较脆弱，因此与旁边一个极端正统派的犹太人村庄吉瓦特·绍尔村（Givat Shaul）达成了一份互不侵犯协议，[12]而且他们也拒绝让阿拉伯士兵将他们的村庄作为一个战斗基地。[13]但这一切都无法掩盖这样一个基本事实：代尔亚辛村位于通往耶路撒冷的一条战略性道路上，这条道路连接着耶路撒冷和特拉维夫。在贝京和本-古里安的心中，代尔亚辛村这个小村庄，是新生犹太国家以及这个国家占领耶路撒冷计划所面临的一个战略性威胁。

当时，耶路撒冷的阿拉伯居民和犹太居民之间也在开展争夺战，[14]阿拉伯人洗劫商店，并将犹太人从老城中驱逐出去，而贝京的伊尔贡也在轰炸阿拉伯的军事据点和公共设施。阿拉伯人在本·耶胡达大街杀死了五十二人，伊尔贡则打死了十名英军士兵。双方的难民都逃离城市寻找安全庇护。犹太军队将一个名叫卡斯特尔（Qastel）的巴勒斯坦人村庄的居民都赶了出来，这个村庄位于从耶路撒冷通往雅法的道路上，但后来又被阿拉伯人占领了，屠杀了五十名犹太俘虏并毁坏了他们的尸体。第二天早上，对代尔亚辛村的攻击开始了。

大约有120名士兵，其中三分之二都是伊尔贡成员，其他人则是斯特恩帮的成员。他们被派来将村庄中的阿拉伯人赶走。贝京的指令是，不要杀死俘虏、女人和儿童。清晨四点三十分，以色列人派了一辆广播车警告村民说，代尔亚辛村将被占领，他们要抓紧时间逃命，然而，这辆车翻到沟里了，因此 247
没有人听到警告。无论如何，一个放哨的人看见了以色列人，并开了枪。攻击者原来预想着村民都已经逃命去了，但相反，那些有步枪或者手枪的人却透过窗户开枪了，而他们面对的是机关枪的扫射。因为受到出人意料的抵抗，攻击者愤怒了，他们从三个方向攻击村庄，挨家挨户地将手榴弹从大门和窗户中扔入屋内，将房子炸毁。打算逃跑的村民们则被开枪打死。以色列官方防卫部队哈加纳，给攻击者补充了迫击炮和机关枪。[15]中午之前，战斗就结束了，但扫尾的战斗还持续了数个小时。哈加纳的一位军官将后来发生的事情描述为对幸存者的一场“无序的大屠杀”。[16]“一队队的士兵挨家挨户地抢劫、射击，射击、抢劫。你可以听到屋内传来阿拉伯妇女、老人和孩子的哭声。我试图把指挥官找出来，但没有找到。我大声喊想让他们克制住，但他们根本就不理会。他们的眼睛冒着怒火。他们就好像吸了毒，精神错乱、癫狂。”

当旁边极端正统派的犹太人村庄吉瓦特·绍尔村的村民跑出来，戴着耳套，穿着传统的极端正统派服装，大声冲着攻击者喊“小偷”和“杀人犯”时，大屠杀才停下来。“我们和这个村庄有协议，”他们大声说，“这个村庄很和平。你们为什么要谋杀他们？”[17]哈加纳的情报人员说，许多被害者都被抢劫了，伊尔贡队员可能强奸了一些阿拉伯女孩。[18]大概有两百名幸存者，包括老人、妇女和儿童，被赶上了卡车，并在耶路撒冷游街，他们被围观的人嘲弄、吐口水和扔石头，然后在老城城墙外面被释放。[19]其他人，有二十名到二十五名男子，则排着队被押到一个采石场，被射杀。[20]

在那个可怕的一天中，有五名进攻士兵被打死了（都是伊尔贡队员），三十一人受了伤，总计超过了整个队伍的四分之一。[21]被害的村民人数则很难确定。哈加纳、阿拉伯官方、伊尔贡和英国托管当局在不久之后发布的报告中说有 254 名村民被杀死。后来的统计则不到这个数字的一半，100 名到 120 名村民被杀死了。正如以色列历史学家本尼·莫里斯（Benny 248
Morris）所说，每一方都有用夸大的数字来散布大规模强奸和毁坏尸体的可怕故事的动力：哈加纳希望借此抹黑地下游击队（尽管它批准并参与了这个行动）；伊尔贡和斯特恩帮则希望让阿拉伯人感到恐惧，并将他们从这个国家中赶出去；而阿拉伯人和英国托管政府则希望将犹太人的形象抹黑。[22]这个事件中，各方都成功了，而且超出了预期。

本-古里安逃避责任，说这次对代尔亚辛村的攻击，是一群“异议分子”的行动。[23]然而，贝京则洋洋自得地谈着“这种伟大的征服行动”。[24]他给他的指挥官们这样写道：“告诉士兵们：你们通过你们的攻击和征服行动在以色列历史上留下了一笔。继续这样做，直到取得胜利。就像在代尔亚辛村那样，在其他每一个地方，我们都会猛烈地攻击敌人。上帝，上帝，你选择了我们作为征服者。”

后来他则为大屠杀辩护，说一些试图逃跑的村民穿着女人的服装，但实际里面却是伊拉克军装。[25]他并没有提出任何证据来支持自己的这种说法。

代尔亚辛村事件是巴勒斯坦社会崩溃的一个决定性事件。这次大屠杀使得恐惧感在巴勒斯坦人中扩散开来，不久之后就出现了大规模的逃亡。在这次攻击发生之前，75000 名阿拉伯人离开了家园，两个月之后，离开家园的人数达到了 390000。犹太士兵对撂荒的土地、空荡荡的农房和洗劫之前琳琅满目但现已被废弃的商店，议论纷纷。巴勒斯坦人走了之后，城镇就成了鬼城，随后被炸毁并被推平，或者被犹太人占据；那些风

景更好的村庄，则被艺术家占据。[26]大部分巴勒斯坦难民都逃
向了临近的阿拉伯国家——他们颠沛流离，充满怨恨，这种怨
恨在几十年中年复一年地传递下来。战争结束后，新生的以色
列国家将强迫阿拉伯人离开当作一种国策，这制造了750000
名难民。[27]有大约400个巴勒斯坦村庄和城镇被清空，大部分
都被犹太部队摧毁。[28]犹太人的目标是将阿拉伯人在这里生存
的任何证据都抹掉，让他们没有重返家园的可能性。地名，包
括道路、山谷、山脉、水井和旱谷，都被取了希伯来语名字，
249 亚齐尔变成了埃克隆、阿舒德变成了阿什达德。《圣经》上一
些并不确定是否存在过的名字，都被用来给一些地方命名，为
的是证明犹太人一直在这里生存着。[29]代尔亚辛村剩下的建筑
物则被改造为一座以色列精神病医院，这家医院名叫卡法绍
尔，里面的办公楼和病房以前都是巴勒斯坦人的房子。

太阳下山之后，贝京和布热津斯基下了最后一盘国际象棋。[30]这次，贝京输了。晚上八点半，贝京带着巴拉克和达扬来到卡特的屋子。万斯也在场。卡特说，这是最后一次开会了。就像和萨达特见面时那样，他先说了戴维营峰会成功对以色列的好处：外交交流，经济合作，阿拉伯封锁解除，所有前线都有充分的安全保障，由联合国管理的缓冲区，在西岸有很强的话语权，以色列与巴勒斯坦人的关系得以改善，以色列人有在西岸工作和生活的权利保障，自由通过苏伊士运河和蒂朗海峡，与美国关系更为稳固，与唯一一个真正对以色列构成威胁的阿拉伯国家实现全面的和平。[31]

贝京则一直在提出反对意见。他说，他愿意继续谈判三个月，如果整个谈判在所有其他方面都成功的话，他愿意到议会

去说服议员拆除定居点。卡特说，萨达特不可能接受这样的安排，他希望协议中规定现在就拆除定居点——在协议达成之前。“这是他的最后通牒！”贝京大声说，“政治自杀！”[32]

这个会谈对于贝京来说是痛苦的，他的选项在逐步减少。如果不能找到相关措辞让贝京放弃西奈定居点，那么卡特列出的所有诱人的好处，他都无法获得。以色列代表团的每一个人都在劝他放弃西奈定居点。沙龙给他打电话，给了他许可。只有一件事情还在构成障碍，这个事情就是贝京的整个个人历史。最后他说，他同意在两个星期内向以色列议会提出这个问题——如果所有其他西奈问题都达成了协议，那么是否可以让以色列定居者撤出？[33]

“我能做的事情就这么多了。”贝京说。[34] 250

“贝京先生，那么您准备对议员们说些什么呢？”卡特问道。

“我还没有决定，”贝京说，“我可能什么都不说。”然而，他同意让他所在党派的议员们按照自己的意愿投票。卡特知道，只要贝京不反对，这个问题肯定可以获得通过。这看起来是一个关键性的突破。

会谈持续到深夜。罗莎琳送来了饼干和奶酪。他们终于谈到了第1（c）款，关于解决巴勒斯坦人问题。贝京似乎同意在这个问题上达成某种协议，因此，他提出来的一些语言障碍也被慢慢扫除了。例如，来见卡特之前，他对“承认巴勒斯坦人民的合法权利”这句话很纠结。在他看来，这句话包含了任何以色列领导人都不会同意的道德评判。以色列历史上最强硬的总理先生需要承认，巴勒斯坦的阿拉伯居民的权利受到了侵犯，这个问题需要得到解决。

“‘合法权利’这种表达的最终重要性是什么？”[35]贝京在他的代表团面前这么大声地问自己，考虑着这个表达是否是多余的。“如果是一项权利——则意味着它是合法的，权利可以是非法的吗？”在和卡特会面的时候，他继续在那里犹豫，直到后来巴拉克提出了另外一个小改动：在“承认巴勒斯坦人民的合法权利”之前，加上“也”字。这样的改动让贝京终于可以说服自己，因为它意味着其他权利，比如以色列对西岸的安全诉求，也是重要的。“通过这种语言技巧，”魏兹曼说，“贝京终于开始与现实接轨了。”[36]

然而，作为承认巴勒斯坦人权利的一个交换，贝京要获得重大让步。[37]现在草稿中说的是“有关谈判的结果”会建立在联合国第 242 号决议的基础上。这个决议的原则被列出来了，包括从通过战争获得的土地上撤出的话。贝京坚持要求改为“谈判”应该建立在第 242 号决议的基础之上，而不是“谈判的结果”——区别在于，这样修改之后，谈判的结果就不一定要和联合国第 242 号决议的原则完全相符了。贝京还要求卡特从协议正文中将列举第 242 号决议原则的内容删除，这样在
251 这个关键段落中就不会出现“撤出”字样了。卡特同意了。这些决定会削弱未来谈判的基础，但很显然，没有巴勒斯坦人在场来对此提出什么异议。

午夜马上就要来临。每个人都睡眼蒙眬，精神紧张。由于卡特已经说了这是戴维营的最后一次谈判，他们坚持着，要攻克那些还没有达成一致的领域。有一个条款，卡特坚决要求放在协议中。“在签署框架协议之后以及在谈判的过程中，除非另行达成一致，否则不能在这个地区建立新的以色列定居点。未来以色列定居点的问题，由谈判各方来协商和确定。”[38]这是

卡特希望达成的两个协议——埃以条约和最终全面解决巴勒斯坦问题的协议——之间的关键联系。贝京一直反对这一条。他说他可能会同意三个月暂停建设新的定居点，但卡特则强调说，只要谈判在进行，就不能建设新的定居点。

在确定这个协议的最后条款的过程中，双方同意通过交换信件的方式，来处理一些有争议的问题。相关国家可以在这些信件中表明自己的政策，而这些信件不会是协议正文的一部分。这些信件没有法律约束力，它们的主要作用是回避那些棘手的问题，这些问题是达成一份总体的和平协议所难以解决的障碍。例如，贝京起草了一封信，里面提到了他对“巴勒斯坦人”和“西岸”的解释。卡特之前已经向萨达特许诺说，他会写一封信说明美国在耶路撒冷问题上的立场——这是一种看起来没有什么坏处但后来被证明是一个定时炸弹的做法。

或许他们应该等到第二天早上，在大家的脑袋更加清醒的时候，再来处理这些问题。在马拉松式会谈快要结束的时候，卡特认为，贝京终于同意了他提出的要求：只要谈判在进行，就不能建立新的以色列定居点，而且他会在协议附随的一份单独信函中做出这样的表示。基于这种理解，美国人同意将有关停止建设定居点的关键措辞，从协议正文中删除。

屋里总共有五个人——卡特和万斯坐在一边，贝京、达扬和巴拉克在另外一边。对那天晚上到底都同意了什么，每个人的回忆都是相互矛盾的。贝京坚持对以色列同事说，他同意的 252
仅仅是暂停建设以色列定居点三个月。贝京后来告诉美国驻以色列大使塞缪尔·路易斯，他说的是他晚上会再考虑一下卡特的提议，并在第二天早上给他答复。[39]无论如何，接近凌晨一点的时候，会议终于结束了，卡特当时认为，他已经成功让埃及和以色列达成了一份和平协议，这份协议与未来全面解决巴勒斯坦问题的协议，连接起来了。贝京提出的暂停在西岸地区建立定居点的想法，本来可以给以色列人强大的动力去彻底解决争议。[40]但事实并非如此。

第十三天

梅纳赫姆·贝京和耶齐尔·卡迪沙伊拿着会谈中拍的照片，这些照片是吉米·卡特在戴维营峰会最后一天给他们的。

早上七点十五分，罗莎琳正准备回白宫去参加一个西班牙裔社区的招待会，以及俄罗斯的大提琴师姆斯蒂斯拉夫·罗斯托罗波维奇的演奏会。吉米来到浴室，当时罗莎琳正在那里着装打扮。“我认为我们现在已经得到了我们想要的所有东西了，”卡特告诉她，“今天我要试着把萨达特和贝京聚在一起。自葛底斯堡回来之后，他们两个人还没有见过面呢。”[1]

这个消息让她有一些意外。昨天当吉米告诉她，双方在西奈问题上难以达成协议之后，她几乎都生病了，早上她依旧感觉身体不舒服。这种精神上的折磨是难以忍受的，即使是有好消息的时候，也是如此。卡特提醒她：“不要笑，因为这样那

254 些人就知道我们要达成协议了，也不要皱眉头，因为他们会认为我们无法达成协议。”[2] 最近两周以来，她一直如履薄冰。

卡特早上和萨达特一起散步的时候，把这个好消息告诉了他。“我让贝京同意不新建定居点了。”[3] 他说。他让萨达特放心，只要贝京不从中作梗，以色列议会就会批准从西奈定居点撤出。“好，那我们就抓紧把协议签了吧。”萨达特说。卡特回到住处去完成美国草案的最终稿。

当穆罕默德·卡迈勒吃完早餐从餐厅出来之后，他注意到隔壁的会议室中沸沸扬扬，这非同寻常。会议室内放了一张长条桌，有三把椅子，桌子上摆了三个国家的国旗。美国驻埃及大使赫尔曼·伊尔茨（Hermann Eilts）告诉卡迈勒，各位外交部长要在下午举行签字仪式。

卡迈勒大声说：“我有问题！”[4]

“怎么了？”伊尔茨问道。

“我已经辞职啦！”

“天呐，到底发生了什么？”

“您猜得到到底发生了什么，几个月之前我就清楚地表明，只有在达成一份可接受的协议的情况下，我才会签署，”卡迈勒说，“问题不在于我辞职了，而在于我向萨达特许诺我现在不会公开宣布我已经辞职了。但我坚决不会参加这个签字仪式。我不知道该怎么做！”

伊尔茨说，他会考虑一下，并许诺不会告诉其他任何人。一个小时之后，他打电话过来说，那天下午戴维营没有签字仪式，签字仪式将会在华盛顿进行。卡迈勒的缺席届时会更为惹眼。

萨达特把卡迈勒叫到自己的屋子里，埃及代表团的其他成员都在场。萨达特热情地向他打招呼，并让他坐在他身边。萨达特的心情明显不错，但马上就要大难临头的气氛却笼罩在埃及代表团的头上。外交部法律主任纳比尔·艾尔-阿拉比（Nabil el-Arabi）提出，协议规定了埃及有许多义务要去履行，而贝京没有做出从西岸撤出的书面承诺。他建议萨达特不要签署这份协议。[5]

“我知道你的想法了。”[6] 萨达特说。他抽着烟。每当把自 255
己掩藏在烟雾后面时候，他总会获得一种平静。但这一次他有一些生气了。“我不想让你在未来某一天说，我根本没有听你说了什么，”他继续说道，“你所说的一切，我都是左耳进右耳出。你知道为什么吗？因为你们所有人都只是管道工！你们不做任何事情！我是一个政治家。我知道我的目标是什么。我希望将土地问题放一放。如果我不这么做，你们的孙子将来就都要在西奈参加战争，战争会一场接着一场！”

其中一个人说，巴勒斯坦人会对协议里关于他们自治权利的模糊表述，感到失望。

“我们没有别的办法了，”萨达特说，“卡特总统向我说过，这句话——用他的话说——已经会‘让他丢掉工作’了。”[7]

“这就是世界上最强大国家的总统吗？”卡迈勒大声说，“这就是那位宣称捍卫人权、原则和价值是他的基本政策的圣人？他居然愿意牺牲一个民族的命运，只是为了让自己在总统的位子上待八年而不是四年？如果是这样的话，那么他就是一个微不足道的、可耻的人。”

屋内陷入了短暂的、可怕的沉默。之后萨达特突然笑了。他把自己的手放在卡迈勒肩膀上。“你不是一个政治家，穆罕默德！”他大声又有力地说道。

“如果这就是政治，那我可不要做什么政治家!”卡迈勒很不满地回答说。

这个时候，萨达特生气地站了起来，埃及代表团成员也都站起来离开了。

已经达成协议的消息在戴维营中传开了，但很少有人知道这个协议最终是什么样的。当魏兹曼了解到以色列将被要求对一小部分边境地区实行非军事化后，他跑来找萨达特，看看萨达特在这个问题上，是否可以灵活一些。

“你需要保留多少个营的部队?”[8] 萨达特这么问他。

魏兹曼说三个。

“没问题，埃泽尔，”萨达特回答说，“因为你，我答应你们可以保留四个营的兵力。十月战争之后，我对这个已经没有什么心理情结了。”

256 三个代表团的成员都在整理行李，他们迫不及待地离开这个地方。卡特去看了达扬，他当时正在自己的屋子中陷入沉思，看起来他很确信这次会谈最终还是会失败。达扬最近陷入了一种阴郁的宿命论，他的同事们都知道，但卡特并不知道，卡特一直以来都仰仗这位外交部长的创造力。达扬说，在与埃及达成一份条约之前，议会是不会批准把定居者从西奈撤出的。卡特不这么看。或许达扬在戴维营工作得过于辛苦，反而在这个东西要实现的时候，有一些觉得难以置信。或者，可能是因为这位战争强人知道，和平的代价还没有给够。

魏兹曼再一次尴尬地发现，美国总统出现在了他房间的门口。他的床没有整理，衣服扔在地板上，酒瓶和报纸到处都是。卡特让魏兹曼承诺，会说服以色列议会批准把定居者从西奈撤出，即使贝京总理不同意这么做。魏兹曼很喜欢在这个问题上与贝京斗争的感觉。这可能最终会让他有机会成为以色列总理。

卡特让他的幕僚为下午三点在国务院举行的签字仪式做好准备，到时候三位外交部长，达扬、卡迈勒和万斯会正式签署协议。他不知道埃及目前已经没有外交部长了。无论如何，他的媒体顾问杰拉德·拉夫逊对于总统先生在自己取得如此伟大的成就的时候，居然只是站在边上看着大家签字，表示很不理解。他坚持认为，签字仪式应该在白宫的黄金时段进行，而且应该是三位领导人亲自签署这份协议。[9] 卡特似乎对这个想法感到有一些意外，但他同意了。

中午，万斯将美国方面有关耶路撒冷的信函递过来了，这样以色列人就可以在这封信函交给萨达特之前先看一眼。这封信函重复了美国驻联合国大使之前做出的有关东耶路撒冷是被占领土地的既定政策。六日战争之后，以色列单方面宣布耶路撒冷是它的首都——美国“不接受也不承认”这种做法，[10] 当时美国驻联合国大使亚瑟·戈德伯格（Arthur Goldberg）在联大会议上就是这么说的。两年之后，美国驻联合国大使查尔斯·约斯特（Charles Yost）说，美国对包括耶路撒冷在内的 257
被占领土地被剥夺和没收“感到遗憾和痛心”。[11] “我们一贯拒绝承认这种行为，它只是临时的，并且不应影响耶路撒冷最终地位的确定。”1976 年，美国驻联合国大使威廉·斯克兰顿重复了其前任的说法，说：“以色列平民向包括东耶路撒冷在内的被占领地区的大规模移民，是非法的。”[12]

美国在这个问题上的政策，以色列人是很清楚的。对卡特而言，这封信没有什么特别紧要的：如果不是萨达特要求，他都不觉得有写这封信的必要。但看到这封信之后，以色列代表团内部的担忧情绪，一下子就爆发成了一种愤怒。“我们可以打点行装返回国内，什么话都不用说了。”异常气愤的贝京这么宣布。[13]不仅仅贝京如此，这种气愤传染了以色列代表团中的每一个人。耶路撒冷触动了一根之前一直没有彻底触动的神经。

卡特被以色列代表团的愤怒完全搞懵了。他指出，他并没有要求以色列人签署这份信函。按计划每一方都要提交自己对耶路撒冷问题的立场声明。但以色列人还是不依不饶。达扬说，如果美国人原来就计划做这样一个声明的话，那么，以色列代表团根本就不会来戴维营。[14]耶路撒冷是以色列政府所在地，但美国人依旧拒绝承认它是以色列的首都。如果拒绝承认这个事实，那么《圣经》就要改写，并否认犹太人三千年来一直做的祷告！

贝京向美国人传递消息说，他不会签署任何包含耶路撒冷问题信函的协议。他命令他的代表团成员立即从峰会撤离。

按原来计划，卡特在几个小时之后就要签署这份协议了。拉夫逊已经告知各大电视广播公司将时间空出来，因为总统要发表演讲。双方是如此接近达成协议，但在最后一分钟因为以色列代表团带着愤怒公开退出而彻底失败？卡特如果将这封信撤回，则会失去萨达特。如果不撤回，他就会失去贝京。根本没有什么出路。

卡特的秘书苏珊·克拉夫（Susan Clough）将三个领导人
258 的照片拿过来，让卡特在上面签名。[15]贝京之前就说要将这些照片作为纪念品送给他的孙子孙女，他总是不停地说起自己的孙子孙女。克拉夫很细心地给以色列代表团打电话要来了每一个孩子的名字。卡特觉得都难以忍受看到贝京的脸了，但不知道什么原因，他还是签了名，但不是按照往常的方式签名，而是签上了“最好的祝愿”，接着又加上“爱你们”的字样，并写上了每一个孩子的名字。他走到贝京的屋子，计划将照片交给他，别的什么也不说了。他沉浸在剧烈的愤怒、沮丧和伤心之中。

对于卡特这位戴维营峰会的设计师而言，由于这种事情毫无逻辑可言，因而他的沮丧尤为深刻。他一再指出，每一方都可以从和平之中获得太多好处。每天晚上当他在黄色的记录本上起草美国的最新方案的时候，他都觉得这些简单的数学计算简直就是自己蹦出来的。事情再明显不过了，他一再地对双方这么说。然而情绪在讨论中占据了很重要的位置，但卡特在这方面并不占什么优势。他自己的情感波动比较小。尽管他尊重以色列人和埃及人在谈判桌上所表现出来的强烈情绪，但他个人的风格是直截了当的、诚恳的，并不擅长去哄人。他不是治疗师。他根本没有工夫去对双方之间无尽的轻视和中伤做出什么回应，不论这种轻视或中伤是真实的还是想象的。他认为戴维营峰会是三个严肃男人之间的会议，目的是解决三个人都想解决的问题。在内心深处，他总是觉得上帝也与他们同在。但上帝真的希望在中东实现和平吗？这一点还不是很清楚。

三个人都到了自己人生的十字路口。是好是坏不说，每个人都会因为他们今天的决定而被记住。没有其他人可以替他们做出选择。历史会严厉地审视他们的行为，并对他们的成就或失败做出总结。作为领袖的真正孤独感就是在这种时候才体会得到：面对重大收益或重大损失需要做出决定，却没有办法事先计算出这种决定的代价。

贝京总理坐在门廊上，身边有好几位助手，很明显因为和谈失败而焦躁不安。卡特出现时，贝京对他冷淡、轻蔑。他那种独特的大喊大叫的方式不见了。他除了说几句简单的客套话之外，其他什么都不说。

259 “总理先生，我给您带来了您想要的照片。”[16]卡特说。

“谢谢您，总统先生。”

卡特把照片交给了贝京，贝京再一次冷冷地感谢了他。这时他注意到卡特在第一张照片上写着“致阿耶莱特”的字样。

贝京凝固了。他接着看下一张照片。“致奥斯娜特。”他的嘴唇颤抖着，一下子热泪盈眶。一张接着一张，他大声念着他们的名字，当着大伙儿的面哭了。“奥里特。”“梅拉夫。”“米哈尔。”总共有八张。

卡特也忍不住了。“我本来希望可以说：‘这是你的爷爷和我给中东带来和平的时刻。’”[17]他说。他们这次峰会的失败程度，从来没有这么明显过。

贝京让以色列代表团其他成员离开，他要一个人待一会儿。接着，他把卡特拉进自己的屋子，把门关上了。这个时候，贝京安静下来，平复了心情，甚至对卡特友好起来。这与卡特以往认识的贝京不同，抛弃了大家都非常熟悉的扭捏造作。然而，他的观点还是没有改变。贝京说，那封耶路撒冷的信是致命的。他讲述了十世纪德国的一个犹太圣人的故事，这个圣人被称为美因茨的阿曼拉比（Rabbi Ammon of Mainz）[18]。这位拉比是一个非常值得拉拢的人，因此，当地主教一再地劝说他改投基督教。他一次又一次地拒绝了主教，但最后一次他说：“请给我三天时间考虑这个问题。”拉比回到家里的时候，内心充满了罪恶感。“我做了些什么？我做了些什么？我居然让主教有那么一秒钟认为我准备皈依基督教?”三天之后,阿曼拉比没有出现,那位主教就派卫兵把他押到自己的宫殿里。主教问,他没有遵守自己的诺言,应该遭受什么惩罚。拉比说,因为他当时没有立刻拒绝主教,因此他的舌头应该被割掉。“不是你的舌头,而是你的双腿,它们没有按照规定时间把你带过来。”主教回答说。最后,这位拉比的腿和胳膊都被砍断了,并被抹上了盐。之后他被带到一个犹太教堂。那一天是犹太新年。拉比被放在祷告人群前,背诵着:“让我们来叙说今天的无比神圣吧!”。之后他就死了。

“我不是美因茨的拉比,”贝京告诉卡特,“我不需要三天 260
的时间来考虑这个问题。我现在就告诉您,耶路撒冷是犹太人永恒的首都,即便是把我的双手双脚都砍掉,我也不可能改变这一立场!”[19]此时峰会要取得成功的唯一出路,就是卡特将这封信撤回。卡特回答说,峰会的成功与否取决于双方对他个人诚实品格的信赖。他说他宁愿让谈判破裂,也不愿意违背自己对萨达特许下的诺言。

或许贝京是在找一个借口不签协议。应该就是这样的。卡特这么认为。一封在和平协议下没有法律地位的信就将和平的可能性毁掉了,贝京这样做不仅在危害美以关系,也在危害他自己的政治前途。不论是装腔作势,还是真实看法,贝京孤注一掷。他要么签署协议,要么空手回去。历史将如何对他的决定做出评判?

卡特离开的时候,说他和巴拉克一起重写了这封信。现在信中只是简单地说,“美国政府对耶路撒冷问题的立场,依旧与 1967 年 7 月 14 日美国驻联合国大使戈登伯格所阐述的,以及之后在 1969 年 7 月 1 日美国驻联合国大使约斯特所阐述的,保持一致”。[20]这样写就没有直接引述这两位大使当时的话了。实质上没有什么不同，但或许贝京可以再用开放的心态读读看，并告诉卡特他决定怎么做。之后，卡特回到山杨屋，感觉绝望无助。几个小时之后，全世界都将知道戴维营发生的这个可怕的失败——他个人的失败。后果马上就会在前线表现出来，大家都武装起来，然后陷入无休止的战争之中。

萨达特和巴兹在等他，他们都已经打扮妥当，准备到华盛顿签字。卡特只能告诉萨达特，贝京不打算签字了。

这个时候，电话突然响了，“我接受您起草的那份关于耶路撒冷的信”。贝京说。[21]

261 卡特努力克制住自己的情绪。毫无疑问，这是达成协议的最后一个障碍了。

在白宫东厅，罗莎琳和阿丽莎·贝京坐在一起，听着罗斯托罗波维奇演奏肖斯塔科维奇的大提琴奏鸣曲，他的女儿伊莲娜则弹钢琴伴奏。在演奏会结束时的热烈掌声中，罗莎琳走开了，给卡特打了一通很长的电话。“我要回来吗？”她问，“如果有什么情况的话，我想在那里。”[22]卡特告诉她还有“几个”障碍，但如果能签的话，会在白宫签。

“如果他们同意，你应该马上让他们签字，不要给他们在从戴维营到白宫途中再次改变主意的机会。”

“不用担心，”卡特告诉她，“我们离开之前，会先把协议草签好。”他保证说，在他们都在协议上签了字之前，他不会安排庆祝活动。

罗莎琳说阿丽莎·贝京很想回到戴维营。

“先别回来，”卡特说，“在那儿待着，不要告诉任何人为什么。”

在卡特安排签字仪式流程的时候，巴拉克向他递交了贝京写的有关暂停在西岸建设定居点的信。这封信说，埃以和平谈判的三个月时间内，以色列会暂停在西岸建设定居点。卡特告诉巴拉克说，这不是大家谈好的东西。他把前天晚上大家努力工作的稿子拿出来念给巴拉克听。有两个条款。第一个与埃及和以色列有关，另一个则和巴以和平框架协议有关，这个协议要在五年内完成谈判。有关停止建设新定居点的关键内容，就是在第二个条款中。它与埃以和谈没有什么关系。巴拉克承认卡特的会议记录是准确的。“回去写一封正确的信函，”[23]卡特说，“我需要你写的是，只要与巴勒斯坦的谈判在进行，以色列就不会建设新的定居点。”[24]他同意在第二天收到这封信函，那个时候框架协议就已经签好了。[25]

或许卡特应该先等着，让巴拉克把这封信函写好并交过 262
来。或许卡特应该亲自去找贝京，让他把信函写好并让他签字。如果贝京已经承诺了[26]——卡特认为贝京已经做出了承诺——在与巴勒斯坦人谈判的时候不会建设新的定居点，那么情况就可能与今天的情况完全不同了。今天，西岸有大约350000名犹太定居者，东耶路撒冷则有200000名犹太定居者。另一方面，那些接近贝京的人说，他不可能签这样一份信函。[27]如果卡特坚持在框架协议签署前得到这样一封信函，埃以之间可能就无法实现和平。无论如何，卡特认为他已经把这个事情和巴拉克说清楚了，因此，他继续安排签字仪式事宜，而没有首先拿到这封关键的信函。

卡特来到萨达特住的屋子，与他和巴兹最后浏览一遍协议。暴风雨来了，山间时不时电闪雷鸣。萨达特脸色阴暗，情绪低落，巴兹也明显好不到哪里去。[28]万斯和布热津斯基之后则与卡特开会，确保所有的问题都解决了。美国方案经过二十三稿之后，终于可以定稿了。下午五点三十分，万斯转向总统，说道："就是它了。"[29]卡特坐在椅子上。他们终于做到了。他让埃以达成了和平协议。他也为巴以确立了一个协议框架。成功了。

戴维营峰会结束了。下面的行程马上开始了。行礼需要打包好。电视采访需要计划妥当。没有足够多的直升机，风暴则在山顶上肆虐。大家并没有特别兴奋的感觉。对于卡特来说，过去的十三天中，他经历了一生中最不愉快的时光。[30]他需要给国会领导人打电话。但他先给罗莎琳打了电话，当时她还在白宫。"我们要回家了！"他告诉她，"协议已经草签好了，我们今晚会在白宫东厅签署。"[31]罗莎琳激动地哭了。

几分钟之后，贝京将他的代表团成员召集起来，说，"孩子们，我们达成了协议。"[32]

在戴维营之外，人们还完全不知道峰会的具体情况。三个
263 最为重要的领导人消失了十三天，没有人听见他们发表讲话，也没有人看见他们的身影，似乎被遗忘了一样。即使是那些依旧待在瑟蒙特美国军团大厦的记者们，也不知道情况到底如何。他们这些天在报道当地金鱼养殖场的故事。

穆罕默德·卡迈勒正在收拾东西，这个时候万斯邀请他过去喝一杯。天正下着冰雹，戴维营的山顶出现了一道闪电。卡迈勒等了一会儿，让风暴最可怕的部分过去再说。之后，他就打着伞在雨中穿行。天气正好应和了他的愤怒与迷茫。

"萨达特总统告诉我你今天下午辞职了，我听到这个消息挺难过的。"万斯一边给卡迈勒倒酒一边说。[33]卡迈勒还是闷闷

不乐。他按捺不住自己的愤怒。“你们完全是按照贝京的喜好起草了方案。”他挖苦地说，“你们会为这个协议后悔的，这个协议会削弱萨达特甚至让他倒台。它也会影响你们在温和的阿拉伯国家中的地位，这些国家本是你们的朋友，而且整个阿拉伯人民都会怨恨你们。而埃及，则会在这个地区被孤立……接下来将发生的不过是，贝京终于可以在西岸和加沙放手干了，目标是最终吞并它们。这份协议根本没有为阿以冲突提供什么解决方案，相反，根本就是火上浇油。”

暴风雨减弱之后，卡特给政治领袖以及内阁成员们打了电话，告诉他们协议已经达成，并邀请他们来参加晚上的签字仪式。白宫工作人员开始为签字仪式布置东厅，厨房则为随后的招待会准备了葡萄酒和奶酪。有关达成协议的消息被泄露出去了。那个星期天晚上，在总统乘直升机飞往华盛顿的时候，沿途的市民都把屋子和院子里的灯打开，形成了一条灯光之路，最后飞机在南草坪降落时，电视摄像机的灯光就更加耀眼了。[34]埃及大使馆和以色列大使馆的工作人员也都过来了，三位领导人从飞机上走下来的时候，他们挥舞着手中的国旗。他们三个人看起来似乎对人们的狂喜有一些惊讶。当贝京看到妻子阿丽莎的时候，他大声说：“我的妈呀，我们将青史留名！”[35]

三个憔悴的男人肩并肩地坐在东厅的一张小长方桌前，背 264
后是三个国家的国旗。萨达特看起来严肃、冷静。他看着观众席中他的代表团成员们，但那里空了许多位子，他们本应该坐在那里的。[36]即使是那些参加签字仪式的成员，也显得有一些焦虑，他们担心签署这份和平协议，会让他们把命给丢了。[37]

“当我们来到戴维营，我们达成一致的第一件事情就是，希望全世界为我们祈祷谈判最终会成功，”卡特说，“祷告的效果显然大大出人意料！”[38]他介绍了他们准备签署的两份文件。第一份，也就是《关于实现中东和平的纲要》，处理的是西岸和加沙问题，以及“全面解决巴勒斯坦问题的必要性”。它规定了一个五年的过渡期，“在这个过渡期内，以色列军政府将被撤出，同时成立自治机构，这个机构拥有完全的自治权”。以色列军队会在特定的地方驻扎以保障以色列的安全。在五年期限结束的时候，巴勒斯坦人将会通过谈判来决定自己的未来，并解决西岸和加沙的最终地位问题。“这些谈判将建立在联合国安理会第 242 号决议的全部原则和条款的基础之上，这份决议规定以色列人可以在安全的、得到承认的边界内和平地生活。”

“另外一份文件是《关于签订一项埃及同以色列之间的和平条约的纲要》，”他继续说道，“这份协议规定，埃及对西奈有完整的主权。它要求以色列军队从西奈撤出，而且在一个过渡性的撤离安排之后——这种过渡性的撤离安排很快就能够得到落实，两个国家之间将建立正常的、和平的关系，包括外交关系。”

“与各方的几封信函一起——我们会在明天公布这些信函的内容，这两份戴维营协议构成了中东地区和平与进步的基础。”

265 卡特补充说，以色列议会会在未来两周内就撤除西奈定居点的问题进行投票，以便双方开始最终的和平谈判。

萨达特表扬了卡特组织这场峰会的勇气。“亲爱的朋友，我们满怀着善意和诚恳，来到了戴维营。而在几分钟前离开戴维营的时候，我们的心中又一次燃起了希望和灵感，”他用他洪亮的声音朗读着，“让我们承诺，将戴维营精神贯穿到我们这些国家的新历史进程中去。”[39]

贝京则做了脱稿发言。“戴维营峰会应该改一个名字，”他说，“应该叫吉米·卡特峰会。”[40]卡特笑了。“而且他成功了，”贝京继续说道，“我认为，他比我们在埃及建造金字塔的先辈们，还要努力。”他笑着环视了整个屋子。“我来参加戴维营峰会的时候，我说，或许，由于我们的努力，世界上任何角落的人在未来某一天都能够说‘我们拥有和平了’——在我们现在理解的和平的意义上。我们今晚可以这么说吗？还不能。我们还要走一段路，之后萨达特总统和我才会签署一份和平条约。我们向对方承诺，我们会在未来三个月中这样去做。”贝京这时转向萨达特。“总统先生，今晚在我们为这个伟大的历史时刻庆祝的时候，让我们相互承诺，我们一起尽快去做。”

“当然！”萨达特笑得很开心。

在仪式结束之后不久，兴高采烈的贝京对一个朋友说：“我刚刚签署了犹太历史上最伟大的一份文件！”[41]

萨达特、卡特和贝京在白宫签署戴维营协议，1978 年 9 月 17 日。

后　记

267 当卡特集中精力处理中东和平问题的时候，太多其他问题被堆积起来，没有处理。伊朗国王被推翻了，取而代之的是一个激进的什叶派神权政府。通货膨胀失控了，失业率一直居高不下。卡特所取得的成就——与中国关系正常化、促进人权、制定能源政策、减少联邦赤字、签署《巴拿马运河条约》——都由于冗长、混乱的戴维营峰会而显得失去了光芒。

而贝京公开否认协议中的某些方面，并抱怨卡特给以色列施加了很大压力，这让事情变得更加糟糕。这位总理先生"开始将我们努力争取的和平当作一种腐朽的东西，甚至是可鄙的东西。"[1] 魏兹曼曾这样说道。"在我看来，还没有哪位美国总统像卡特那样，这么大力帮助过以色列。"[2]

签约仪式之后的第二天早上，在白宫，卡特收到了贝京递交的有关停止建设定居点的信。这封信和上次卡特拒绝的那封一模一样。贝京也立即开始在犹太广播和电视上宣布，以色列会继续建设新的定居点。他告诉一名以色列记者，以色列军队会在西岸和加沙无限期地驻扎下去。[3] 签约仪式后的第一个星期一，卡特要向国会做一个报告，萨达特和贝京将被安排坐在
268 众议院的看台上。在做报告之前，卡特追问贝京他之前说的那些话以及那封停止建设定居点的信，到底是什么意思。贝京逃避他的问题。卡特后来对国会说："以色列同意并许诺巴勒斯坦人的合法权利将会得到承认。在昨晚签署这份协议之后，以及在有关建立巴勒斯坦自治政府的谈判过程中，不会在这个地

区建立新的以色列定居点。”贝京根本不打算向这样的压力屈服。

贝京回到以色列时，有一大群人来迎接他，尽管他自己党内的一些人撑着黑色的雨伞并大叫“慕尼黑!”[4]——他们这么说是以英国当年向纳粹德国政府妥协来影射贝京。贝京遵守了将这个协议交给以色列国会审议的诺言。他让议会放心，即使是在五年的过渡期结束后，以色列还将继续对朱迪亚、撒玛利亚和加沙地区行使主权，换句话说，有关自治的谈判不会有什么结果。而至于放弃西奈定居点的问题，他说以色列不能仅因为这一个问题就让峰会失败。“以色列无法面对这样一个结局，”他说，“美国也无法面对。欧洲也一样。美国的犹太人也一样。其他国家的犹太人也一样。我们无法面对这种结局。那样的话，责任就全在我们身上了。”[5] 清晨四点，在进行了十七个小时的辩论之后，以色列议会以三分之二的多数批准了协议，投反对票的主要是贝京所在党派的成员。[6] 之后，他宣布了“强化”西岸的以色列定居点计划。卡特愤怒极了。“贝京想同时得到两个东西，”他认为，“与埃及实现和平——还有西岸。”[7] 萨达特威胁说，他要退出谈判。

戴维营峰会结束一个月后，萨达特和贝京都被授予了诺贝尔和平奖。[*] “萨达特应该得奖。”[8] 卡特在日记中这么写道。那个时候，卡特政府已经很清楚地知道，贝京正在努力运作，让卡特在竞选连任时失败。[9] 而且，贝京看起来并没有兴趣马上
签署什么条约。他拖延得越久，他就有越多的道德力量。他精 269

* 卡特后来在 2002 年也凭借自己在人权和社会福祉方面的工作而得了诺贝尔和平奖。当时，诺贝尔奖委员会主席承认，卡特当年也应该与贝京、萨达特一同获奖。

心算计后认为，卡特和萨达特比他更需要这样一份条约。

在这样一个格外紧张的时刻，卡特又患了很严重的痔疮。[10]他取消了一些既定行程之后，有关他得了痔疮的消息就在媒体上传播开来。卡特了解到，1978 年圣诞节，埃及人民都祷告他能够好起来，而第二天他真的好起来了——这似乎是和平谈判开始以来，第一次神的力量起了作用。

卡特决定做最后一搏。他决定在那年三月亲自到中东走一趟，努力迫使双方解决分歧。国务院的专家们都为总统的决定尴尬不已，因为这明显是闭着眼睛孤注一掷。[11]卡特和罗莎琳飞赴开罗，随行的还有布热津斯基、国务卿和国防部长。基本上，整个卡特政府的外交和国防官员都在“空军一号”上，卡特希望留下一点政治遗产的希望，也全在那架飞机上。

萨达特迎接了他们，并带他们坐火车到了亚历山大市。他们受到了热烈的欢迎——“这是我见过的最壮观、最热情的人群。”[12]卡特告诉萨达特。他在埃及受欢迎的程度，大大超过了在自己国家的受欢迎程度。“或许我们应该搬到开罗来住。”罗莎琳说道。[13]

卡特是在周六晚上安息日刚刚结束的时候，抵达以色列的。萨达特在十五个月前的历史访问中，也是在这个时间到达以色列的。那个时候，和平看起来是一个简单的问题，但现在整个世界都被颠倒好几次了。卡特直接与贝京进行了私下会晤，贝京直截了当地告诉他，很快完成谈判是不可能的。卡特觉得这是一种对他个人的人身攻击，是破坏他的声望并降低他成功连任的机会的另一种方式。他站起来，问贝京，这种情况下他是否还有必要在这里待下去。接下来的四十五分钟，两个人之间的怨恨和盘托出了。卡特说他怀疑贝京根本不希望实现和平，因为他的所作所为都是在破坏和平，而且“还幸灾乐祸”。[14]贝京把脸转过去，并说他绝对希望得到和平，然而“一个民族的命运正悬于一线”。[15]

卡特离开时已经是午夜时分了。他确信贝京会不顾一切地 270
阻止条约的批准，并且将不会遵守他在戴维营做出的允许西岸的巴勒斯坦人完全自治的承诺。他再一次因为贝京对难民的艰难处境没有一点同情心而感到震惊。[16]

第二天，贝京带着卡特来到大屠杀纪念馆，然后来到赫茨尔山，到西奥多·赫茨尔和弗拉基米尔·亚博廷斯基的墓地凭吊。这是一个深入贝京灵魂的旅程。贝京在其一生的经历中获得的教训是，犹太人不能够将自己的安全交给任何其他人。“不仅仅是纳粹和他们的朋党们认为犹太人是应该被消灭的卑微生物，”他在回忆录中这样写道，“自认为‘文明’的整个世界也开始习惯于这样的观念：或许犹太人和其他人不同……整个世界对于被屠杀的人都不同情。它只尊重那些起来战斗的人。”[17]这就是他的信条。赫茨尔提出了建立一个犹太国家的理想，亚博廷斯基丰富了这个理想，并预测了这个国家和阿拉伯居民、邻国之间会存在一些问题。贝京自认为是这两位思想家的天然的继承人，他要将他们的理想转化为一个不可战胜的犹太国家。

这次参观之后，卡特一人来到一个浸礼会教堂去做祷告。他想着耶路撒冷比世界上任何其他城市都经历了更多的战争，祷告说，希望耶路撒冷不要再发生任何战争了。[18]

星期一，卡特对以色列议会发表演说。他说犹太人民已经准备好了接受和平，但以色列领导人还没有表现出进行和平尝试的勇气。贝京站起来讲话的时候，迎接他的是口哨声和大喊大叫——这是以色列民主生活中最混乱时的样子。他看起来似乎很享受这种混乱，每一次有人对他骂脏话的时候，他都乐呵呵地笑着，并有意识地向卡特瞟上几眼，意思是让卡特看看自己正面对什么样的困难情形。事实上，卡特这个时候确实更能理解贝京了。他自己在总统任上的处境也好不到哪里去。

以色列议会会议结束后，贝京告诉美国代表团，没什么好谈的了。[19]他提议发表一份联合公报，说一些通常说的话——取得了一些进展，但存在一些问题有待解决。事实上，他已经拿出文本了，这个文本早就准备好了。

卡特回到了大卫王酒店——也就是贝京在英国统治时期炸
271 毁的那家酒店——精疲力竭、气愤异常。他命令“空军一号”准备立即起飞。他不想在以色列多待哪怕一个晚上。但时间太晚了，整个代表团收拾好行装还要花不少时间。他很不情愿地同意待到第二天早上。与此同时，随行的媒体已经得出了结论。[20]哥伦比亚广播公司主持人沃尔特·克朗凯特宣布，和平条约失败了。全国广播公司和美国广播公司随后也发布了同样的新闻。

那天晚上魏兹曼和达扬拜会了万斯，并告诉他说，如果贝京继续阻挠和平条约的签署，他们俩就辞职。其中一个难点是，以色列拒绝放弃埃及石油。达扬提出了一个解决方法，埃及原则上同意向以色列提供石油，同时美国保障以色列在十五年内的石油需求。他敦促卡特做最后一次尝试。[21]

第二天早上，卡特邀请贝京一块吃早餐。贝京及其夫人一起来了，他夫人陪同罗莎琳。他们两个人在窗前站了一会儿，透过窗户看着耶路撒冷老城。这些古老街道上流过的血，不知道把这个城市染红了多少遍。

巴勒斯坦人问题依旧还没有解决，这是唯一一个重大的问题。卡特同意将提到加沙的字句都删除，贝京则许诺考虑卡特总统的请求：以“富有同情心的方式”改善西岸的政治气氛。[22]在不实际许诺任何具体行动的情况下，贝京说，他会允许巴勒斯坦人享有某种程度的政治活动自由。他们俩达成了交易。

早餐之后，在贝京和卡特去大堂的时候，电梯出故障了，在离地六英尺的地方紧急停了下来。数以百计的记者和外交官都在大堂等着，想了解早餐会晤的结果如何。在花了二十分钟试图重新开动电梯但没有作用之后，电梯的门被拆下来了，贝京夫妇和卡特夫妇只能爬梯子下来，“屁股对着大伙儿，”卡特这样回忆道，“这就是我们最终达成和平协议的方式。”[23]

1979 年 3 月 26 日是一个和风徐徐、阳光明媚的日子，三
个国家的国旗在一张桌子后面飘荡着。华盛顿的所有官员都来 272
到白宫草坪上。在他们等待的时候，贝京在椭圆形办公室提出了最后一个请求。他说，作为对贝京夫人的一个友好表示，请卡特总统免除美国提供给以色列的三十亿美元的债务。他将“作为对贝京夫人的一个友好表示”重复了好几次。[24]卡特看着当时在场的、一脸惊讶的布热津斯基，之后，他突然放声大笑起来。

下午两点，卡特、贝京和萨达特各就各位，签署了正式的条约。巴勒斯坦抗议者正在街道另外一边喊着抗议口号。“过去三十年间，以色列和埃及一直处在战争之中，”卡特这样开头，“但在过去的十六个月中，这两个伟大的国家在努力实现和平。今天，我们来为一次胜利庆祝——这不是一场流血军事

斗争的胜利，而是一个振奋人心的和平斗争的胜利。”他承认，双方之间还有分歧。“让历史记录下来，深刻的、古老的敌意也可以得到化解，而且不以大规模流血、大量宝贵生命牺牲为代价。”萨达特赞扬卡特，说他“是和平道路上最好的伙伴和朋友”。三个人都引用了《以赛亚书》中的句子——“他们要将刀打成犁头，把枪打成镰刀”。

“我和我们的伟大邻居，也就是埃及，签订了一份条约，”贝京说，“我内心充实万分，激动不已。上帝给了我力量去承受，幸免于纳粹的恐怖、斯大林的集中营和其他危险，承担而不是逃避我的责任，接受外国人的侮辱，而且更痛苦的是，自己人民，甚至是自己亲密朋友的侮辱……”当一生中毫不妥协的经历涌向心头时，他抬头望着天空。“因此，此时此地，应该重温一下我小时候在父母家里感恩节时学习到的颂歌和祷告。我的父母都已不在人世，他们是死去的六百万人——男人、女人和孩子——中的一员，这些人以自己的鲜血，为上帝正名，这鲜血染红了欧洲的大江大河，从莱茵河到多瑙河，再从布格河到伏尔加河，因为没有人来拯救他们，尽管他们在困境中痛彻心扉地大声喊着‘救救我们，救救我们’。这就是‘度诗’（Song of Degrees），是我们的祖先在两千五百年前第
273 一次从流放之地回到耶路撒冷和锡安的时候，写下的。”

这个时候，贝京戴上了一顶黑色圆顶小帽，并用希伯来语开始朗读《诗篇》第 126 篇：

> 当耶和华将那些被掳的带回锡安的时候，我们好像作梦的人。我们满口喜笑、满舌欢呼的时候，外邦中就有人说：“耶和华为他们行了大事！”耶和华果然为我们行了

> 大事，我们就欢喜。
>
> 耶和华啊，求你使我们被掳的人归回，好像南地的河水复流。流泪撒种的，必欢呼收割。那带种流泪出去的，必要欢欢乐乐地带禾捆回来。

签约仪式只持续了几分钟。签约之后，萨达特来到埃泽尔·魏兹曼和他的儿子绍尔身边，埃及狙击手在他身上留下的伤是显而易见的。萨达特热情地拥抱了这个年轻人，魏兹曼则在一边用手牵着儿子。对魏兹曼而言，这意味着战争结束了。

在后面的庆祝宴会上，摩西·达扬和万斯及其夫人盖伊坐在一起。蕾昂泰茵·普莱斯献唱，以色列的小提琴手伊扎克·帕尔曼和平卡斯·祖克曼伴奏。达扬不喜欢这种签字仪式。上一次大战给他带来的身体疲劳已开始显现出来，而且他也病了，只是还没有发现而已。“您看起来很累。”[25]盖伊这么说道。达扬趁机起身走回了酒店。

路上，他回想了一下几天之前以色列议会就是否接受卡特总统提出的条约而进行的长时间辩论。达扬在这场辩论中是最后发言的。和往常一样，他没有慷慨激昂地高谈阔论，这种论调浸透了整个有关和平的辩论。他说，这份条约并不是弥赛亚所说的将刀打成犁头的条约。相反，它是一个军事条约，里面对空军基地的建设和以色列的安全保障做出了规定。它也是一个政治条约，目的是让两个长期开战的国家建立关系。它也是 274 一个诚实的条约，因为它没有刻意模糊双方之间的分歧。它还是一个现实的条约，因为这个条约让埃及接受以色列的存在。

两个月之后，贝京和萨达特在阿里什，也就是西奈半岛的行政首府再次碰面。在那里，以色列将西奈半岛正式交还给埃及。当以色列的国旗降下、埃及国旗升起的时候，两个国家的国歌响起，号角也吹响了。

两方的车队从不同的方向开过来，在后面留下了长长的车辙痕迹。贝京邀请双方受伤的士兵在这个沙漠绿洲中见面，以示和解。这些老兵，大概有150人，艰难地从车上下来，可以看出战争给他们造成的残酷伤害。他们有的瞎了，有的瘸了，有的缺胳膊少腿，一瘸一拐地被引导着从仪仗队和军乐队中间穿过。他们坐在大厅的两边，大厅里面摆放着食物。尴尬的沉默，僵持。这种压迫感非常强烈，有的士兵受不了而要求传令兵将他们带出屋。贝京的讲稿撰写人耶胡达·阿福纳（Yehuda Avner）当时坐在一名失明的以色列士兵旁边，这名士兵把他的儿子也带来了，大概八九岁的样子。“把我牵到对面士兵那里去。”[26]他儿子对对面的士兵有一些害怕，但他带着父亲来到屋子中央。一名埃及士兵挪动着轮椅过来，牵住了这名以色列士兵的手。有几个人开始鼓掌，之后整个屋子都一下子欢呼起来，所有人都聚到一起，相互拥抱。

在一片“您好！您好！”的招呼声中，萨达特和贝京进来了，他们和每一名伤残老兵打招呼，询问他们曾在哪里战斗，在哪里受伤。阿福纳注意到那名失明士兵的儿子，一脸的害怕和疑惑。对这个男孩而言，他所做的就是带着失明的父亲，而父亲之所以失明正是拜对面这些敌人所赐。“不要害怕，我的儿子，”他父亲告诉他，“这些阿拉伯人是好人。”[27]

两位领导人回到了把他们带到埃尔阿里什的那种坐着不那
275 么舒服的军事飞机上，一贯非常注重外表的贝京发现他的鞋子上，由于在沙地上走，满是灰尘。于是他拿出一块手帕擦了擦鞋子。之后他把手帕递给萨达特，萨达特礼貌地谢绝了。[28]

埃及政府建立了一个游行广场来纪念1973年的战争，那场战争中埃及越过了苏伊士运河，重新赢得了面子。每年的10月6日，在战争开始的周年纪念日，萨达特都会穿着盛装，邀请高级官员、外国外交官和国际记者，来参加这一年度的纪念活动。1981年，萨达特穿着陆军元帅制服，几天前他在伦敦的服装师刚刚把它们送过来——黑皮靴、骑马裤、帽檐镶着黄金穗带的帽子、灰黑色上衣，胸前披挂着象征正义的绿色肩带，脖子上挂着西奈之星。他决定不穿防弹衣了。

这位“跨越苏伊士运河的英雄”——他喜欢这个称呼，挨着副总统穆巴拉克，坐在一个大型大理石看台的第一排。还有大概1000人也来观看，包括美国和以色列驻埃及大使以及其他一些要客。萨达特的妻子吉安和他们的孙子孙女坐在高处的玻璃包厢内。乐队进行了表演，并放了烟火。庄严的骆驼部队走了过来，看起来就好像一张精美的明信片。伞兵从天而降，降落在离看台几码远的指定地点上。坦克和装甲车整齐划一地在观摩者面前列队经过。当一个法国幻影飞机编队飞到天空表演特技并洒下彩色烟雾带的时候，受阅军队中的一辆军车突然停了下来，几名拿着自动步枪和手榴弹的士兵从车上跳了下来。其中一名士兵哈利德·阿尔－伊斯兰布利（Khalid al-Islambouli），冲向了看台。萨达特立即站了起来，并行了军礼。

或许他认为这个年轻的中尉和其他人是来向他致敬的。毕竟，他给埃及带来了和平。八年了，军队再也没有投入战斗。尽管埃及的经济还是一团糟但有了21亿美元的援助——大部
分都是美国在戴维营会议之后逐年提供的军事援助。有理由相 276

信埃及人——特别是士兵——应该是感激的。

或许他看到死神已经来索取他的性命了。与以色列的条约让极端的伊斯兰愤怒不已。萨达特担任总统的第一个举动就是释放纳赛尔总统关押的政治犯，这些人大部分都是穆斯林兄弟会的成员。萨达特认为赦免他们的做法，再加上自己非常虔诚的宗教信仰，会让他免遭极端分子的报复。但实际上，极端分子从来不认为萨达特能够满足他们的要求：实行严格的伊斯兰律法，让妇女把自己的头裹起来。作为回应，萨达特镇压了一些学生宗教团体。在议会选举中，他禁止讨论和平条约。[29]他让自己成为终身总统和首相。他通过了一项法律，规定妇女有权离婚并禁止在大学里面戴尼卡布面纱——伊斯兰激进主义者认为妇女应该戴这种面纱。1981 年的夏天，他将 3000 人关进了监狱，包括穆斯林兄弟会的最高领袖和其他政治对手，以及任何公开批评戴维营协议的人。[30]

萨达特是作为一个独裁者来统治自己的人民的，埃及人一直都是被这样统治的。他向一个著名的埃及学者萨阿德·埃丁·易卜拉辛（Saad Eddin Ibrahim）解释说，他的批评者都误解了《古兰经》，《古兰经》实际上给了埃及统治者特殊的地位。当上帝希望以色列人脱离埃及的奴役的时候，他并不对埃及人民说什么。相反，他建议摩西和亚伦来恳求埃及领导人。“去吧，你们俩，去找法老，因为他不受任何约束。平静地对他说，这样他会注意到，或者尊重你们。”[31]如果摩西，最伟大的预言家之一，被上帝要求礼貌地和法老交谈，萨达特认为，他的那些批评者也应该这样对他。[32]

然而，埃及却反对萨达特。极端分子如此，知识分子也如此。他给他的人民带来的和平，人民并不买账。和平并没有实

现人们希望通过战争实现的。征服和报仇的渴望依旧弥漫着，尽管三十年的冲突带来了无尽的痛苦、贫穷和耻辱。只要埃及 277
在流血，其他阿拉伯国家就会雪上加霜地要求埃及做出更大的牺牲，但现在它和平了，阿拉伯国家对它进行了经济制裁，禁止埃及飞机飞过它们的领空。[33]在开罗建立、总部也设开罗的阿拉伯联盟，开除了埃及，并将总部迁到了突尼斯。除了阿曼和苏丹之外，每一个阿拉伯国家都和埃及断绝了外交关系。穆罕默德·卡迈勒当时预料的孤立变成了现实。萨达特斥责对他避而不见的阿拉伯世界是"胆小鬼和侏儒"。[34]他说对他与以色列达成的和平协议的指责，不过是"蛇吐信子"虚张声势而已。"他所说的事情可能是真的，但没有必要这么去说，"卡特后来回忆说，"我试图让他不要到处嚷嚷。"[35]

和往常一样，萨达特以躲起来的方式来应对阿拉伯世界的愤怒。他谢绝与外界接触。他从来不那么在意吃什么，但现在，他只吃水煮蔬菜和喝点汤。他总是谈起死亡。"就好像他在执行某种没有人能够理解的神秘使命一样。"吉安·萨达特曾这样说。[36]

萨达特的刺客在萨达特向他敬礼的时候，扔出了手榴弹，但手榴弹没有爆炸。之后，他和其他士兵用自动步枪朝看台射击。第一枪就打中了萨达特的脖子。伊斯兰布利居然大胆地走到看台上，对着萨达特的尸体开枪，而且把子弹全部打光了。前三十秒，总统卫兵似乎都懵了，僵在了原地。萨达特的私人秘书法兹·阿布戴尔·哈菲兹试图用一把椅子挡住萨达特，但哈菲兹自己也被击中了，身中超过二十颗子弹（他后来居然活了下来）。[37]袭击结束之后，萨达特和其他十一个人都被刺杀了。科普特教会主教死的时候还穿着教袍。古巴驻埃及大使也死了。此外还有二十八个人受伤。比利时驻埃及大使中了两枪。鲜血从看台的台阶上往下流淌。其中一个刺客被打死了，其他三个人也受了伤并被逮捕。“我杀死了法老!”伊斯兰布利大声喊道。[38]

刺杀发生的时候坐在萨达特旁边的奥萨马·艾尔－巴兹，不知踪迹。[39]穆巴拉克在找到他最亲密的助手之前，拒绝宣布
278 总统的死讯。几个小时之后，巴兹才被发现在很多英里之外的赫利奥波利斯郊区的街道上游荡，依旧未从震惊中缓过神来。

这次刺杀行动本来是那些谋划者策划的接管埃及政府计划的一部分。但这个计划被接下来的搜捕行动挫败了。许多伊斯兰地下运动的极端宗教团体成员，都被逮捕了。基地组织未来的一个领导人，阿曼·阿尔－扎瓦希里，也在去机场的路上被抓了。他本计划在萨达特的葬礼上实施爆炸行动，届时许多外国领导人都会出席葬礼，包括吉米·卡特和梅纳赫姆·贝京在内。[40]

萨达特的葬礼在他被刺杀五天后的周六举行。由于严格的犹太教徒在安息日不使用汽车，因此贝京从他入住的一个郊区俱乐部步行去参加葬礼。以色列安全人员簇拥着他，这些安全人员的公文包中都是自动武器。开罗全城戒备森严。八十个国家的领导人出席葬礼以表达他们的敬意，但很扎眼的是，没有阿拉伯代表团出席。整个城市中，在酒店大堂和公寓楼的阳台上，都有沙包掩体。低空飞行的直升机的轰隆声在大街上回响。全副武装的士兵在每一个重要路口警戒。[41]然而，纳赛尔逝世时大街上出现的那种歇斯底里的悲伤，这次却没有出现。相反，人们都显得那么无动于衷。

摩西·达扬没有来和萨达特告别。当他认识到贝京总是回避执行巴勒斯坦人自治的安排之后，他就从内阁辞职了。达扬确信以色列的军事占领正在摧毁以色列的道德力量。为此，他组建了自己的政党，但只在议会中取得了两个席位。那个时候，实际上在戴维营峰会期间就在他身体内肆虐的癌细胞，被发现了。他马上认识到这会要了他的命。“我在64岁之前，一直都活得很精彩。”[42]他以一贯的平静说道。萨达特的葬礼结束六天后，他也去世了。

埃泽尔·魏兹曼也没来参加葬礼。[43]他也从内阁辞职了，原因是拖延自治谈判，而且以色列还在西岸大规模扩建定居 279
点。在递交辞呈之后，魏兹曼愤怒地将总理办公室墙上的一张和平张贴画撕了下来。“这里没有人希望和平。”[44]他大声叫道。贝京感觉自己遭到了背叛，并拒绝魏兹曼成为出席萨达特葬礼的以色列代表团成员，尽管在以色列，没有人像魏兹曼这样和萨达特走得那么近。

各国政要在萨达特被刺杀的阅兵场集合。看台上的鲜血已经被清洗干净了。但弹孔依旧清晰可见。卡特和美国代表团走在一起，代表团包括前总统尼克松和福特。现在，卡特也变成了前总统。由于在1979年伊朗革命中，未能成功解救被关押在美国大使馆的人质，他失去了再次当选的任何机会。

卡特和贝京没有交谈。

竖立在阅兵场的萨达特纪念碑上，刻着从《古兰经》摘选的一段经文作为他的墓志铭，这一段经文是他在到访耶路撒冷之前，为了预备他可能被犹太人刺杀而选定的。“不要认为那些为上帝而牺牲的人，已经死去了。他们和上帝一起活着，丰衣足食。”[45]最后，杀死他的，是他的人民。

由于不用再担心埃及会采取报复行动，贝京在西岸大力扩建定居点，并突然轰炸了巴格达附近的一个伊拉克核反应堆，在戈兰高地实行了以色列法律。之后，在 1982 年 6 月，他派以色列军队进入黎巴嫩，目的是彻底打垮巴勒斯坦解放组织。黎巴嫩有 30 万名巴勒斯坦难民，这使得这个原来亲西方马龙派基督徒占多数的国家人口结构发生了改变。

贝京承认，不同于以往的一些战争，这是一场“主动发起的战争”，[46]但他承诺说，这场战争结束后，将给以色列带来“四十年的和平”。[47]基本计划是，根据阿里埃勒·沙龙的设想，将巴勒斯坦人从黎巴嫩驱赶到约旦去，这样一来约旦基本上就会成为一个巴勒斯坦人的国家，从而让以色列可以吞并西岸。[48]贝京向罗纳德·里根总统承诺说，以色列军队从边境往
280 前推进不会超过四十公里。[49]

不论以色列政府对这个计划施加了什么限制，沙龙一把军队开到黎巴嫩，就把一切限制抛诸脑后了。以色列军队和马龙教派长枪党的一个名叫巴什尔·杰马耶勒（Bashir Gemayel）的基督军阀合谋，将巴勒斯坦人驱逐出去，击败这个国家的叙利亚军队，并让杰马耶勒成为黎巴嫩的总统。以色列军队很快就完成了这些目标。亚西尔·阿拉法特和巴勒斯坦解放组织的其他领导人登上了一艘开往突尼斯的船。杰马耶勒在那年八月成了黎巴嫩总统。但一个月之后他就被叙利亚炸弹炸成了碎片。

由于失去了黎巴嫩这个合作伙伴来清理遗留在黎巴嫩的巴勒斯坦解放组织的武器装备，以色列军队进攻了西贝鲁特。“沙龙的军队对两个目标尤其感兴趣。”[50]当时派驻扎贝鲁特的《纽约时报》年轻记者托马斯·弗里德曼后来这么写道。其中

一个是旧巴勒斯坦的资料室，包括书籍、地契、阿拉伯人生活的照片，以及标示了在以色列国家建立之前每一个阿拉伯村庄的地图。弗里德曼注意到了以色列士兵在保存这些资料的房间中留下的涂鸦。巴勒斯坦人？什么是巴勒斯坦人？还有，巴勒斯坦人，去你妈的！

另一个目标是两个巴勒斯坦人难民营，一个叫萨布拉，另一个叫沙提拉。沙龙说那里还躲藏着军事人员。他的军队包围了这两个难民营，并让长枪党党徒冲进去，为他们领袖的死复仇。在接下来的三天中，他们几乎杀死了所有人。以色列士兵从他们占领的科威特大使馆的顶端可以清楚地看到大屠杀的情况。为了帮助长枪党党徒，他们在晚上还放照明弹，并允许他们在街对面的以色列军事指挥所指挥屠杀行动。当暴徒们终于离开了，记者和外交官们在残破不堪的尸体堆中，看到了婴儿和儿童的尸体，这些尸体被剖开，并被弃置在垃圾桶中，男孩身上的睾丸被割掉，人们的头皮被割掉，尸体上刻着十字架。[51]红十字会估计遇难人数为 800 ~ 1000。[52]其他一些资料则认为被屠杀人数要多得多，但由于长枪党党徒将许多尸体抛弃掉了，因此很难有一个准确的数字。弗里德曼没有看到任何证据 281
表明这些被屠杀的人是巴勒斯坦解放组织的士兵。这些士兵在难民营被攻击之前就已经离开了。

联合国谴责这种种族屠杀的暴行。由于对屠杀和乌烟瘴气的战争感到羞愧和愤怒，40 万名以色列人——相当于以色列全国人口的十分之一还多——到大街上游行要求严惩凶手。官方调查的最终结论是，沙龙要为这次大屠杀事件承担个人责任，但贝京拒绝解雇他（沙龙确实辞去了国防部长的职务，但他依旧是内阁成员，只是没有具体的职衔而已）。全世界开始严肃关注巴勒斯坦人的斗争事业，埃及在愤怒之中又一次和其他阿拉伯国家联合起来了。

贝京认为战争只会持续四十八个小时，也几乎不会带来什么伤亡，但战争造成了巨大伤亡。根据黎巴嫩政府的估计，以色列入侵造成了超过 3 万名黎巴嫩人的死亡，而且大部分都是平民。在贝鲁特古老而又狭窄的街道上——战斗主要在这里进行——有四分之一的受害人是十五岁以下的人，有三分之一的是超过五十岁的人——爷孙两辈人。以色列国防部说在这场冲突中有 1217 名士兵阵亡。比战争还可怕的是它留下的恶果。黎巴嫩本来就是一个混乱不堪的国家，这场战争摧毁了它脆弱的民主，内战再一次爆发了，也摧毁了一个本来因其艺术、贸易和轻松的物质主义而闻名的社会。当以色列军队最终在 1985 年开始单方面撤离的时候，他们本来要打败和驱逐的叙利亚军队又回来了，继续对这个残破不堪的国家进行残暴的统治。巴勒斯坦解放组织离开之后在黎巴嫩南部留下的权力真空，被黎巴嫩真主党填补了，真主党成立的目标就是抵抗以色列的军事占领。以色列最后在 2000 年才从黎巴嫩全部撤出，这已经是战争开始后的第十八年了。

和平给了贝京很大的自由空间，但他有些玩过头了。黎巴嫩战争和妻子阿丽莎的去世，摧毁了他。他变得虚弱，并不再染发。[53]他的精神状态让认识他的人很吃惊。密友们将他保护起来，不让他接受采访也不让他出现在公众场合。1983
282 年 8 月 28 日，贝京按计划要会见德国总理赫尔穆特·科尔（Helmut Kohl）。贝京不能忍受的一件事情就是和一个德国人握手。[54]当卡迪沙伊那天早上来到总理办公室，贝京告诉这位老朋友：“今天我要辞职。”[55]他向内阁解释说他寻求“宽容、宽恕和赎罪，但我是否可以得到这些，我不知道”。

之后，贝京的朋友兼内阁秘书丹·梅里多尔（Dan Meridor）问道：“贝京，你为什么要这么做？”[56]贝京说自己身体虚弱，没有私人空间，同时战争的反对派成天在他屋子的街对面游行示威也让他受不了。因为这些示威者发出各种噪声，他根本睡不着。示威者举着牌子，上面写着每天阵亡的以色列士兵的人数。贝京不忍看这个牌子。警方说可以将这条街上的示威者赶走，但他坚持说，这些示威者有示威的权利。

贝京回到了自己位于耶路撒冷泽马克大街的公寓中，并关上大门，把自己封闭在世界之外。在接下来的九年中，除了去妻子的墓地看望之外，他很少出来。他得了一种皮疹，使得他无法剃胡子。如果某位客人被少见地允许到访的话，他穿着睡衣或者裤子和袍子。早上，卡迪沙伊会给他送来报纸——他一直这么做，之后贝京就读报纸，听收音机。他回到了地下状态。从窗户中他可以看到耶路撒冷森林，[57]那之外，就是代尔亚辛村。

1987 年，戴维营和平条约签署的第八个周年纪念日，吉米和罗莎琳·卡特夫妇正好在以色列。贝京拒绝和他们会面。卡特在总统哈伊姆·赫尔佐克（Chaim Herzog）家里吃午宴，一起出席午宴的还有当年参加戴维营会议的以色列官员。每个人都来了，但贝京没有来。当卡特看到卡迪沙伊之后，他再一次问是否可以和他进行和平谈判的老朋友说两句。“可以的，您在电话上和他说两句吧。”[58]卡迪沙伊说。他拨打了贝京的电话并告诉贝京：“卡特总统在这里，他想和您说几句。”

“把电话交给他吧。”贝京说。

卡特说：“您好，贝京先生。”

“您好，卡特总统。罗莎琳好吗？”

283 “她很好。”

之后，贝京就突然说了再见。1992 年 3 月，他与世长辞。

当贝京带着胜利的喜悦从戴维营返回以色列的时候，时任以色列总统伊扎克·纳冯（Yitzhak Navon）问他：“以前那么多位总理都失败了，您是怎么做到的？”[59]

贝京回答道：“关键是时机。”

然而，戴维营峰会的教训之一是，实际上这次峰会和时机没有什么关系。没错，1978 年每一方都有寻求和平的动力，但那种动力一直都存在，哪怕是在埃及和以色列发生一场接一场的战争的时候。斋月战争让以色列从自己无可撼动的军事优越感中惊醒过来，使得整个环境发生了改变。但自 1948 年第一次战争以来，和平一直都是战争之外的另一个选项。埃及和以色列之间没有什么不可解决的问题。埃及选择和拒绝承认以色列的阿拉伯人站在一起，将赌注压在战争上，因为它当时觉得相比于和平谈判，战争是一个更为确定的解决方案。阿拉伯人赌输了，以色列成为一个更大、更强的威胁。每一次战争都埋下了下一次战争的种子。每一次失败都让阿拉伯国家更加坚决，更加蔑视以色列。和平变成了一种可耻的东西。但就埃及和以色列两个国家而言，和平的可能性是一直存在的。埃及必须决定是只为自己的利益行事，还是作为一个更大的阿拉伯世界的领袖行事。以色列必须牺牲掉一片土地，这片土地给了以色列应对闪电攻击的缓冲带，同时也将想象中“大以色列”的国土面积扩大了不少。

以色列和巴勒斯坦人之间的纷争则不同，这是为什么直到

今天它还没有解决的原因所在——尽管戴维营会议本来是希望
永久解决巴以冲突的。1948 年的独立战争扩大了以色列的领
土范围，包括了尚未成立的巴勒斯坦国大概 60% 的国土面积，
而巴勒斯坦其余的国土面积则被约旦吞并了。阿拉伯难民涌入
邻近国家，而以色列则把他们身后的大门关闭了。这些阿拉伯
难民没有融入相关国家的社会生活，相反他们成了一个不稳定
的力量，也是危害整个世界的极端主义和恐怖主义的源泉。除
了约旦之外，阿拉伯国家都避免让巴勒斯坦难民融入它们的社 284
会，目的是让这场冲突继续存在。试图结束这种冲突的无数努
力都失败了，原因是双方都没有为和平做出一些牺牲的政治
勇气。

把大家都隔离起来，使得谈判各方可以有效地开展谈判，探索各种不同的方案，集中精力实现一个目标，同时冒一些在公众注视的情况下不会冒的风险。卡特当时认为，这种封闭的环境可以让双方领导人增进信任，让他们可以抛开一些小障碍，从而实现一个更大的目标。在这一点上，他完全错了。戴维营这种封闭的环境，反而放大了贝京和萨达特之间的敌对情绪，这种敌对情绪许多次都差点将谈判搞砸。然而，他们中谁也没有可能在不付出惨重政治代价的情况下离开戴维营。他们陷在戴维营了。日子一天天过去，这种封闭隔离的状态，使得各方有越来越强的意愿达成一份协议，因为他们再也难以忍受在戴维营多待了。尽管他们两个人是在这种封闭的环境下谈判的，但他们都清楚历史的光辉正照耀在他们身上，他们在戴维营成功做到的或者未能做到的东西，将超出他们波澜壮阔的一生所实现的任何其他成就。

戴维营峰会很特别，因为这次会议是在各国元首之间而不

是他们手下的官员之间进行的。事前各方没有就任何事情达成一致。这些人所冒的风险，正好体现了他们进行这种谈判所需要的勇气。他们的个人声望悬于一线。他们连对取得部分成功都没有任何把握，实际上，谈判挥之不去的失败阴影，将使事情变得更糟糕。但这次峰会最终成功的一个关键因素是，谈判者都有权力达成交易。每一个让步都会产生重大影响。这让埃及外交部长卡迈勒感到惊恐，因此他努力想约束住萨达特。"卡特带着美国代表团来参加戴维营会议，这就让峰会不只是萨达特和贝京之间的较量，在一定意义上反而有萨达特和美国总统进行较量的意思，"他这么写道，"在世人眼中，这次会议成功，会给卡特锦上添花；而失败，则相当于对卡特落井下石。"[60]他担心，萨达特和贝京最终会就他们本无权做出让步的事情——巴勒斯坦人的权利——做出让步，而目的仅仅是取悦美国总统。

285 如果没有卡特总统希望结束冲突的坚定信念，根本不可能达成和平条约。他的宗教信念——上帝让他身居美国总统之位，部分原因就是要让他给圣地带来和平——激励着他。在没有双方都信任的第三方在场的情况下，埃及和以色列根本不可能实现和平。实际上，没有任何其他人能够像美国总统那样有足够的权威、足够公正不倚，从而能够担负起这种角色。然而，在卡特之前，没有哪位美国总统愿意冒个人声望甚至总统之位的风险，来追求这样一个遥不可及的目标。

美国代表团秉持着单一谈判文本的策略，这个文本是由卡特掌控的。这使得他可以锁定谈判进展，同时逐步减少分歧。卡特还自己学习了这个地区的历史和地理。他对于细节的过分执迷已经成了笑柄——据说，他甚至会查看白宫工作人员中签名预约网球场的人员名单。[61]然而在戴维营，这种吸收信息的能力却让他可以看穿在针锋相对的谈判中经常会出现的风险和伎俩。

然而，卡特是带着一种错觉来到戴维营的，认为自己就是一个协调人，一种营队辅导员的角色，任务是帮助争吵的双方更好地理解对方。他曾认为，两个领导人可以发现对方内在的善，并愿意解决他们之间的分歧。这种错觉在三个人第一次会面的时候，就被彻底粉碎。卡特手足无措，对双方公开的敌意吃惊不已。由于无法调停双方之间的争吵，他只能将埃及代表团和以色列代表团隔离开来。他们无法逃离创造他们的历史，从而就无法深入地理解对方的灵魂。只有卡特可以。他的角色必须改变，这意味着他自己也必须改变。他必须抛开自己对人性的基督教式理解，并接受《旧约》中更为悲剧性的对人的行为的观点。他们需要他比他们更强大一些。他必须迫使他们实现他们两个人都希望得到的，但仅凭他们两人根本无法实现的和平。

卡特角色的变化发生在第六天、在参观葛底斯堡之后，就变得很明显了，正是那个时候，他提出了第一稿美国方案。他
很强硬地表示，如果谈判失败了，那就是贝京的错。同样，在 286
第十一天，当萨达特要求安排直升机将他和埃及代表团带回到华盛顿的时候，卡特充分利用了其总统职位的分量，威胁说要与埃及断绝关系，并终结他们之间的个人友谊。卡特清楚地告诉他们，如果他们之中任何一个人擅自离开，他们和美国的关系就会出现问题——这可是他们两个人都无法承担的风险。通过在谈判中扮演积极的谈判伙伴，卡特使得每一方都可以向美国做出他们相互之间无法做出的那种让步。

卡特也得到了一个团结的美国代表团的帮助，这个代表团自始至终都没有陷入帮派之分。特别是万斯和布热津斯基，他们在卡特政府任职期间，有过许多争吵，但这种争吵在戴维营一次也没有出现过。整个代表团，像他们的总统一样，精力集中，不知疲倦。相反，埃及和以色列代表团则像他们所代表的社会一样，是分化的。萨达特带着一个没有什么权力却一致反对他的代表团。以色列代表团也是分化的，和复杂、争吵的以色列政治体系一样，但总体而言代表团成员比他们的头儿更希望实现和平。贝京可能是因为他们的能力而选择他们加入代表团。他们帮助他克服了他一生都不愿意做出任何妥协的态度。

模糊在戴维营发挥了正反两面的作用。严谨的措辞是埃及和以色列能够达成协议的关键所在，但有关巴勒斯坦人的模糊词句，则给了贝京后来大肆利用的例外条款。卡特成功地运用了模糊处理的方法，也就是将联合国第 242 号决议从正文中拿出来，放在附件中，这让贝京克服了对联合国第 242 号决议的恐惧。同样，在有关耶路撒冷的附属信函中，卡特提到了两任美国大使的政策宣言，但并未提及他们的政策宣言的具体内容。当卡特来到以色列试图最终敲定协议的时候，贝京暗示说，他将以慷慨大方的方式处理巴勒斯坦人的要求，但拒绝给出任何具体细节。以色列人确实承认巴勒斯坦人有“合法权利”，也应该享有“完全的自治”，但他们在巴勒斯坦人权利上拒绝接受“自决”这个词。万斯认为这可能是能够期望的
287 最大限度了。[62]没有将包括了西岸和加沙问题的全面的和平条约与埃及和以色列之间单独的和平条约，有效地联系在一起，基本上让巴勒斯坦人建国的希望破灭了。“萨达特仅仅为了获得几把西奈半岛的沙子，就出卖了耶路撒冷、巴勒斯坦以及巴

勒斯坦人的权利。”亚西尔·阿拉法特愤怒地说道。[63]（阿拉法特后来进一步抵制自治谈判，[64]这使得巴勒斯坦人无法影响他们的未来，但实际上美国人和以色列人都不希望他们参加这种谈判。）萨达特在巴勒斯坦人问题上的犹豫不决，[65]使得卡特很难更有力地推动这个事情，但他后来对于协议各方，包括埃及在内，放弃了巴勒斯坦人事业的做法，懊悔不已。

戴维营峰会开始的时候，并没有确定什么截止日期。但是，毫无疑问，没有人会想到这次会议居然持续了十三天之久。贝京特别反对所谓的截止日期。他可是将小问题拿到桌面上谈论个没完，让时针自由自在转着圈儿的高手。第十一天是一个星期五，卡特决定不能在峰会上投入更多的时间了。他要求贝京和萨达特提出自己的最终建议，因为峰会将在星期天结束，而不论结果如何。这个截止日期使得两个代表团都集中精力处理最后的协议，但在谈判紧张进行的星期六，却犯了一个致命的错误。要么是出于误解，要么是由于欺骗，或者某种刻意的考虑，贝京没有拿出卡特认为他已经同意的有关停止建设定居点的信函。在戴维营与会者中，只有阿伦·巴拉克一个人提出，大家应该继续谈判，直到巴勒斯坦问题已经解决、卡特所设想的全面和平条约达成为止。这意味着以色列人必须承诺从占领地区撤军，并允许巴勒斯坦人自由选举并成立有实际控制权的自治政府。这是贝京不大可能同意的东西，不论他在戴维营这个马里兰州的山坡上待多久都是如此。相反，他故意拖延时间。

这三个人中，或许只有卡特一个人真诚地认为能够达成一 288
份和平协议。萨达特来参加谈判主要是为了取代以色列，让埃及成为美国在中东地区最好的朋友。[66]和平当然是一个很值得追求的结果，但如果谈判因以色列人的固执失败了，那么就会强化埃及和这个世界上最强大的国家的关系。“这将导致贝京倒台！”[67]萨达特这么对埃及代表团预言道。以色列人并不真正清楚会议的目标到底是什么。贝京来到戴维营的时候，以为整个谈判就会持续两三天，会议结束的时候不过是大家承诺再进行进一步的会谈而已。以色列代表团中没有人预料到，最终以色列会放弃西奈定居点并完全从西奈半岛撤出。[68]贝京的主要目标实际上是避免以色列成为会议失败的指责对象。[69]最后，他达成这个目标的唯一方法就只是，让峰会取得成功。

萨达特拿回了西奈以及那里的油田，这是他通过战争也没有拿回的东西。埃及确实因此被邻国疏远了，但这种疏远并没有持续很久。“阿拉伯国家无法孤立埃及，”萨达特曾经这样不无傲慢地说道，“它们只会孤立自己。”[70]他是对的。1984年，阿拉伯国家开始在开罗重开大使馆，尽管萨达特没有活到那个时候来见证自己的预言成真。贝京被认为是戴维营峰会中更为强硬的谈判对手，但以色列也必须放弃一些有价值的、有形的东西——土地——以便获得一种稍纵即逝的、可被推翻的东西——和平。以色列将条约中未规定的事情认定是以色列在这次会议上取得的胜利所在：例如，条约没有提到巴勒斯坦国或者巴勒斯坦人自决；没有要求以色列军队从西岸和加沙撤出；没有有关耶路撒冷的协议。贝京在戴维营以及之后采取的强硬战术，使得以色列可以继续占领西岸，可以继续不停地建立定居点。这也意味着本来可以在戴维营实现的全面和平，对于以色列来说，依旧扑朔迷离。除了得到一句尊重“他们的合法权利”的模糊承诺之外，巴勒斯坦人基本什么也没有得到。由于与以色列签订了和平条约，埃及切断了自己和巴勒斯坦人事业之间的关系。失去了一个强有力的阿拉伯国家的支持，巴勒斯坦变成了伊斯兰主义者和极端组织的象征，这些人只能给一个已经被抛弃民族的和平的、正当的未来，带来进一步的伤害。

戴维营没有解决的问题并没有就此消散，但这次峰会的成 289
功是由其持久性来衡量的。自 1979 年埃及和以色列签订了和平条约以来，没有出现对条约任何条款的任何违反。在战争将条约破坏之前，是难以衡量这样一份条约的真正价值的。

致谢和参考资料说明

291 写这本书的起因是非常特别的。2011 年，我接到了杰拉德·拉夫逊的电话，他当年是卡特白宫通信主任。他问我是否有兴趣写一个有关戴维营峰会十三天的剧本。卡特当佐治亚州州长并竞选美国总统的时候，我住在佐治亚。纳赛尔病逝、萨达特上台的时候，我正在开罗的美利坚大学执教。后来，我又作为记者在以色列待了不少时间。自然而然，这个提议很吸引我。拉夫逊劝说华盛顿特区的阿瑞纳剧院来主办这次演出。同时，他和我则跑到平原市去采访卡特夫妇，然后再到埃及和以色列去采访两国代表团成员中还在世的人。阿瑞纳剧院的艺术总监莫利·史密斯，于 2014 年 4 月在阿瑞纳剧院上演了《戴维营》这出戏。这是我一生中最受教益的一段经历。

结果，我和戴维营峰会结下了不解之缘。故事很多，有趣的人物也很多，这些都远远无法纳入一台九十分钟的舞台剧中。除了威廉·B. 科万特的《戴维营：缔造和平与政治》（*Camp David*：*Peacemaking and Politics*）之外，有关这一场二十世纪最伟大外交胜利的著述，少之又少。这或许是因为卡特在离任的时候非常不受欢迎，让他最伟大的成就在很大程度上被忽略了。然而，作为一个中东的长期观察家，我很难想象，如果没有这次峰会，这个地区会是什么样子。这并不是说戴维营协议是人见人爱的。埃及和以色列的政客们一贯公开反对他
292 们的国家为了缔结条约而做出的牺牲。实际上，卡特告诉我，以色列总理本杰明·内塔尼亚胡私下指责他，说是他迫使以色

列放弃西奈的。这种抱怨体现了当时做出的妥协是多么痛苦，甚至今天依旧如此。巴勒斯坦人仍然感觉自己被出卖了，尽管有关协议是在他们未参与的情况下以他们的名义谈定的，但这种协议并没有得到遵守。

本书中，我将某些引用文字的拼写改成常规拼写，同时，对阿拉伯和希伯来名字，也采用了惯常的写法。

本书既是一本历史著作，因为它引述了过去的史料，同时也是一本新闻著作，因为它是三个不同国家的无数个体相互合作的成果。卡特夫妇非常慷慨地将他们有关戴维营会议的日记借给了我。亚特兰大的吉米·卡特图书馆是一个很好的资料来源。我想特别感谢杰伊·黑克斯、杰伊·贝克和菲尔·魏兹，感谢他们的时间和思想贡献。贝京长期的好朋友和助理，耶齐尔·卡迪沙伊，带我参观了位于特拉维夫的伊尔贡纪念馆。贝京之前的新闻秘书丹·帕提尔，回忆了不少东西。阿伦·巴拉克对于峰会的一些细节尤其有独到见解，梅厄·罗萨尼和艾利亚金姆·鲁宾斯坦也是如此。其他人也耐心地说出他们的想法，回忆了一些事情。位于耶路撒冷的梅纳赫姆·贝京遗产纪念馆的艾丽丝·波拉茨基和拉米·谢提维，在梳理材料并提供档案资料方面，给了我莫大的帮助。阿拉伯世界的一个持续悲剧是，这种历史资料几乎不对学者开放，然而，我在开罗的时候得到了阿梅德·阿布尔－盖特、纳比尔·阿尔－阿拉比和阿卜杜尔·劳夫·阿尔－瑞迪的慷慨相助。

在为本书做调研的过程中，我多次被告知我找那些资料来得正是时候，但在其他一些情况下，我则被告知，很遗憾，我晚了一步。

我要特别感谢下面这些人，他们阅读了本书手稿的全部或某些部分：约西·阿尔法、塞斯·安兹斯卡、路易斯·费舍尔、杰伊·黑克斯、史蒂芬·哈利根、史蒂文·霍奇曼、威廉·科万特、杰拉德·拉夫逊、齐夫·鲁宾诺维奇和哈罗德·桑德斯。本书正是由于参考了他们的意见而改进了许多。任何仍然存在的有关事实或论断的错误，则由我个人承担。

293 迈克尔·巴尔和保罗·库诺－布斯提供了希伯来语和阿拉伯语的翻译。我的助理，洛伦·伍尔芙，则对手稿进行了一些额外的研究工作，给我提供了不错的帮助。我的代理人安德鲁·维利在整个过程中，一直都是我坚定的朋友。

这是编辑安·克罗斯为我编辑的第六本书了。我们之间的合作已持续了三十年之久。她一直是一个非常好的合作伙伴，我谨将本书深情地献给她。

注　释

前　言

1. 对吉米·卡特的采访。
2. 对罗莎琳·卡特的采访。
3. Bourne, *Jimmy Carter*, p. 32.
4. Sachar, *A History of Israel from the Rise of Zionism to Our Time*, p. 669; "Demographics of Israel," Jewish Virtual Library, www. jewishvirtuallibrary. org/jsource/History/demographics. html.
5. 对耶齐尔·卡迪沙伊的采访；Shilon, *Menachem Begin: A Life*, p. 147; Hasten, *I Shall Not Die!*, p. 241。
6. Sachar, *A History of Israel from the Rise of Zionism to Our Time*, p. 450.
7. Shilon, *Menachem Begin*, p. 174.
8. Isidore Abramowitz et al., "New Palestine Party," *New York Times*, 1948 年 12 月 4 日。
9. Sachar, *A History of Israel from the Rise of Zionism to Our Time*, p. 707.
10. 1972 年西岸的定居人口数字是 1182 人，加沙地带是 700 人，东耶路撒冷是 8649 人，戈兰高地是 77 人，总计为 10608 人。"Israeli Settler Population 1972 - 2006," Foundation for Middle East Peace, http://www. fmep. org/settlement_ info/settlement - info - and - tables/stats - data/israeli - settler - population - 1972 - 2006.
11. Glad, *Jimmy Carter*, p. 340 fn.
12. 对沃尔特·蒙代尔的采访。
13. 对杰拉德·拉夫逊的采访。
14. Carter, *We Can Have Peace in Holy Land*, p. 20；对沃尔特·蒙代尔的采访。
15. Steven Hochman，个人通信。
16. 汉密尔顿写给卡特总统的备忘录，1977 年 6 月。
17. Carter, *Keeping Faith*, p. 283.

18. Brzezinski, *Power and Principle*, p. 24.
19. 对吉米·卡特的采访。
20. "Begin Bars a Return to '67 Borders," *New York Times*, 1977 年 5 月 23 日。
21. 吉米·卡特的演说，"The Role of Intelligence in Preparing for Camp David," President Carter and the Role of Intelligence in *The Camp David Accords*, 这是在卡特中心举行的一次会议，2013 年 11 月 12 日。
22. Jerrold Post, "Personality Profiles in Support of the *Camp David* Summit," *Studies in Intelligence*（1979 年春）. 中央情报局的档案原本还是保密资料，但一起准备这些个人档案的卡特和 Jerrold Post，对中央情报局档案的大概情况进行了有益的描述。
23. Post, "Personality Profiles in Support of the Camp David Summit."
24. 贝京宣称，他在维尔纳监狱和一个"苏联集中营"中被关押了两年。根据 Temko 的说法，他实际被关押了大概一年，从 1940 年 9 月到 1941 年 9 月。2/3 的时间是在维尔纳。Temko, *To Win or to Die*, p. 64. 萨达特则在监狱中被关押了五年。
25. Carter, *An Hour Before Daylight*, p. 26.
26. "The World: Sadat: The Village Elder," *Time*, 1977 年 11 月 28 日。
27. Heikal, *Autumn of Fury*, pp. 8 – 9.
28. Sadat, *My Father and I*, p. 3.
29. Heikal, *Autumn of Fury*, pp. 10 – 11.
30. Sadat, *In Search of Identity*, p. 3.
31. 例如，请见 Salah Abdel Sabur 的诗，"The Execution of Zahran," 载 Aida O. Azouqa, "Frederico Garcia Lorca and Salah 'Abd al-Sabur' as Composers of Modern Ballads: A Comparative Study," *Journal of Arabic Literature* 36, no. 2（2005）。
32. Sadat, *In Search of Identity*, p. 6. 萨达特对这一事件的描述，和当代的一些记录之间有一些差异。请见 Turner, *Suez 1956*, pp. 39 – 40; Mustafa Bassiouni, "A Modern-Day Dinshaway in Egypt?" *Al Akhbar English*, http://english. al – akhbar. com/node/2887。
33. Sadat, *In Search of Identity*, p. 10.
34. 转引自 YunanLabibRizk, "Gandhi in Egypt," *Al-Ahram*, 2002 年 12 月 19 ~ 25 日。

35. Sadat, *In Search of Identity*, p. 13.
36. 同上书, p. 21。
37. 同上书, p. 13。
38. Israeli, *Man of Defiance*, p. 19.
39. 吉米·卡特在民权峰会上的讲话, LBJ Library, 2014 年 4 月 8 日。
40. Carter, *An Hour Before Daylight*, p. 230.
41. Wright, *The Looming Tower*, p. 39.
42. Glad, *Jimmy Carter*, p. 113.
43. Balmer, *Redeemer*, p. 8.
44. Carter, *Why Not the Best?*, p. 59.
45. Carter, *First Lady from Plains*, p. 34.
46. 同上书, p. 35。
47. Bourne, *Jimmy Carter*, p. 81.
48. Carter, *Why Not the Best?*, p. 66.
49. Carter, *An Hour Before Daylight*, p. 264.
50. Balmer, *Redeemer*, pp. 30 – 31.
51. Glad, *Jimmy Carter*, pp. 134 – 135.
52. 同上书, p. 136。
53. Oral History of Jimmy Carter, Georgia Political History Program, 1993 年 5 月 4 日; Godbold, *Jimmy & Rosalynn Carter*, p. 166。拉班后来在伊朗坐了一段时间牢——卡特说他是作为人质被关押在那里的, 之后被判银行欺诈, 并在一所美国联邦监狱蹲了四年半。"Despite His Shady Record, USDA Backed Borrower," Gilbert M. Gaul, *Washington Post*, 2007 年 12 月 4 日。
54. Kissinger, *White House Years*, p. 1295. 基辛格说被驱逐的苏联军队人数是一万五千人, 而埃泽尔·魏兹曼则估计有两万人。Weizman, *The Battle for Peace*, p. 243.
55. Weizman, *The Battle for Peace*, p. 67.
56. Boutros-Ghali, *Egypt's Road to Jerusalem*, pp. 11 – 12; "I Knew Sadat," Al Jazeera English, 2009 年 9 月 28 日。这两个版本的翻译有一些细微差别。
57. Richard Steel at al., "Sadat in Israel," *Newsweek*, Nov. 28, 1977.
58. Elias Shourani, "The Reaction in Israel to the Sadat Initiative," *Journal of*

Palestine Studies 7, no 2（1978 年冬）。

59. Eliahu Ben Elissar in Alterman, ed., *Sadat and His Legacy*, p. 25.
60. 同上书。
61. Quandt, *Camp David*, p. 147.
62. Weizman, *The Battle for Peace*, p. 142.
63. Shilon, *Menachem Begin*, p. 288.
64. Steele at al., "Sadat in Israel"; Shilon, *Menachem Begin*, p. 288.
65. 同上书，p. 288. Heikal 认为这种设想是从国务卿基辛格在 1973 年战争之后不久对萨达特所说的话中推导出来的。Heikal, *Secret Channels*, pp. 233 – 24.
66. Heikal, *Autumn of Fury*, p. 98. Heikal 也在该书的其他地方详细讨论了将以色列列为禁忌的问题。Haikal, *Secret Channels*.
67. Shilon, *Menachem Begin*, p. 288.
68. 对萨缪尔 · W. 路易斯的采访，Foreign Affairs Oral History Collection of the Association for Diplomatic Studies and Training, http：//www. loc. gov/item/mfdipbibooo697。
69. Ronald Koven, "Sadat Jokes, Laughs with Golda," *Washington Post*, 1977 年 11 月 22 日。
70. Gervasi, *The Life and Times of Menachem Begin*, p. 61.
71. 同上书，p. 26。
72. Haber, Schiff, and Yaari, *The Year of the Dove*, pp. 73 – 74.
73. 《约翰福音》2：16。
74. Armstrong, *Jerusalem*, p. 274.
75. Montefiore, *Jerusalem*, pp. 439 – 40.
76. Angelika Neuwirth, "The Spiritual Meaning of *Jerusalem* in Islam," 载 Rosovsky, ed., *City of the Great King*, pp. 113 – 14。
77. Hirst and Beeson, *Sadat*, p. 266.
78. Haber, Schiff and Yaari, *The Year of the Dove*, p. 65.
79. 同上书，p. 66。
80. Gervasi, *The Life and Times of Menachem Begin*, p. 107.
81. Shilon, *Menachem Begin*, p. 5. Shilon 说贝京的妹妹 Rachel Halperin 的讲述与此不同。"在大规模屠杀发生之前，她父亲决定未经批准偷偷离开犹太人被集中在一起的那个地方，以便可以安葬城里面最著名的一个犹太人。……当一个纳粹军官过来问泽夫·多弗的时候，他回答说：‘这是我必须做的。’之后，那位军官就开枪打死了他。”同上书，pp. 5 –6。

82. Ronald Koven, “Sadat’s Day in the Holy City,” *Washington Post*, 1977 年 11 月 21 日。

83. Boutros-Ghali, *Egypt’s Road to Jerusalem*, p. 21.

84. Cohen, *Culture and Conflict in Egyptian-Israeli Relations*, p. 133.

85. Haber, Schiff, and Yarri, *The Year of the Dove*, p. 66.

86. 安瓦尔·萨达特在以色列议会的演说，1977 年 11 月 20 日。

87. Weizman, *The Battle for Peace*, p. 33.

88. 梅纳赫姆·贝京在以色列议会的讲话，1977 年 11 月 20 日。

89. 对吉米·卡特的采访。

90. Weizman, *The Battle for Peace*, p. 193.

91. Shilon, *Menachem Begin*, p. 304.

92. Samuel Lewis, “The *Camp David* Peace Process,” 载 Sha’al ed. , *The Camp David Accords*, p. 57。

93. Temko, *To Win or to Die*, pp. 17 – 18.

94. Shilon, *Menachem Begin*, p. 165.

95. 对耶齐尔·卡迪沙伊的采访。

96. Shilon, *Menachem Begin*, p. 219.

97. 对 Zev Chafets 的采访；Shilon, *Menachem Begin*, p. 154。

98. Avner, *The Prime Ministers*, p. 396.

99. “President’s meeting with Prime Minister Begin of Israel,” 载 Howard, ed. , *Foreign Relations of the United States*, 1977 – 1980, vol. 8: *Arab-Israeli Dispute*, *January 1977 – August 1978*, pp. 336 – 52; Avner, *The Prime Ministers*, pp. 421 – 22。

100. 同上书，336　52。

101. Begin, *The Revolt*, p. xxv.

102. 同上书，p. xxvi。

103. Temko, *To Win or to Die*, p. 21. Temko 说，当士兵殴打那两名犹太人的时候（其中一人后来死掉了），贝京实际上并不在场。试图挽救他的生命的是住在贝京家楼下的一名医生，这名医生几天后也死于心脏病。这件事情让贝京一家人都非常沮丧，而这可能就是贝京回忆起来的东西。

104. Avner, *The Prime Ministers*, p. 436.

105. Temko, *To Win or to Die*, p. 32.

106. 同上书，p. 34。

107. Shilon, *Menachem Begin*, p. 10. Shilon 说亚博廷斯基是在 1929 年来到布瑞斯克的；Temko, *To Win or to Die*, p. 37，则说是 1931 年。贝京自己则说他是在十五岁的时候加入贝塔的，这意味着 Shilon 的说法可能更准确。Begin, *White Nights*, p. 53.

108. Temko, *To Win or to Die*, p. 37.

109. Jabotinsky, "*The Iron Wall*," 1923 年 11 月 4 日，http://www.jewishvirtuallibrary.org/jsource/Zionism/ironwall.html。

110. Carter, *White House Diary*, p. 151.

111. Heikal, *Autumn of Fury*, p. 104.

112. "Sacred Mission," *Time*, 1977 年 11 月 28 日。

113. 美国广播公司对萨达特的采访，1977 年 11 月 25 日。

114. Alfred L. Atherton and Harold H. Saunders, "Analysis of Arab-Israeli Developments," U. S. Dept. of State, no. 295, 1977 年 11 月 19 日。

115. Quandt, *Camp David*, p. 102.

116. Weizman, *The Battle for Peace*, p. 120.

117. 同上书，p. 147。

118. 同上书，p. 195。

119. Zion and Dan, "Untold Story of the Mideast Talks," Part II, *New York Times*, 1979 年 1 月 21 日。

120. "Cairo Expels Envoys of Cyprus in Dispute over Airport Battle," Associated Press, 1978 年 2 月 20 日。

121. Kamel, *The Camp David Accords*, p. 125; Weizman, *The Battle for Peace*, p. 295.

122. Weizman, *The Battle for Peace*, p. 268.

123. Dayan, *Breakthrough*, p. 121.

124. Henry Kamm, "Begin Hints Strongly at Reprisal for Raid That Killed 37 Israelis," *New York Times*, 1978 年 3 月 12 日。

125. Carter, *Keeping Faith*, p. 311.

126. 同上书，p. 311。

127. Carter, *Keeping Faith*, p. 312.
128. Brzezinski, *Power and Principle*, p. 247.
129. Zion and Dan, "Untold Story of the Mideast Talks."
130. 同上。
131. Quandt, *Camp David*, p. 265.
132. Post, "Personality Profiles in Support of the Camp David Summit."
133. "I Knew Sadat"; Sabry, *Al-Sadat*, pp. 447 – 48.
134. James Fallows, "The Passionless Presidency," *Atlantic*, 1979 年 5 月 1 日。
135. Glad, *Jimmy Carter*, p. 483.
136. 对 Philip J. Wise Jr. 的采访。
137. 对吉米·卡特的采访。
138. 对罗莎琳·卡特的采访；Carter, *We Can Have Peace in the Holy Land*, p. 36。
139. 对罗莎琳·卡特的采访；Carter, *First Lady from Plains*, p. 238。
140. Carter, *First Lady from Plains*, p. 239.
141. 对萨缪尔·W. 路易斯的采访，Foreign Affairs Oral History Collection of the Association for Diplomatic Studies and Training, http://www.loc.org/item/mfdipbib000687。
142. 沃尔特·蒙代尔的讲话，"Camp David 25th Anniversary Forum"。
143. Cyrus Vance, "An Overview of the Camp David Talks," 提交给总统的备忘录（未注明日期）。
144. Quandt, *Camp David*, p. 220.
145. 耶利米书 8：15。

第一天

1. Nelson, *The President Is at Camp David*, p. 20.
2. 摘自 Walsh, *From Mount Vernon to Crawford*, p. 281。
3. 同上书，p. 282。
4. 杰拉德·拉夫逊，个人通信。
5. Gulley and Reese, *Breaking Cover*, pp. 270 – 71.
6. Walsh, *From Mount Vernon to Crawford*, p. 40.
7. Ted Gup, "Underground Government: A Guide to America's Doomsday

Bunkers," *Washington Post*, 1992 年 5 月 31 日。在其他一些记述中，这个地方的面积要大很多。

8. Walsh, *From Mount Vernon to Crawford*, p. 296.
9. 对吉米·卡特的采访。
10. National Intelligence Daily Cable, 1977 年 1 月 19 日。
11. "National Intelligence Estimate, Egypt—1977," 未注明日期的中央情报局文件。
12. "Economic Consequence of a Middle East Peace Settlement: The Best Case," 未签名的中央情报局备忘录，1977 年 7 月 1 日。
13. Weizman, *The Battle for Peace*, p. 307.
14. Carter, *Keeping Faith*, p. 323.
15. Carter, *First Lady from Plains*, p. 241.
16. 对阿卜杜尔·劳夫·阿尔-瑞迪的采访。
17. Boutros-Ghali, *Egypt's Road to Jerusalem*, p. 49.
18. Baha'al-Din, *Muhawarati ma'a as-Sadat*, p. 149.
19. Kamel, *The Camp David Accords*, p. 194.
20. Boutrous-Ghali, *Egypt's Road to Jerusalem*, p. 134.
21. Kamel, *The Camp David Accords*, p. 283.
22. Carter, *Keeping Faith*, p. 328.
23. 对吉米·卡特的采访。
24. 罗莎琳·卡特关于戴维营的日记。
25. Haber, Schiff and Yaari, *The Year of the Dove*, p. 220.
26. Weizman, *The Battle for Peace*, p. 342.
27. Brzezinski, *Power and Principle*, p. 237.
28. Cohen, *Culture and Conflict in Egyptian-Israeli Relations*, p. 141.
29. Iris Berlatzky 对艾利亚金姆·鲁宾斯坦的采访，*Menachem Begin* Archives。
30. Weizman, *The Battle for Peace*, p. 344.
31. 同上书，p. 140。
32. Weizman, *On Eagles' Wings*, p. 12.
33. Weizman, *The Battle for Peace*, p. 11.
34. Weizman, *On Eagles' Wings*, p. 163.
35. 同上书，p. 52。

36. Tamir, *A Soldier in Search of Peace*, p. 37.
37. Weizman, *The Battle for Peace*, p. 344.
38. 对纳比尔·艾尔-阿拉比的采访。阿拉比所说的“肮脏活计”包括逮捕穆罕默德·内圭布将军（Mohamed Neguib），他当时是“自由军官”政变活动名义上的头头。当时杜哈米开车带着他到沙漠中，并威胁要杀死他。
39. 对丹·帕提尔的采访。
40. 对阿卜杜尔·劳夫·阿尔-瑞迪的采访。
41. Heikal, *Secret Channels*, p. 255.
42. Boutros-Ghali, *Egypt's Road to Jerusalem*, p. 134.
43. Kamel, *The Camp David Accords*, p. 323.
44. 对纳比尔·艾尔-阿拉比、阿梅德·阿布尔-盖特和威廉·科万特的采访。
45. Boutros-Ghali, *Egypt's Road to Jerusalem*, p. 135-36. Ghorbal, *Su'ud wa inhiyar*, p. 140.
46. Dayan, *Breakthrough*, p. 43.
47. Auda, *Hasan al-tuhami yaftahu malaffatahu min ihtilal filistin ila kamb difid*, p. 120. Arabi, Taba, *Camp David, al-jidar al-' azil*, p. 94.
48. Auda, *Hasan al-tuhami yaftahu malaffatahu min ihtilal filistin ila kamb difid*, pp. 122-23.
49. Dayan, *Breakthrough*, p. 45.
50. Heikal, *Secret Channels*, p. 257.
51. Dayan, "Highlights from Meeting of September 16, 1977, 21.00," Prime Minister's Official Israel State Archives, http://www.archives.gov.il/archivego_eng/publications/electronicpirsum/sadatvisit/sadatvisitdoclist.htm
52. Dayan, *Breakthrough*, p. 52.
53. Haber, Schiff, and Yaari, *The Year of the Dove*, p. 11.
54. Heikal, *Secret Channels*, p. 262. 赫尔曼·弗雷德里克·伊尔茨补充说，杜哈米在与达扬在摩洛哥第一次会晤之后，很明显是这样告诉萨达特的：“我为你争取到了耶路撒冷!” Eilts in Alterman, ed., *Sadat and His Legacy*, p. 40. 达扬与杜哈米会晤的时候担任达扬助手的艾利亚金姆·鲁宾斯坦则说，达扬说的是他会将全面撤出的请求汇报给贝京，但无法保证贝京会同意。Dr. Nina Sagie 于 1994 年 5 月 5 日对艾利亚金姆·鲁宾斯坦的采访，Menachem Begin Heritage Center; Rubinstein, *Darkey Shalom*, p. 14。

55. Brzezinski: *Power and Principle*, p. 236. 沙特情报部门前领导人土耳其·阿尔-费泽尔王子（PrinceTurkial-Faisal）下面的这个观点反映了许多阿拉伯人的看法，他写道，萨达特之所以去耶路撒冷，是因为达扬向杜哈米保证说，“以色列会从埃及的每一寸土地上退出，以便换取和平。” Al-Faisal, “Land First, Then Peace,” *New York Times*, 2009 年 9 月 21 日。

56. Brzezinski, “Strategy for *Camp David*,” 递交给总统的备忘录，1978 年 8 月 31 日。

57. Quandt, *Camp David*, p. 171.

58. 同上书，p. 203。

59. “Camp David: The Consequences of Failure,” CIA briefing book for Camp David, 1978 年 8 月 31 日。

60. 这封信是这样写的：“如果美国计划提出和平倡议的话，美国将尽一切可能与以色列的倡议相协调，从而避免提出令以色列不满的和平倡议。” 福特总统致以色列总理拉宾的信，1975 年 9 月 1 日。

61. Haber, Schiff, and Yaari, *The Year of the Dove*, p. 222.

62. 同上书，pp. 222 - 23。

63. 同上书，p. 222。

64. Weizman, *The Battle for Peace*, p. 346.

65. Haber, Schiff, and Yaari, *The Year of the Dove*, p. 223.

66. Carter, *First Lady from Plains*, p. 244.

67. Haber, Schiff, and Yaari, *The Year of the Dove*, p. 244.

68. Weizman, *The Battle for Peace*, p. 346.

第二天

1. Brzezinski, *Power and Principle*, p. 255.
2. Haber, Schiff, and Yaari, *The Year of the Dove*, p. 225.
3. Carter, *Keeping Faith*, p. 341.
4. Anwar Sadat, *Pillar of Fire* interview.
5. Sadat, *Safahat Majhula*, p. 62.
6. Pamela Andriotakis, “The Real Spy’s Story Reads Like Fiction and 40 Years

Later Inspires a Best-Seller," *People*, 1980 年 12 月 15 日。

7. Sadat, *Safahat Majhula*, pp. 77 – 78. Jorgensen, *Hitler's Espionage Machine*, p. 177; Pamela Andriotakis, "The Real Spy's Story Reads Like Fiction and 40 Years Later Inspires a Best-Seller," *People*, 1980 年 12 月 15 日。这里提到的"最佳畅销书"是 Ken Follett 的 *The Key to Rebecca*。纳粹间谍用达夫妮·杜穆里埃(DaphneduMaurier)的小说《蝴蝶梦》(*Rebecca*)的英文本作为他们的密码。
8. Sadat, *My Father and I*, p. 19.
9. Heikal, *Autumn of Fury*, p. 20.
10. 同上。
11. Mitchell, *The Society of the Muslim Brothers*, p. 59.
12. Sadat, *In Search of Identity*, p. 58.
13. Sullivan, *Sadat*, p. 30.
14. Sadat, *In Search of Identity*, p. 60.
15. Sadat, *A Woman of Egypt*, p. 74.
16. Heikal, *Autumn of Fury*, p. 21.
17. Sadat, *In Search of Identity*, p. 92.
18. Boutros-Ghali, *Egypt's Road to Jerusalem*, p. 152.
19. Kamel, *The Camp David Accords*, p. 265.
20. 对阿卜杜尔·劳夫·阿尔 瑞迪的采访。
21. 对萨缪尔·W. 路易斯的采访, ForeignAffairs Oral History Collection of the Association for Diplomatic Studies and Training, http://www.loc.gov/item/mfdipbib000687。
22. Kamel, *The Camp David Accords*, p. 303.
23. Haber, Schiff, and Yaari, *The Year of the Dove*, p. 226.
24. Hirst and Beeson, *Sadat*, pp. 213 – 14. Heikal, *Autumn of Fury*, pp. 171 – 72. Ibrahim, *I'udat al-I'tibar lil ra'is Al Sadat*, pp. 45 – 47.《时代》(*Time*)杂志也提到萨达特时不时违反有关禁酒的伊斯兰戒律,说他喜欢"偶尔喝上一杯,特别是一种叫 Omar Khayyam 的红酒"。"The Underrated Heir," *Time*, 1971 年 5 月 17 日; Sadat, *A Woman of Egypt*, p. 179。
25. 对 Zev Chafets 的采访; Shilon, *Menachem Begin*, p. 164。
26. Shilon, *Menachem Begin*, p. 215; Weizman, *The Battle for Peace*, p. 307.

27. Haber, Schiff, and Yaari, *The Year of the Dove*, p. 227.
28. 同上书。
29. Carter, *Keeping Faith*, p. 344.
30. Haber, Schiff, and Yaari, *The Year of the Dove*, p. 228.
31. Carter, *First Lady from Plains*, p. 245.
32. 对艾利亚金姆·鲁宾斯坦的采访。
33. Weizman, *The Battle for Peace*, pp. 353 – 54.
34. Avner, *The Prime Ministers*, p. 403.
35. Haber, Schiff, and Yaari, *The Year of the Dove*, p. 257. 山姆·路易斯（Sam Lewis）也提到了贝京缺乏同理心；Lewis, "The Camp David Peace Process," in Sha'al, ed., *The Camp David Accords*, p. 58. 耶齐尔·卡迪沙伊告诉我，"他喜欢所有人，尤其喜欢犹太人"。
36. Kadishai, *Yad Yemino*, p. 54.
37. 对耶齐尔·卡迪沙伊的采访。
38. Shilon, *Menachem Begin*, p. 49. 其他一些记述则对伊尔贡在那个时候的力量情况有不同的说法。例如，Gervasi 就认为伊尔贡那个时候只有六百人。Gervasi, *The Life and Times of Menachem Begin*, p. 153. 在 Bell, *Terror Out of Zion* 中使用了同样的数字。Shilon 依赖的则是伊尔贡自己的会议记录。
39. Gervasi, *The Life and Times of Menachem Begin*, p. 152.
40. Begin, *The Revolt*, p. 52.
41. Bruce Hoffman 写道，"伊尔贡运动……成了一种革命榜样，全世界反殖民时代和后殖民时代的恐怖组织竞相模仿"。Hoffman, *Inside Terrorism*, p. 46。
42. Joseph Kister，个人通信。
43. Rami Shetivi，个人通信。
44. Gervasi, *The Life and Times of Menachem Begin*, p. 166.
45. Shilon, *Menachem Begin*, p. 57.
46. 同上。
47. 同上书，p. 58。
48. Haber, *Menachem Begin*, p. 141.
49. "Exodus, 1945 – 47," 载 Lossin, *Pillar of Fire*。
50. Gervasi, *The Life and Times of Menachem Begin*, p. 170.

51. Hoffman, *Inside Terrorism*, p. 50.
52. Hoffman, *Anonymous Soldiers*, p. 263.
53. Gervasi, *The Life and Times of Menachem Begin*, p. 177.
54. "Smear Campaign Charged by Begin," *New York Times*, 1948 年 11 月 30 日。
55. John Shaw, *Pillar of Fire*interview.
56. Temko, *To Win or to Die*, p. 92.
57. Louise Fischer, 私人通信。
58. Gervasi, *The Life and Times of Menachem Begin*, p. 178.
59. Gordis, *Menachem Begin*, p. 52.
60. Temko, *To Win or to Die*, p. 93.
61. Neff, *Warriors at Suez*, 插图。
62. 英国外交部给华盛顿的电报，1948 年 11 月 13 日，见英国情报局梅纳赫姆·贝京档案。
63. 英国情报局梅纳赫姆·贝京档案中未注明日期的剪报，可能是 1946 夏天的。
64. Turner, *Suez 1956*, p. 80.
65. Gervasi, *The Life and Times of Menachem Begin*, p. 187.
66. Temko, *To Win or to Die*, p. 102.
67. Jake Eyre, "The Story of Irgun: Terrorism, Propaganda, and the State of Israel," Norwich University 论文，2010 年 11 月 16 日，p. 18。
68. Temko, *To Win or to Die*, p. 106.
69. Hoffman, *Inside Terrorism*, p. 53.
70. 例如，见 Bruce Hoffman, "The Rationality of Terrorism and Other Forms of Political Violence: Lessons from the Jewish Campaign in Paletine, 1939 - 1947," *Small Wars & Insurgencies* 22, no. 2（2011 年 5 月）: 258 - 72。
71. Wright, *The Looming Tower*, p. 303.
72. Bruce Hoffman, 个人通信；Al-Bahri, *Guarding Bin Laden*, p. 77。
73. Gervasi, *The Life and Times of Menachem Begin*, p. 150.

第三天

1. Haber, Schiff, and Yaari, *The Year of the Dove*, p. 236.
2. Carter, *Keeping Faith*, pp. 347 - 48.

3. 对吉米·卡特的采访。
4. Carter, *Keeping Faith*, p. 348.
5. 罗莎琳·卡特戴维营日记。
6. Carter, *Keeping Faith*, p. 349.
7. 同上书，p. 347。
8. 《古兰经》28：30。
9. 《出埃及记》3：7~8。
10. 《出埃及记》7：15。
11. 《古兰经》44：30~31。
12. 《出埃及记》10：2。
13. 《出埃及记》12：6~13。
14. 《出埃及记》12：31。
15. 《出埃及记》14：11。
16. 《出埃及记》15：2~3。
17. 《古兰经》44：30~31。
18. Sand, *The Invention of the Land of Israel*, p. 118.
19. Finkelstein and Silberman, *The Bible Unearthed*, p. 57.
20. 《民数记》1：46；《出埃及记》12：37~8。
21. Cline, *From Eden to Exile*, p. 74.
22. 《撒母耳记》（上卷）15：3。
23. Haber, *Menachem Begin*, p. 20.
24. 《出埃及记》22：20；23：9。
25. 《出埃及记》23：30~33。
26. Cline, *From Eden to Exile*, pp. 85-89.
27. 《古兰经》5：13。
28. 罗莎琳·卡特戴维营日记。
29. Haber, Schiff and Yaari, *The Year of the Dove*, p. 237.
30. 同上书，p. 238。
31. Carter, *Keeping Faith*, p. 351.
32. 对罗莎琳·卡特的采访。
33. Carter, *Keeping Faith*, p. 351.
34. 对阿梅德·阿布尔-盖特的采访。
35. Carter, *Keeping Faith*, p. 353.

36. 同上。
37. Fischbach, *Jewish Property Claims Against Arab Countries*, p. 3.
38. Beinin, *The Dispersion of Egyptian Jewry*, p. 2.
39. Aly, Feldman, and Shikaki, *Arabs and Israelis*, p. 75.
40. Sadat, *Safahat Majhula*, pp. 185 – 86.
41. Shlaim, *The Iron Wall*, p. 35. 1948 年 7 月 18 日第二次停火的时候，中央情报局估计阿拉伯军队的数量（包括非正规军）是 27000 人，同时“在巴勒斯坦附近”还有另外 19800 人。同时，中央情报局估计哈加纳有 85000 人，伊尔贡有 12000 人，而斯特恩帮则有 800 人。“Possible Developments from the Palestine Truce,” Enclosure B，中央情报局，1948 年 7 月 27 日。
42. Weizman, *On Eagles' Wings*, p. 67.
43. Morris, 1948, p. 240.
44. 有关达扬在 1948 年 7 月 11 日的袭击行动，本尼·莫里斯（Benny Morris）这样写道，“这支军队开枪射杀了他们遇到的任何人”。同上书，pp. 289 – 90。
45. Shavit, *My Promised Land*, p. 107.
46. Temko, *To Win or to Die*, p. 120.
47. Gervasi, *The Life and Times of Menachem Begin*, p. 251.
48. Temko, *To Win or to Die*, p. 120.
49. Haber, *Menachem Begin*, p. 222.
50. Teveth, *Moshe Dayan*, p. 148.
51. Temko, *To Win or to Die*, p. 120.
52. Dayan, *Story of My Life*, p. 96. 发生交火的时候，达扬是否在场，这是不清楚的。达扬自己的记述显示他似乎在场，不过，他把指挥权交给了一个下属。而其他一些报告则对此有不同的说法。Cf. Teveth, *Moshe Dayan*, p. 148; Haber, *Menachem Begin*, p. 220。
53. Begin, *The Revolt*, p. 173.
54. Gordis, *Menachem Begin*, p. 90.
55. Temko, *To Win or to Die*, p. 120.
56. Gordis, *Menachem Begin*, p. 90.
57. Temko, *To Win or to Die*, p. 122.
58. Gordis, *Menachem Begin*, p. 91.

59. Temko, *To Win or to Die*, p. 122.
60. Carter, *Keeping Faith*, p. 358.
61. 同上。
62. Weizman, *The Battle for Peace*, pp. 136 – 37.
63. Haber, Schiff, and Yaari, *The Year of the Dove*, p. 241.
64. Carter, *First Lady from Plains*, p. 248.
65. Dayan, *Breakthrough*, p. 170.
66. Haber, Schiff, and Yaari, *The Year of the Dove*, p. 243.
67. Kays, *Frogs and Scorpions*, p. 122.
68. 对杰拉德·拉夫逊的采访。
69. 罗莎琳·卡特戴维营日记；Carter, *First Lady from Plains*, p. 248。
70. Carter, *Keeping Faith*, p. 363.
71. Kamel, *The Camp David Accords*, p. 307.
72. Carter, *Keeping Faith*, p. 361.
73. 同上书，p. 363。
74. 同上。
75. Carter, *First Lady from Plains*, p. 247.
76. 同上书，p. 9。
77. 同上书，p. 13。
78. 同上书，p. 14。
79. 同上书，pp. 16 – 17。
80. 同上书，p. 17。
81. 同上书，p. 19；B. Drummond Ayres, "The Importance of Being Rosalynn," *New York Times*, 1979 年 6 月 3 日。
82. Carter, *First Lady from Plains*, p. 22.
83. Kaufman, *Rosalynn Carter*, p. 8.
84. Carter, *First Lady from Plains*, p. 23.
85. 对吉米·卡特的采访；Bourne, *Jimmy Carter*, p. 66。
86. Kaufman, *Rosalynn Carter*, p. 12.
87. Carter, *First Lady from Plains*, p. 36.
88. Carter, *Why Not the Best?* p. 65.
89. 对 PhilipJ. Wise Jr. 的采访。
90. Carter, *First Lady from Plains*, p. 49.

91. Carter, *Turning Point*, p. 56.
92. Carter, *First Lady from Plains*, p. 50.
93. Bourne, *Jimmy Carter*, p. 119.
94. 同上书，p. 120。
95. Carter, *First Lady from Plains*, p. 52.
96. Carter, *Turning Point*, p. 24.
97. Bourne, *Jimmy Carter*, p. 144.
98. 同上书，p147。
99. Cater, *First Lady from Plains*, p. 68.
100. 同上书，p. 60。
101. Carter, *Why Not the Best*? p. 98.
102. 吉米·卡特在“民权峰会”（The Civil Rights Summit）上的演讲，LBJ Library，2014 年 4 月 8 日。
103. Carter, *First Lady from Plains*, p. 73.
104. Bourne, *Jimmy Carter*, p. 264.
105. 对杰拉德·拉夫逊和沃尔特·蒙代尔的采访。
106. Kaufman, *Rosalynn Carter*, p. ix.
107. Kamel, *The Camp David Accords*, p. 314.

第四天

1. 罗莎琳·卡特戴维营日记。
2. Jordan, *Crisis*, p. 47.
3. Carter, *First Lady from Plains*, p. 249.
4. 罗莎琳·卡特戴维营日记。
5. Carter, *First Lady from Plains*, p. 250.
6. 威廉·科万特说，从这个时候开始，贝京在西奈定居点问题上的立场变得毫不妥协起来。但是正如我们所看到的，在这个问题上他的立场此前也是非常强硬的。Quandt：*Camp David*, p. 225。
7. Carter, *Keeping Faith*, p. 365.
8. 同上书，p. 367。
9. 同上书，p. 366。
10. Carter, *First Lady from Plains*, p. 250.
11. Gordis, *Menachem Begin*, p. 172.

12. Shilon, *Menachem Begin*, p. 269. 贝京的姐姐 Rachel 说这个故事不是真的。
13. Gervasi, *The Life and Times of Menachem Begin*, p. 326.
14. 对艾利亚金姆·鲁宾斯坦的采访。
15. Gervasi, *The Life and Times of Menachem Begin*, p. 326.
16. Haber, *Menachem Begin*, p. 300.
17. 同上书，p. 301。
18. 同上书，p. 302。
19. 对 Zev Chafets 的采访。
20. 同上。
21. 罗莎琳·卡特戴维营日记。
22. 同上。根据杰拉德·拉夫逊的说法，达扬从来没有说过这样的话，不过魏兹曼在最后一周参加了卡特的竞选活动。
23. Dayan, *My Father, His Daughter*, p. 249.
24. Bar-On, *Moshe Dayan*, p. 109.
25. 同上书，pp. 111 – 12。
26. 达扬说另外一个名叫 Gideon Baratz 的孩子是第一个基布兹孩子，但实际上这个孩子是在另外一个社区出生的。Dayan, *Story of My Life*, p. 27。
27. 同上书，p. 30。
28. 同上书，p. 31。
29. 同上书，pp. 37 – 38。
30. Morris, *Righteous Victims*, p. 160.
31. Rashid Khalidi, "The Palestinians and 1948: The Underlying Causes of Failure," 载 Rogan and Shlaim, *The War for Palestine*, p. 26。
32. Dayan, *Story of My Life*, p. 41.
33. 同上书，pp. 66 – 71。
34. Bar-On, *Moshe Dayan*, p. 24.
35. 同上书，p. 26。
36. 《西番雅书》2：4 – 5。
37. Sotah 9b.
38. 《士师记》，16：17。
39. 《士师记》，16：30。

40. Dayan, *Living with the Bible*, p. 129.

41. 同上书，p. 131。

42. 同上书，p. 165。

43. Morris, *Righteous Victims*, p. 272.

44. 同上书，p. 275。

45. 同上书，p. 283。

46. 同上书，p. 286。

47. 同上书，p. 287。

48. Bar-On, *Moshe Dayan*, pp. 74 – 76; Dayan, *Living with the Bible*, pp. 165 – 66.

49. Neff, *Warriors at Suez*, pp. 55 – 56.

50. Turner, Suez, p. 180.

51. Neff, *Warriors at Suez*, p. 18.

52. Dayan, *Story of My Life*, p. 202.

53. Grief, *The Legal Foundation and Borders of Israel under International Law*, p. 233.

54. 同上书，p. 215; Neff, *Warriors at Suez*, pp. 342 – 43; Sand, *The Invention of the Land of Israel*, p. 238。

55. Sachar, *A History of Israel from the Rise of Zionism to Our Time*, p. 491.

56. Dayan, *Story of My Life*, p. 219.

57. Neff, *Warriors at Suez*, p. 348.

58. 那些射杀村民的士兵都被判了很长的刑期，但最后都被赦免了。发出屠杀命令的指挥官被判有罪，并被判处了 10 普鲁特（译者注：一种以色列硬币）的罚金，仅相当于英镑一分钱。受害者人数大概是 47 名到 49 名，49 这个数字是更晚近的统计数字。Yoav Stern, "President Peres Apologize for Kafr Qasem Massacre of 1956," *Haaretz*, 2007 年 12 月 21 日; Yoav Stern, "50 YearsafterMassacre, Kafr Qasem Wants Answers," *Haaretz*, 2006 年 10 月 29 日; Neff, *Warriors at Suez*, p. 368. 耶路撒冷地区法院认为这个命令是根本违法的，不应该被遵从。Louise Fischer，个人通信。

59. Shira Robinson, "Commemoration under Fire: Palestinian Responses to the 1956 Kafr Qasem Massacre," 载 Makdisi and Silverstein, *Memory and Violence in the Middle East and North Africa*, p. 105。

60. Dayan, *Story of My Life*, p. 236.
61. Neff, *Warriors at Suez*, p. 381.
62. Dayan, *Story of My Life*, p. 246.
63. 同上书，p. 248。
64. 转引自 Turner, *Suez 1956*, pp. 340 – 41。
65. Neff, *Warriors at Suez*, p. 313.
66. 同上书，p. 408。
67. Heikal, *Secret Channels*, p. 111.
68. Varble, *The Suez Crisis 1956*, p. 90.
69. 布尔加宁总理致艾森豪威尔的信，1956 年 11 月 5 日，http://history.state.gov/historicaldocuments/frus1955 – 57v16/d505。
70. Eban, *An Autobiography*, p. 212.
71. 同上书，pp. 215 – 19。
72. Gamasy, *The October War*, pp. 13 – 14.
73. Neff, *Warriors at Suez*, p. 434.
74. 同上书，p. 438。
75. Eban, *An Autobiography*, p. 233.
76. Varble, *The Suez Crisis 1956*, p. 12.
77. Hersh, *The Samson Option*, p. 43.
78. 对罗莎琳·卡特的采访。
79. Shilon, *Menachem Begin*, p. 43.
80. 同上书，p. 100。
81. 对 Zev Chafets 的采访。
82. Gervasi, *The Life and Times of Menachem Begin*, p. 24; Silver, Begin, p. 182. Zev Chafets 告诉我说，当达拉斯队来到以色列来进行赛季推广活动的时候，贝京拉着扮演 J. R. Ewing 的演员拉里·哈格曼（Larry Hagman）一起去看比赛，问他是否可以告诉他到底谁杀死了 J. R. Ewing。
83. Edward Walsh, "At the Summit's End, Two Intractable Issues …", *Washington Post*, 1978 年 9 月 20 日。
84. Shmuel Katz 的话，转引自 Shilon, *Menachem Begin*, p. 175。
85. Carter, *The Blood of Abraham*, p. 8.
86. 对阿伦·巴拉克的采访。

87. Shilon, *Menachem Begin*, p. 169.
88. Ben-Gurion, *Israel*, p. 400.
89. Gordis, *Menachem Begin*, p. 112.
90. 贝京对以色列议会的演讲，1956 年 11 月 7 日。
91.《申命记》，34：4。
92.《约书亚记》，1：3。
93.《约书亚记》，1：9。
94.《约书亚记》，5：9。
95.《约书亚记》，6：20－21。
96.《约书亚记》，8：28.。
97.《约书亚记》，10：40。
98.《约书亚记》，13：1。
99.《约书亚记》，13：5。
100.《约书亚记》，24：13－14。
101. 对 Zev Chafets 的采访。
102. 转引自 Neff, *Warriors at Suez*, p. 46。
103. Finkelstein and Silberman, *The Bible Unearthed*, p. 82.
104. Cline, *From Eden to Exile*, pp. 96－98.
105. Finkelstein and Silberman, *The Bible Unearthed*, p. 118.
106. Cline, *From Eden to Exile*, p. 116.

第五天

1.《以西结书》，37：21－22。
2. Oren, *Six Days of War*, p. 54.
3. Richard B. Parker 在 *The Politics of Miscalculation in the Middle East* 中对这个问题有详细的分析。Nutting 则在 *Nasser* 中认为，以色列是故意设计将埃及拖入战争的，pp. 397－98；而 Oren 在 *Six Days of War*, p. 54 中则认为，这场战争的原因是“不清楚的”。Lyndon Johnson 在 *The Vantage Point*, p. 289 中说，苏联人制造了谎言，以便迫使埃及支持叙利亚。
4. Parker, *The Politics of Miscalculation in the Middle East*, p. 8.
5. Oren, *Six Days of War*, p. 64.
6. Nutting, *Nasser*, p. 408，该书认为纳赛尔相信，如果他不再进一步挑衅的话，他能够“度过这场风浪”。

7. 同上书，p. 383。
8. Oren，*Six Days of War*，p. 93.
9. 同上。
10. Sachar，*A History of Israel*，p. 633.
11. Sadat，*In Search of Identity*，p. 173.
12. Yossi Alpher，个人通信。
13. Oren，*Six Days of War*，p. 87.
14. Bar-On，*Moshe Dayan*，p. 130.
15. Oren，*Six Days of War*，p. 169.
16. Bar-On，*Moshe Dayan*，p. 131.
17. Weizman，*On Eagles' Wings*，pp. 222 – 23.
18. Oren，*Six Days of War*，p. 171.
19. 同上书，pp. 171 – 74；Sadat，*In Search of Identity*，p. 174.
20. Sadat，*In Search of Identity*，p. 174.
21. 同上书，p. 175。
22. Oren，*Six Days of War*，p. 185.
23. 同上书，p. 226。
24. Telushkin，*Jewish Literacy*，p. 310.
25. Oren，*Six Days of War*，p. 217.
26. Sadat，*In Search of Identity*，pp. 175 – 76.
27. Weizman，*On Eagles' Wings*，p. 244.
28. Gordis，*Menachem Begin*，p. 128.
29. Lawrence Wright，“Forcing the End”，*New Yorker*，1998 年 7 月 20 日。
30. Weizman，*On Eagles' Wings*，p. 246.
31. Oren，*Six Days of War*，p. 232.
32. 同上书，p. 242。
33. Dayan，*Story of My Life*，p. 16。
34. 同上。
35. Chafets，*Heroes and Hustlers*，*Hard Hats and Holy Men*，p. 38.
36. 对 Harold H. Saunders 的采访。
37. 对吉米·卡特的采访。
38. Bruce Patton，个人通信。

39. 对吉米·卡特的采访；“To Cool Arms Race in Ga.,” *Gettysburg Times*, 1971 年 10 月 2 日；Randall H, Harber, “Georgia's Arms Race,” *UPI*, 1971 年 11 月 6 日。
40. 吉米·卡特的手写笔记。
41. Quandt, *Camp David*, p. 228.
42. Neff, *Warriors at Suez*, p. 29.
43. 阿伦·巴拉克告诉我，“我自己许多次向萨达特说，‘拿下加沙，拿下加沙。’他说，‘我不想要加沙’”。
44. Shilon, *Menachem Begin*, p. 293；Iris Berlatzky 对艾利亚金姆·鲁宾斯坦的采访，*Menachem Begin* Archives。
45. Silver, *Begin*, p. 191.
46. Weizman, *The Battle for Peace*, p. 359.
47. 对吉米·卡特的采访。
48. Kamel, *The Camp David Accords*, pp. 321 – 22.
49. Weizman, *The Battle for Peace*, p. 359.
50. Sabry, *Al-Sadat*, p. 451.
51. Weizman, *The Battle for Peace*, p. 362.
52. Kamel, *The Camp David Accords*, p. 323.
53. 同上。
54. 同上书，p. 196。
55. Michael Lind, “Alboutros,” *New Republic*, 1993 年 6 月 28 日。
56. Turner, *Suez*, p. 41.
57. Heikal, *Autumn of Fury*, p. 105.
58. Boutros-Ghali, *Egypt's Road to Jerusalem*, p. 141.
59. Weizman, *The Battle for Peace*, p. 363.
60. 对吉米·卡特的采访。
61. Avner, *The Prime Ministers*, pp. 439 – 40.
62. Sidney Zion and Uri Dan, “Untold Story of the Mideast Talks”, Part II, *New York Times*, 1979 年 1 月 21 日。
63. Avner, *The Prime Ministers*, p. 439.
64. Begin, *White Nights*, p. 19.
65. Silver, *Begin*, p. 192.
66. Haber, Schiff, and Yaari, *The Year of the Dove*, p. 246.

67. 对耶齐尔·卡迪沙伊的采访；Haber, Schiff, and Yaari, *The Year of the Dove*, p. 246。布热津斯基坚持说比分实际是 1 比 1。Brzezinski, *Power and Principle*, p. 259。
68. 对梅厄·罗萨尼的采访。
69. Boutros-Ghali, *Egypt's Road to Jerusalem*, p. 139.

第六天

1. Sofer, *Begin*, p. 191.
2. 根据路易斯·费舍尔的说法，这一稿的本意并不是要作为一个严肃的方案提出来，而是要作为对埃及计划的一种反驳（如果最终发表的话）。Louise Fischer，个人通信。
3. 对阿伦·巴拉克的采访。路易斯·费舍尔认为这是迟至 9 月 12 日才发生的，但巴拉克对他不被允许去葛底斯堡记得很清楚。
4. "Chaplain Reed Is Now the Person Who Preaches to Carter the Most," *Sarasota Herald-Tribune*, 1979 年 2 月 24 日。
5. 《撒母耳记》（上），17：45。
6. Dayan, *Living with the Bible*, pp. 185 – 87.
7. Ben-Zvi, *The Exiled and the Redeemed*, p. x.
8. Masechet Sotah 42b, Babylonian Talmud. 犹太教中对于大卫的母亲和歌利亚的母亲之间的关系，或者说大卫的母亲和歌利亚的太祖母之间的关系，有着非常复杂的、令人难以理解的叙述。
9. 罗莎琳·卡特戴维营日记。
10. Heikal, *Autumn of Fury*, p. 24.
11. Sadat, p. 76.
12. 同上书，p. 77。
13. 同上书，p. 85。
14. 同上书，p. 70。
15. Carter, *First Lady from Plains*, p. 253.
16. Begin, *White Nights*, p. 19. 根据贝京的传记作者的说法，监狱记录显示，贝京入狱的时候随身带的是 Disraeli 的传记和一本德英词典。Shilon, *Menachem Begin*, p. 31。
17. 罗莎琳·卡特戴维营日记。
18. Begin, *White Nights*, pp. 74 – 75.

19. 同上书，p. 48。
20. Gordis，*Menachem Begin*，pp. 32 – 33.
21. Begin，*White Nights*，p. 95.
22. Silver，*Begin*，p. 29.
23. Temko，*To Win or to Die*，p. 64.
24. 对吉米·卡特的采访。
25. Haber，Schiff，and Yaari，*The Year of the Dove*，p. 249.
26. Boutros-Ghali，*Egypt's Road to Jerusalem*，p. 140.
27. Dayan，*Breakthrough*，p. 171.
28. 同上。
29. 利托波里·沃克尔·卡特在这场战争中幸存下来了，但是，他和他生意上的伙伴因为他们共同经营的旋转木马发生争吵，被生意伙伴刺死了。Bourne，*Jimmy Carter*，p. 10。
30. 对罗莎琳·卡特的采访。
31. Carter，*Keeping Faith*，p. 372.
32. Weizman，*The Battle for Peace*，p. 363.
33. Carter，*Keeping Faith*，pp. 373 – 74.
34. Weizman，*The Battle for Peace*，p. 364.
35. Carter，*Keeping Faith*，p. 375.
36. 同上书，pp. 374 – 76。
37. Carter，*First Lady from Plains*，p. 255。
38. Carter，*Keeping Faith*，pp. 376 – 77.
39. Weizman，*The Battle for Peace*，p. 365.
40. Nina Sagie 对艾利亚金姆·鲁宾斯坦的采访，1994 年 5 月 5 日，Menachem Begin Heritage Center。
41. Dayan，*Breakthrough*，p. 156.
42. 对阿伦·巴拉克的采访；Carter，*White House Diary*，p. 231。
43. Carter，*First Lady from Plains*，p. 254.
44. Brzezinski，*Power and Principle*，p. 262.

第七天

1. 对阿伦·巴拉克的采访。
2. Bar-On，*Moshe Dayan*，p. 45，pp. 162 – 63；还可见 Raz Kletter，“A Very

General Archeologist—*Moshe Dayan* and Israeli Archeology," *Journal of Hebrew Scriptures 4*, article 5（2003），其中有对达扬在道德上和法律上的不轨行为的描述。

3. Bar-On, *Moshe Dayan*, pp. 142 – 43.
4. Dayan, *Story of My Life*, p. 386.
5. Bar-On, *Moshe Dayan*, p. 145.
6. 罗莎琳·卡特戴维营日记。
7. 罗莎琳·卡特戴维营日记。
8. Kamel, *The Camp David Accords*, pp. 340 – 41.
9. 同上书，p. 343；Haber, Schiff, and Yaari, *The Year of the Dove*, p. 253.
10. Boutros-Ghali, *Egypt's Road to Jerusalem*, p. 142.
11. Weizman, *The Battle for Peace*, p. 261.
12. 罗莎琳·卡特戴维营日记。
13. 对阿伦·巴拉克的采访。

第八天

1. Haber, Schiff, and Yaari, *The Year of the Dove*, p. 254.
2. Weizman, *The Battle for Peace*, p. 367.
3. Haber, Schiff, and Yaari, *The Year of the Dove*, p. 255.
4. 同上。
5. Weizman, *The Battle for Peace*, p. 370.
6. Quandt：*Camp David*, p. 232.
7. Hans Mark，个人通信。
8. Quandt, *Camp David*, Appendix F.
9. Carter, *Keeping Faith*, p. 385.
10. Haber, Schiff, and Yaari, *The Year of the Dove*, p. 255.
11. 同上书，p. 256。
12. Boutros-Ghali, *Egypt's Road to Jerusalem*, p. 143.
13. Kamel, *The Camp David Accords*, p. 346.
14. Shay Fogelman, "What Israeli and U. S. Leaders of 1977 Hoped Would Be Jerusalem's Fate," *Haaretz*, 2011 年 11 月 4 日。
15. 对艾利亚金姆·鲁宾斯坦的采访。
16. Ibn'Asakir，转引自 Sivan, *Interpretations of Islam*, p. 91。

17. Sadat, *Safahat Majhula*, p. 100.
18. Wright, *The Looming Tower*, p. 25.
19. Sadat, *Revolt on the Nile*, p. 93.
20. Heikal, *Autumn of Fury*, p. 25.
21. Carter, *Keeping Faith*, p. 386.
22. "Behind Camp David," 梅纳赫姆·贝京在"主要犹太组织主席会议"上（Conference of Presidents of Major Jewish Organizations）的演讲，1978 年 9 月 20 日。
23. Haber, Schiff, and Yaari, *The Year of the Dove*, p. 257.
24. "Behind *Camp David*," 梅纳赫姆·贝京在"主要犹太组织主席会议"上（Conference of Presidents of Major Jewish Organizations）的演讲，1978 年 9 月 20 日。
25. Meir Rosenne, "Legal Aspects of Negotiations in the PeaceTreaty with Egypt: Camp David（1978 - 1979）," 载 Moshe Fuksman Sha'al, ed., *The Camp David Accords*, p. 35。
26. Shilon, *Menachem Begin*, p. 302.
27. 如果归还西岸的部分土地能够让以色列和埃及实现和平的话，有超过 60% 的以色列人同意归还西岸的部分土地。大部分以色列人并不认同贝京那种"死守着这一整片地区不放的宗教上的和意识形态上的顽固观念"。National Intelligence Cable, 1978 年 9 月 1 日。
28. Carter, *White House Diary*, p. 235; Carter, *Keeping Faith*, pp. 386 - 87.

第九天

1. Eban, *An Autobiography*, p. 436.
2. Aburish, *Nasser*, p. 270.
3. 转引自 Jack L. Schwartzwald, "Did Golda Meir Cause the 'Yom Kippur War'?", *New Society*, 2009 年 7 月 9 日。
4. Abba Eban 多次宣称，以色列人提出了这种方案，并交给了美国人，美国人则转交给了阿拉伯人，但阿拉伯人毫不留任何情面地拒绝了以色列人的好意。没有任何证据显示，体现在 1967 年 6 月 19 日议会决议中的这种撤出计划，不仅仅是一种"外交姿态"而已，也没有任何证据显示以色列人希望这个方案不仅仅是对美国人的一个简单说明，或者说这个东西被转交给了阿拉伯人。Avi Raz, "The Generous

Peace Offer That Was Never Offered: The Cabinet Resolution of June 19, 1967," *Diplomatic History 37*, no. 1 (2013): 85 – 108。

5. Parker 指出，尽管"消耗之战"通常被说成是 1969 年 3 月开始的，但实际上双方在前一年的秋天就交火了。*The Politics of Miscalculation in the Middle East*, p. 130。
6. 同上书，p. 125。
7. Parker 认为以色列和美国人在这个时期共同犯了三个错误："对埃及力量的错误估计、对苏联态度的严肃程度的错误估计，以及对使用武力的狂热。"同上书，p. 163。
8. Hirst and Beeson, *Sadat*, p. 122.
9. Kissinger, *White House Years*, p. 569.
10. 同上书，p. 585。
11. Sadat, *In Search of Identity*, p. 230.
12. Robert Satloff in Alterman, ed. *Sadat and His Legacy*, p. 151.
13. Heikal, *Autumn of Fury*, p. 46.
14. Hirst and Beeson, *Sadat*, p. 138.
15. Kissinger, *White House Years*, p. 1299.
16. Shavit, *My Promised Land*, p. 143.
17. Goldhagen, *Hitler's Willing Executioners*, pp. 151 and 192 – 92.
18. Holocaust Encyclopedia, http://www.ushmm.org/wlc/en/article.php?ModuleId=10006124.
19. 同上。
20. Shavit, *My Promised Land*, p. 145.
21. Weizman, *The Battle for Peace*, p. 292.
22. 对法鲁克·艾尔 – 巴兹（Farouk el-Baz）的采访。
23. 对吉米·卡特和罗莎琳·卡特的采访。
24. "The Negotiators for Egypt," *Washington Post*, 1977 年 12 月 12 日。
25. 对梅厄·罗萨尼的采访。
26. Adel Hamouda, "Osama el-Baz: Malaff Shakhsi Jiddan!" [Osama el – Baz: A Very Personal Portfolio!], *El Fagr*, 2013 年 9 月 24 日。
27. Reedy, *Rihlat al – ʻumr*, p. 329.
28. 对法鲁克·艾尔 – 巴兹的采访。
29. Haber, Schiff, and Yaari, *The Year of theDove*, p. 259.

30. Carter, *Keeping Faith*, p. 387.
31. 同上。
32. Temko, *To Win or to Die*, p. 229.
33. Sabry, *Al-Sadat*, p. 454.
34. Haber, Schiff, and Yaari, *The Year of the Dove*, p. 260.
35. Weizman, *The Battle for Peace*, p. 369.
36. Haber, Schiff, and Yaari, *The Year of the Dove*, p. 261.
37. Sabry, *Al-Sadat*, pp. 454 – 55
38. Carter, *First Lady from Plains*, p. 260.
39. Nelson, *The President Is at Camp David*, p. 121.

第十天

1. 吉米・卡特戴维营日记。
2. Carter, *First Lady from Plains*, p. 260.
3. 对阿伦・巴拉克的采访。
4. Boutros-Ghali, *Egypt's Road to Jerusalem*, p. 144.
5. Gamasy, *The October War*, pp. 224 – 25.
6. Reedy, *Rihlat al-'umr*, p. 248.
7. "Waiting in the Wings," *Time*, 1973 年 7 月 30 日。
8. Heikal, *The Road to Ramadan*, p. 247.
9. Herzog, *The War of Atonement*, p. 13.
10. Sadat, *In Search of Identity*, p. 219.
11. Kipnis, *1973*, pp. 68 – 69.
12. 同上书, pp. 92, 103。
13. "Arabs v. Israelis in a Suez Showdown," *Time*, 1973 年 10 于 29 日。
14. Arnaud de Borchgrave, "The Battle Is Now Inevitable," *Newsweek*, 1973 年 4 月 9 日。
15. Iris Berlatzky 对耶齐尔・卡迪沙伊的采访, Menachem Beigin Heritage Center。
16. Herzog, *The War of Atonement*, p. 32.
17. Kipnis, *1973*, p. 47.
18. 同上书, p. 113。
19. 同上书, p. 205。

20. Herzog, *The War of Atonement*, p. 35.
21. Sadat, *A Woman of Egypt*, p. 291.
22. Herzog, *The War of Atonement*, pp. 35 – 36.
23. 《古兰经》，3：124 – 25。
24. Gamasy, *The October War*, pp. 180 – 81.
25. Herzog, *The War of Atonement*, p. 51.
26. Gamasy, *The October War*, p. 210.
27. Kipnis, *1973*, p. 282.
28. 有关阿什拉夫·马尔万到底是不是一个双面间谍的讨论非常多而且引人入迷。战后，萨达特给他颁发了勋章，但摩萨德的头头同时也说他是以色列有过的最出色的间谍。马尔万 2007 年在伦敦从阳台上摔下去死了，而这看起来是一场谋杀。Yigal Kipnis 在他的书 *1973: The Road to War* 中，有一个有关这个争议的非常详细的附录。
29. Kipnis, *1973*, p. 273.
30. Blum, *The Eve of Destruction*, p. 157; Dayan, *Story of My Life*, p. 461.
31. Blum, *The Eve of Destruction*, p. 159; Gamasy, *The October War*, pp. 207 – 208.
32. Dayan, *Story of My Life*, p. 474.
33. "The War of the Day of Judgment," *Time*, 1973 年 10 月 22 日。
34. Sadat, *A Woman of Egypt*, p. 293.
35. Dayan, *Story of My Life*, p. 510.
36. Blum, *The Eve of Destruction*, pp. 175 – 83.
37. Heikal, *Secret Channels*, p. 181; Dayan, *Story of My Life*, p. 495; Gamasy, *The October War*, pp. 216 – 17. Heikal 有关以色列损失的飞机数量的说法不同，他认为是 40 架。
38. Dayan, *Story of My Life*, pp. 495 – 96. Gamasy 有关埃及在最初 24 个小时内的损失情况的记述有所不同：5 架飞机、20 辆坦克、280 名士兵阵亡。Gamasy, *The October War*, pp. 216 – 17。
39. Gamasy, *The October War*, pp. 138 – 39. 根据基辛格的说法，以色列人从俘虏的埃及士兵那里了解到，埃及人原来根本没有想过要推进到离运河二十到三十英里的西奈要塞。Kissinger, *Years of Upheaval*, p. 459。
40. Blum, *The Eve of Destruction*, p. 193.

41. 同上书，p. 202。
42. Kissinger, *Years of Upheaval*, p. 492.
43. Herzog, *The War of Atonement*, p. 196.
44. Hersh, *The Samson Option*, p. 179.
45. 同上书，p. 225. 以色列从来没有公开承认拥有核武器。尼克松和基辛格的记述中都没有提到使用核武器这一选项。然而，兹比格涅夫·布热津斯基在和卡特的讨论中则明确提到了这一点。"Reflections on The Camp David Accords," 加利福尼亚圣地亚哥 Del Coronado 酒店，2012 年 3 月 9 日。
46. 对威廉·科万特的采访；Elbridgc Solby, Avncr Cohcn, William McCants, Bradley Morris, and William Rosenau, "TheIsraeli 'Nuclear Alert' of 1973: Deterrence and Signaling in Crisis," *CNA Report*, 2013 年 4 月，p. 35. 这些作者的结论是，"以色列的核武器发射系统的状态发生了一次调整，但美国人并不认为这种调整是以色列计划使用核武器的一个表现"（p. 46）。
47. William Quandt，转引自 Elbridge Solby, Avner Cohen, William McCants, Bradley Morris, and William Rosenau, "TheIsraeli 'Nuclear Alert' of 1973: Deterrence and Signaling in Crisis," *CNA Report*, 2013 年 4 月，p. 21，fn。
48. Kissinger, *Years of Upheaval*, p. 504. 达扬本人后来则宣称，"我们根本不打算占领大马士革，甚至也不打算对它进行轰炸。" Dayan, *Story of My Life*, p. 516. 尽管如此，他还是下令将叙利亚首都纳入以色列军队的火炮攻击范围。
49. Gamasy, *The October War*, p. 177. Heikal, Secret Channehs, p. 195 则说损失的坦克是 390 辆。
50. Dayan, *Story of My Life*, p. 532.
51. Sadat, *A Woman of Egypt*, p. 296.
52. 同上书，p. 294。
53. Kissinger, *Years of Upheaval*, p. 545.
54. Dayan, *Story of My Life*, p. 537.
55. Gordis, *Menachem Begin*, p. 131.
56. Chafets, *Heroes and Hustlers, Hard Hats and Holy Men*, p. 45.
57. Kissinger, *Years of Upheaval*, p. 573.

58. *Foreign Relations of the United States*, 1969 – 1976, vol, xxv, "Arab-Israeli Crisis and War," pp. 658 – 60.
59. White, *Breach of Faith*, p. 263; Dayan, *Story of My Life*, p. 543.
60. Kalb and Kalb, *Kissinger*, pp. 563 – 64.
61. 对 Gary Chapman 的采访。
62. Gail Sheehy, "The Riddle of Sadat," *Esquire*, 1979 年 1 月 30 日。
63. Kissinger, *Years of Upheaval*, p. 636.
64. Dayan, *Breakthrough*, p. 171.
65. "A City in Sinai," *Time*, 1973 年 1 月 22 日。
66. Dayan, *Breakthrough*, p. 172.
67. Hermann Frederick Eilts in Alterman ed. , *Sadat and His Legacy*, p. 40.
68. Carter, *First Lady from Plains*, p. 261; 对罗莎琳·卡特的采访。
69. Kamel, *The Camp David Accords*, pp. 352 – 53.
70. 对罗莎琳·卡特的采访。
71. Carter, *First Lady from Plains*, p. 261; 罗莎琳·卡特戴维营日记。
72. Carter, *Keeping Faith*, pp. 390 – 91.

第十一天

1. Carter, *First Lady from Plains*, p. 262.
2. 对沃尔特·蒙代尔的采访。
3. Zev Chafets, 个人通信。
4. Boutros-Ghali, *Egypt's Road to Jerusalem*, p. 140.
5. 对萨缪尔·W. 路易斯的采访, Foreign Affairs Oral History Collection of the Association for Diplomatic Studies and Training, http://www.loc.gov/item/mfdipbib000687。
6. 对 Zev Chafets 的采访。
7. "Ezer Weizman," *Telegraph*, 2005 年 4 月 26 日。
8. Temko, *To Win or to Die*, p. 195.
9. Gervasi, *The Life and Times of Menachem Begin*, p. 325.
10. Shilon, *Menachem Begin*, p. 256.
11. Cohen, *Culture and Conflict in Egyptian-Israeli Relations*, p. 38.
12. Chafets, *Heroes and Hustlers, Hard Hats and Holy Men*, p. 37.
13. William Quandt, 个人通信。

14. Gervasi, *The Life and Times of Menachem Begin*, p. 329.

15. ShiIon, *Menachem Begin*, p. 255.

16. 同上书, p. 258。

17. 对 Zev Chafets 的采访。

18. Sidney Zion and Uri Dan, "Untold Story of the Mideast Talks," Part II, *New York Times*, 1979 年 1 月 21 日。

19. Brzezinski, *Power and Principle*, p. 271.

20. Carter, *Keeping Faith*, p. 391.

21. 对吉米・卡特的采访。

22. Brzezinski, *Power and Principle*, p. 272.

23. Sabry, *Al-Sadat*, p. 453.

24. 对吉米・卡特的采访。

25. Brzezinski, *Power and Principle*, p. 272.

26. 对吉米・卡特的采访。

27. Carter, *Keeping Faith*, p. 393.

28. 同上书, p. 393。

29. 对阿梅德・阿布尔 - 盖特的采访。

30. Boutros-Ghali, *Egypt's Road to Jerusalem*, p. 146.

31. Kamel, *The Camp David Accords*, pp. 352 - 57.

32. Boutros-Ghali, *Egypt's Road to Jerusalem*, p. 146.

33. Kamel, *The Camp David Accords*, pp. 357 - 58.

34. 对阿伦・巴拉克的采访。Shilon, *Menachem Begin*, p. 276。

35. 对沃尔特・蒙代尔的采访。

36. Gordis, *Menachem Begin*, p. 130.

37. Weizman, *The Battle for Peace*, p. 370.

38. 同上。魏兹曼把事情的先后顺序搞得有些乱。他提到这件事情的会议，似乎应该是在第九天举行的。Haber 等作者就是这么认为的。Haber, Schiff, and Yaari, *The Year of the Dove*, p. 260。

39. Weizman, *The Battle for Peace*, p. 370.

40. Dayan, *Breakthrough*, p. 176.

41. Weizman, *The Battle for Peace*, p. 371.

42. Carter, *First Lady from Plains*, p. 262.

43. Quandt, *Camp David*, p. 240.

44. 对艾利亚金姆·鲁宾斯坦的采访。
45. Kamel, *The Camp David Accords*, pp. 362 – 63.

第十二天

1. Carter, *Keeping Faith*, p. 394.
2. Temko, *To Win or to Die*, pp. 228 – 30.
3. Shilon, *Menachem Begin*, p. 311.
4. 罗莎琳·卡特关于戴维营的私人日记。
5. Kamel, *The Camp David Accords*, pp. 363 – 69.
6. Carter, *First Lady from Plains*, pp. 264 – 65.
7. 吉米·卡特关于戴维营的私人日记。
8. 罗莎琳·卡特关于戴维营的私人日记。
9. Dayan, *Breakthrough*, p. 175.
10. Quandt, *Camp David*, p. 244.
11. 同上书，p. 245。
12. Silver, *Begin*, p. 89.
13. Neff, *Warriors at Suez*, p. 64.
14. Montefiore, *Jerusalem*, pp. 490 – 92.
15. Silver, *Begin*, p. 91.
16. Meir Pa'il，哈加纳情报官员，转引自 Silver, *Begin*, p. 94。
17. "Deir Yassin: Meir Pail's Eyewitness Account," http://web.archive.org/web/20080419084659/http://www.ariga.com/peacewatch/dy/dypail.htm. 也有相反的报道，说边上村庄的村民也参与了屠杀。
18. Morris, *Righteous Victims*, p. 208.
19. Morris, *Righteous Victims*, p. 208; Gervasi, *The Life and Times of Menachem Begin*, p. 234; Benvenisti, *Sacred Landscape*, p. 116.
20. Silver, *Begin*, p. 94. Silver 引用了伊尔贡军官 Yehoshua Gorodentchik 的话："我们有一些俘虏。在撤退之前，我们决定处决他们。我们也处决了一些伤员，因为我们根本没有办法为他们提供什么急救措施。在其中一个地方，大概有八十名阿拉伯俘虏被打死了，因为他们对着给他们提供急救的人开枪了，并打死了其中一个参与急救的人。他们也发现有阿拉伯人男扮女装，因此他们对那些没有抓紧往俘虏集中地赶过去的阿拉伯妇女也开枪了。"（p. 91）

21. 同上书，p. 207。
22. 同上书，p. 209。
23. Gervasi, *The Life and Times of Menachem Begin*, p. 235.
24. Silver, *Begin*, p. 88.
25. Begin, *The Revolt*, p. xxi.
26. Benvenisti 在 *Sacred Landscape* 中有许多非常感人、具体的描述。
27. Montefiore, *Jerusalem*, pp. 493 – 94.
28. Morris, *The Birth of the Palestinian Refugee Problem Revisited*, p. 342.
29. Benvenisti, *Sacred Landscape*, pp. 20 – 21. 将这座取名叫“何珥山”（Mount Hor）是非常奇怪的，后来这座山被重新命名为“寻山”（MountZin）。
30. Haber, Schiff, and Yaari, *The Year of the Dove*, p. 270.
31. 吉米·卡特关于戴维营的私人日记。
32. 同上。
33. Carter, *Keeping Faith*, p. 396.
34. Haber, Schiff, and Yaari, *The Year of the Dove*, p. 270.
35. Temko, *To Win or to Die*, pp. 228 – 29.
36. Weizman, *The Battle for Peace*, p. 373.
37. Quandt, *Camp David*, p. 246.
38. 同上书，p. 247。
39. 对萨缪尔·W. 路易斯的采访，Foreign Affairs Oral History Collection of the Association for Diplomatic Studies and Trainings, http：//www. loc. gov/item/mfdipbib000687。
40. 有关贝京那天晚上到底同意了什么的争论，一直没有平息。卡特当时对这次会议的记录显示，贝京同意了暂停建设定居点。“在西岸定居点问题上，我们终于找到了双方满意的措辞，也就是在签署这份框架协议之后，不能再建立新的以色列定居点。其他定居点的问题则由各方在谈判中解决。这将通过由贝京给我写一封公开信的方式处理。”万斯的记录和卡特一致。万斯在自己的回忆录中写道：“那个星期六晚上我们讨论的唯一的事情就是那个全面协议和自治谈判。因此，很难理解贝京居然会对总统提出的要求产生误解。”Vance, *Hard Choices*, p. 228. 卡特告诉我，“贝京非常清楚地向我和萨达特许诺说，他会停止所有的定居点建设行动。当他从峰会返回之后，他就开始撒谎了。他开始说他的意思只是他会在谈判期间停止定居点建设。”但是，戴维营峰会的主要参与人在戴维营峰会25周年纪念论坛（Camp David25th Anniversary Forum）上，艾利亚金姆·鲁宾斯坦法官对卡特提出了质疑，他说这种分歧是源于一种误解，因为贝京是一个说话算话的人，不大可能食言。卡特回答说：“我想我同意这种说法。是一种误解。我不认为贝京会在这个问题上对我撒谎。”阿伦·巴拉克当时是做会议记录的人。他告诉我，“当他们之间开始出现分歧时……贝京忘记了是我做的会议记录。当他和总统争吵的时候，我就打电话给他，说‘别忘了，我有会议记录，我认为您是对的。’……之后我就拿出会议记录读给他听，看他到底说了什么，然后他就让我把会议记录发给卡特，我就发给卡特了。贝京同意的期限是不超过三个月。就是这个样子。”巴拉克发给贝京的会议记录电报也支持了贝京对路易斯大使所说的话——他会考虑一下并在第二天回复卡特。在近东和南亚事务局任职（Bureau of Near Eastern and South Asian Affairs）的助理国务卿哈罗德·桑德斯（Harold Saunders）则说，暂停定居点建设的时间周期是和巴勒斯坦人需要花多久时间建立自治政府挂钩的——他估计需要三个月到六个月。未来的定居点问题可以在那之后讨论，但除非各方一致同意，否则不能建设新定居点。他说，“这个问题是刻意留给后续的谈判来解决的，那个时候各方可以就这个问题进行进一步的讨论”。“Assessment of the 1978 Middle East *Camp David* Agreements,”众议院国际关系委员会欧洲和中东分会（Subcommittee on Europe and the MiddleEast of the Committee on International Relations, House of Representatives）于1978年9月28日举行的听证会，p. 27。桑德斯所说的东西和卡特所说的东西，显然是矛盾的。卡特的说法是，在以色列和巴勒斯坦人谈判期间，要停止定居点的建设，为期最长可能会有五年之久。威廉·科万特在私人通信中则解释说，贝京担心的是，万一与巴勒斯坦人的谈判实际上根本就没有开始，那么，以色列在新定居点的建设上也会受到限制。他说，“我认为我们应该定一个定居点暂停建设的期限，而不是将这种暂停建设和开始谈判挂起钩来”。

第十三天

1. Carter, *First Lady from Plains*, pp. 265 – 66.

2. 对罗莎琳·卡特的采访。
3. Samuel Lewis, "The *Camp David* Peace Process", 载 Sha'al, ed., *The Camp David Accords*, p. 56。
4. Kamel, *The Camp David Accords*, p. 370.
5. 对纳比尔·艾尔 – 阿拉比的采访。
6. 对阿梅德·阿布尔 – 盖特的采访。
7. Kamel, *The Camp David Accords*, p. 371.
8. Weizman, *The Battle for Peace*, p. 374.
9. 对杰拉德·拉夫逊的采访。
10. United Nations General Assembly, Fifth Emergency Special Session, 1967 年 7 月 14 日。
11. United Nations Security Council, 1969 年 7 月 1 日。
12. United Nations Security Council, 1976 年 3 月 23 日。
13. Weizman, *The Battle for Peace*, p. 373.
14. Dayan, *Breakthrough*, p. 177.
15. 对吉米·卡特的采访。
16. 同上。
17. 对杰拉德·拉夫逊的采访。
18. "Ammon of Mainz" entry, vol. 1, Roth et al, eds., *Encyclopedia Judaica*.
19. Shlomo Slonim, "The Issue of *Jerusalem* at the *Camp David* Summit," 载 Sha'al ed., *The Camp David Accords*, pp. 65 – 66; Hasten, *I Shall Not Die*!, p. 212. Hasten 提到贝京在华盛顿向卡特讲述过这个故事，或许他不止一次讲过这个故事。耶齐尔·卡迪沙伊记得贝京在戴维营峰会上讲过这个故事。
20. 卡特总统致埃及总统安瓦尔·艾尔·萨达特的信，1978 年 9 月 22 日。
21. Carter, *Keeping Faith*, p. 399.
22. Carter, *First Lady from Plains*, p. 266.
23. Samuel Lewis, "The *Camp David* Peace Process," 载 Sha'al ed., *The Camp David Accords*, p. 56。
24. 对梅厄·罗萨尼的采访。
25. Quandt, *Camp David*, p. 253.

26. Alon Ben-Meir, "The Settlements: Israeli's Albatross," *Huffington Post*, 2013 年 11 月 14 日。
27. 对阿伦·巴拉克的采访。
28. Quandt, *Camp David*, p. 253.
29. Brzezinski, *Power and Principle*, p. 270.
30. 吉米·卡特关于戴维营的私人日记。
31. Carter, *First Lady from Plains*, p. 267.
32. Haber, Schiff, and Yaari, *The Year of the Dove*, p. 274.
33. Kamel, *The Camp David Accords*, p. 376.
34. 我要感谢马里兰州葛底斯堡的一位不知名的观众，他参加了我的戏剧《戴维营》在华盛顿特区 Arena Stage 的试演活动。是他提供了这样一条有趣的信息。
35. Carter, *First Lady from Plains*, p. 268.
36. Kamel, *The Camp David Accords*, p. 378.
37. 对萨缪尔·W. 路易斯的采访，Foreign Affairs Oral History Collection of the Association for Diplomatic Studies and Trainings, http://www.loc.gov/item/mfdipbib000687。
38. www.youtube.com/watch?v=QPtMafxVKeA.
39. https://www.youtube.com/watch?v=iy9KIA_IByQ.
40. https://www.youtube.com/watch?v=SYkIAnf_bzM.
41. Temko, *To Win or to Die*, p. 231.

后　记

1. Weizman, *The Battle for Peace*, p. 384.
2. 同上书，p. 382。
3. Temko, *To Win or to Die*, p. 233.
4. "Summit at Camp David: 'Touch and Go,'" http://www.archives.gov.il/ArchiveGov_Eng/Publications/ElectronicPirsum/CampDavid/CampDavidIntroductionB2.htm.
5. Temko, *To Win or to Die*, p. 234.
6. Hedrick Smith, "After Camp David Summit, A Valley of Hard Bargaining," *New York Times*, 1978 年 11 月 6 日。
7. Carter, *Keeping Faith*, p. 405.

8. Carter, *White House Diary*, p. 256.
9. Quandt, *Camp David*, p. 298.
10. Carter, *White House Diary*, p. 268.
11. 对萨缪尔·W. 路易斯的采访, Foreign Affairs Oral History Collection of the Association for Diplomatic Studies and Trainings, http://www.loc.gov/item/mfdipbib000687。
12. Carter, *Keeping Faith*, p. 419.
13. Sadat, *A Woman of Egypt*, p. 402.
14. Carter, *Keeping Faith*, p. 421.
15. Haber, Schiff and Yaari, *The Year of the Dove*, p. 297.
16. Carter, *Keeping Faith*, p. 421.
17. Begin, *The Revolt*, p. 36.
18. Haber, Schiff, and Yaari, *The Year of the Dove*, pp. 296 – 97.
19. Quandt, *Camp David*, p. 309.
20. Haber, Schiff and Yaari, *The Year of the Dove*, p. 303.
21. William Quandt, 个人通信。
22. Vance, *Hard Choices*, p. 251.
23. "Reflections on *The Camp David Accords*," 卡特和兹比格涅夫·布热津斯基的对话, 加利福尼亚圣地亚哥 DelCoronada 酒店, 2012 年 3 月 9 日。
24. Brzezinski, *Power and Principle*, p. 287.
25. Dayan, *Breakthrough*, p. 281.
26. "Bygone Days: Oh, for the Embraces of El Arish," *JerusalemPost*, 2008 年 5 月 20 日。
27. 同上书。
28. 对萨缪尔·W. 路易斯的采访, Foreign Affairs Oral History Collection of the Association for Diplomatic Studies and Training。
29. Hirst and Beeson, *Sadat*, pp. 331 – 32.
30. Heikal, *Autumn of Fury*, pp. 231 – 32。其他一些资料则记载逮捕了 1500 人, 但无论如何 Heikal 都是被逮捕的人之一。
31. 《古兰经》, 20: 43 ~ 44。
32. Ibrahim, *I'adat al-I'tibar lil-Ra's Al-Sadat* [The Vindication of President Sadat], pp. 161 – 62.

33. Sadat, *A Woman of Egypt*, pp. 416 – 17.
34. Quandt, *Camp David*, p. 280.
35. 对吉米・卡特的采访。
36. Sadat, *A Woman of Egypt*, p. 441。
37. John Bulloch and Nabila Mecalli, "Sadat Killed by Soldiers," *Telegraph*, http://www.telegraph.co.uk/news/1400131/Sadat-killed-by-soldiers.html; Sadat, *My Father and I*, p. 175.
38. Wright, *The Looming Tower*, p. 50.
39. 对法鲁克・艾尔 – 巴兹的采访。
40. Wright, *The Looming Tower*, p. 51.
41. Frank J. Prial, "Heavy Security at Funeral Bars EgyptianPublic," *New York Times*, 1981 年 10 月 11 日。
42. Shilon, *Menachem Begin*, p. 318.
43. 同上书, p. 328。
44. 同上书, p. 329。
45. 《古兰经》, 3：169。
46. "The Lebanon War: Operation Peace for Galilee," Israeli Ministry of Foreign Affairs, http://mfa.gov.il/MFA/AboutIsrael/History/Pages/Operation%20Peace%20for%20Galilee%20-%201982.aspx.
47. Friedman, *From Beirut to Jerusalem*, p. 145.
48. Yossi Alpher, 个人通信。
49. Gordis, *Menachem Begin*, p. 200.
50. Friedman, *From Beirut to Jerusalem*, p. 159.
51. Fergal Keane, "Syrians Aid 'Butcher of Beirut' to Hide from Justice," *Daily Telegraph* (London), 2001 年 6 月 17 日; Franklin Lamb, "Remembering Janet Lee Stevens, Martyr for the Palestinian Refugees," *Al-Ahram Weekly*, 2010 年 5 月 6 – 12 日。
52. Friedman, *From Beirut to Jerusalem*, p. 163. 卡特则说被杀死的人数是 1400。Carter, *The Blood of Abraham*, pp. 2 – 3。
53. Shilon, *Menachem Begin*, p. 415.
54. 同上书, p. 419。
55. 同上书, pp. 419 – 20。
56. "Begin's Legacy/Yehiel, It Ends Today," *Haaretz*, 2013 年 11 月 10 日。

57. Hasten, *I Shall Not Die!*, p. 234.
58. 对耶齐尔·卡迪沙伊的采访。
59. Shilon, *Menachem Begin*, p. 313.
60. Kamel, *The Camp David Accords*, p. 290.
61. James Fallows, "The Passionless Presidency," *Atlantic*, 1979 年 5 月。
62. Vance, *Hard Choices*, p. 229.
63. Jeremy Pressman, "Explaining the Carter Administration's Israeli-Palestinian Solution," *Diplomatic History* 37, no, 5 (2013). 由于没有埃及提供的支援，阿拉法特在 2000 年克林顿总统举行的戴维营峰会上，就没能达成一份他能够接受的协议。即使埃及人也出席了这次峰会，这次峰会也不一定就会取得不同的成果。
64. Seth Anziska，个人通信。
65. 对吉米·卡特的采访。
66. Brzezinski, *Power and Principle*, p. 236.
67. Kamel, *The Camp David Accords*, p. 283.
68. 对 Ziv Rubinovitz 和 Louise Fischer 的采访；对艾利亚金姆·鲁宾斯坦的采访。
69. Iris Berlatzky 对艾利亚金姆·鲁宾斯坦的采访，Menachem Begin Archives。
70. Kenneth W. Stein，载 Alterman, ed., *Sadat and His Legacy*, p. 36。

参考文献

Aburish, Saïd K. *Nasser: The Last Arab*. New York: Thomas Dunne, 2004.

Alterman, Jon B., and Eliahu Ben Elissar. *Sadat and His Legacy: Egypt and the World, 1977–1997*. Washington, DC: Washington Institute for Near East Policy, 1998.

Aly, Abdel Monem Said, Shai Feldman, and Khalil Shikaki. *Arabs and Israelis: Conflict and Peacemaking in the Middle East*. UK: Palgrave Macmillan, 2013.

Arabi, Nabil el-. *Taba, Camp David, al-jidar al-'azil* [Taba, Camp David, the Wall]. Cairo: Dar Shorouk, 2012.

Armstrong, Karen. *Jerusalem: One City, Three Faiths*. New York: Knopf, 1996.

Auda, Mohamed Saad el-. *Hasan al-tuhami yaftahu malaffatahu min ihtilal filistin ila kamb difid* [Hassan el-Tohamy Opens His Portfolios from the Occupation of Palestine to Camp David]. Cairo: Dar Diwan, 1998.

Avner, Yehuda. *The Prime Ministers: An Intimate Narrative of Israeli Leadership*. New Milford, CT: Toby Press, 2010.

Bahri, Nasser al-, with George Malbrunot; Susan de Muth, trans. *Guarding Bin Laden: My Life in Al-Qaeda*. UK: Thin Man Press, 2007.

Balmer, Randall. *Redeemer: The Life of Jimmy Carter*. New York: Basic Books, 2014.

Bar-On, Mordechai. *Moshe Dayan: Israel's Controversial Hero*. New Haven, CT: Yale University Press, 2012.

Begin, Menachem. *The Revolt*. New York: Nash Publishing, 1977.

———. *White Nights: The Story of a Prisoner in Russia*. New York: Harper and Row, 1977.

Beinin, Joel. *The Dispersion of Egyptian Jewry: Culture, Politics, and the Formation of a Modern Diaspora*. Cairo: The American University in Cairo, 1998.

Bell, J. Bowyer. *Terror Out of Zion*. New York: St. Martin's Press, 1977.

Ben-Gurion, David. *Israel: A Personal History*. New York: Funk and Wagnalls/Sabra, 1971.

Benvenisti, Meron. *Sacred Landscape: The Buried History of the Holy Land Since 1948*. Berkeley: University of California Press, 2002.

Ben-Zvi, Itzhak. *The Exiled and the Redeemed*. Philadelphia, PA: Jewish Publication Society of America, 1957.

Blum, Howard. *The Eve of Destruction: The Untold Story of the Yom Kippur War*. New York: HarperCollins, 2003.

Bourne, Peter G. *Jimmy Carter: A Comprehensive Biography from Plains to Post-Presidency*. New York: Lisa Drew/Scribner, 1997.

Boutros-Ghali, Boutros. *Egypt's Road to Jerusalem*. New York: Random House, 1997.

Brzezinski, Zbigniew. *Power and Principle*. New York: Farrar, Straus and Giroux, 1983.

"Camp David 25th Anniversary Forum." Washington, DC: Carter Center and Woodrow Wilson International Center for Scholars, September 17, 2003.

Carter, Jimmy. *The Blood of Abraham: Insights into the Middle East*. Fayetteville: University of Arkansas Press, 2007.

———. *An Hour Before Daylight: Memories of a Rural Boyhood*. New York: Simon and Schuster, 2001.

———. *Keeping Faith: Memoirs of a President*. New York: Bantam, 1983.

———. *We Can Have Peace in the Holy Land*. New York: Simon and Schuster, 2009.

———. *White House Diary*. New York: Farrar, Straus and Giroux, 2010.

———. *Why Not the Best?* Nashville: Broadman Press, 1975.

Carter, Rosalynn. *First Lady from Plains*. Boston: Houghton Mifflin, 1984.

Chafets, Ze'ev. *Heroes and Hustlers, Hard Hats and Holy Men: Inside the New Israel*. New York: William Morrow, 1986.

CIA Historical Review Program. *President Carter and the Role of Intelligence in the Camp David Accords*. Jimmy Carter Presidential Library, November 13, 2013.

Cline, Eric H. *From Eden to Exile: Unraveling Mysteries of the Bible*. Washington, DC: National Geographic, 2007.

Cohen, Raymond. *Culture and Conflict in Egyptian-Israeli Relations*. Bloomington: Indiana University Press, 1990.

Dayan, Moshe. *Breakthrough: A Personal Account of the Egypt-Israel Peace Negotiations*. New York: Knopf, 1981.

———. *Living with the Bible*. Jerusalem: Steimatzky's Agency, 1978.

———. *Story of My Life: An Autobiography*. New York: William Morrow, 1976.

Dayan, Yaël. *My Father, His Daughter*. New York: Farrar, Straus and Giroux, 1985.

Eban, Abba. *An Autobiography*. New York: Random House, 1977.

Finkelstein, Israel, and Neil Asher Silberman. *The Bible Unearthed*. New York: Touchstone, 2002.

Friedman, Thomas L. *From Beirut to Jerusalem*. New York: Farrar, Straus, 1989.

Gamasy, Mohamed Abdel Ghani el-. *The October War: Memoirs of Field Marshal el-Gamasy of Egypt*. Cairo: The American University in Cairo, 1993.

Gervasi, Frank. *The Life and Times of Menahem Begin*. New York: Putnam, 1979.

Ghorbal, Ashraf. *Su'ud wa inhiyar: Mudhakkarat Ashraf Ghorbal* [Ascent and Descent: The Memoirs of Ashraf Ghorbal]. Cairo: Markaz al-ahram lil-tarjaa wa-l-nashr, 2004.

Glad, Betty. *Jimmy Carter: In Search of the Great White House*. New York: W. W. Norton, 1980.

———. *An Outsider in the White House: Jimmy Carter, His Advisors, and the Making of American Foreign Policy*. Ithaca, NY: Cornell University Press, 2009.

Godbold, E. Stanly, Jr. *Jimmy & Rosalynn Carter: The Georgia Years, 1924–1974*. New York: Oxford University Press, 2010.

Goldhagen, Daniel Jonah. *Hitler's Willing Executioners: Ordinary Germans and the Holocaust*. New York: Random House, 2007.

Gordis, Daniel. *Menachem Begin: The Battle for Israel's Soul*. New York: Schocken, 2014.

Grief, Howard. *The Legal Foundation and Borders of Israel under International Law*. Jacksonville, FL: Mazo Publishers, 2008.

Gulley, Bill, and Mary Ellen Reese. *Breaking Cover.* New York: Simon and Schuster, 1980.

Gutman, Yechiel. *Ha-Yoetz Ha-Mishpati Neged Ha-Memshalah* [The Attorney-General Versus the Government]. Jerusalem: Edanim Publishers, 1981.

Haber, Eitan. *Menachem Begin: The Legend and the Man.* New York: Delacorte Press, 1978.

Haber, Eitan, Zeev Schiff, and Ehud Yaari. *The Year of the Dove.* New York: Bantam, 1979.

Hasten, Hart N. *I Shall Not Die!* New York: Gefen, 2003.

Heikal, Mohamed. *Autumn of Fury: The Assassination of Sadat.* New York: Random House, 1983.

———. *The Road to Ramadan.* New York: Ballantine Books, 1975.

———. *Secret Channels: The Inside Story of Arab-Israeli Peace Negotiations.* New York: HarperCollins, 1996.

Hersh, Seymour M. *The Samson Option.* New York: Random House, 1991.

Herzog, Chaim. *The War of Atonement.* London: Greenhill Books, 2003.

Hirst, David, and Irene Beeson. *Sadat.* London: Faber and Faber, 1981.

Hoffman, Bruce. *Anonymous Soldiers.* New York: Knopf, 2015 (forthcoming).

———. *Inside Terrorism.* New York: Columbia University, 2006.

Howard, Adam, ed. *Foreign Relations of the United States, 1977–1980*, vol. 8: *Arab-Israeli Dispute, January 1977–August 1978.* Washington, DC: U.S. Government Printing Office, 2013.

Ibrahim, Sa'ad Iddin. *I'adat al-I'tibar lil-Ra'is al-Sadat* [The Vindication of President Sadat]. Cairo: Dar al-Shouk, 1992.

Israeli, Raphael. *Man of Defiance.* Totowa, NJ: Barnes and Noble Books, 1985.

Johnson, Lyndon Baines. *The Vantage Point: Perspectives of the Presidency, 1963–1969.* New York: Holt, Rinehart and Winston, 1971.

Jordan, Hamilton. *Crisis.* New York: G. P. Putnam's Sons, 1982.

Kalb, Bernard, and Marvin Kalb. *Kissinger.* New York: Dell Publishing, 1975.

Kamel, Mohamed Ibrahim. *The Camp David Accords.* London: KPI, 1986.

Kaufman, Scott. *Rosalynn Carter: Equal Partner in the White House.* Lawrence: University Press of Kansas, 2007.

Kays, Doreen. *Frogs and Scorpions: Egypt, Sadat and the Media.* London: Frederick Muller Limited, 1984.

Kipnis, Yigal. *1973: The Road to War.* Charlottesville, VA: Just World Books, 2013.

Kissinger, Henry. *White House Years.* New York: Little, Brown and Company, 1979.

———. *Years of Upheaval.* Boston, MA: Little, Brown and Company, 1982.

Lossin, Yigal. *Pillar of Fire: A Television History of Israel's Rebirth.* Israel Broadcast Authority, Ya'akov Eisenmann, producer, 1981.

Makdisi, Ussama, and Paul A. Silverstein. *Memory and Violence in the Middle East and North Africa.* Bloomington: Indiana University, 2006.

Michelson, Menachem. *Yad Yemino—Ha-Biographia shel Yechiel Kadishai, Mazkiro ve-ish sodo shel Menachem Begini* [His Right Hand: Biography of Yechiel Kadishai, Secretary and Confidant to Menachem Begin]. Jerusalem: Gefen, 2013.

Mitchell, Richard P. *The Society of the Muslim Brothers.* New York: Oxford University Press, 1993.

Montefiore, Simon Sebag. *Jerusalem.* New York: Knopf, 2011.

Morris, Benny. *1948.* New Haven, CT: Yale University Press, 2008.

______. *The Birth of the Palestinian Refugee Problem Revisited*. Cambridge: Cambridge University Press, 2004.

———. *Righteous Victims: A History of the Zionist-Arab Conflict, 1881–2001*. New York: Vintage Books, 2001.

Neff, Donald. *Warriors at Suez*. New York: Linden Press, 1981.

Nelson, W. Dale. *The President Is at Camp David*. Syracuse, NY: Syracuse University Press, 1995.

Nutting, Anthony. *Nasser*. New York: E. P. Dutton, 1972.

Oren, Michael B. *Six Days of War*. New York: Oxford University Press, 2002.

Parker, Richard B. *The Politics of Miscalculation in the Middle East*. Bloomington: Indiana University Press, 1993.

Pedahzur, Ami, and Arie Perliger. *Jewish Terrorism in Israel*. New York: Columbia University Press, 2009.

Quandt, William B. *Camp David: Peacemaking and Politics*. Washington, DC: Brookings Institution, 1986.

Reedy, Abdul Raouf al-. *Rihlat al-'umr* [Journey of a Life]. Cairo: Dar Nahdat Misr lil-Nashr, 2011.

Rogan, Eugene L., and Avi Shlaim. *The War for Palestine*. New York: Cambridge University Press, 2010.

Rosovsky, Nitza. *City of the Great King: Jerusalem from David to the Present*. Cambridge, MA: Harvard University Press, 1996.

Roth, Cecil, and Geoffrey Wigoder. *Encyclopedia Judaica*. Jerusalem: Keter, 1972.

Rubinstein, Elyakim. *Darkey Shalom* [Paths of Peace]. Israel: Ministry of Defense, 1992.

Sabry, Moussa. *Al-Sadat: Al-Haqiqa Wa-l-Ustura* [Sadat: Truth and Myth]. Cairo: Al-Maktab al-Masri al-Hadith, 1985.

Sachar, Howard M. *A History of Israel from the Rise of Zionism to Our Time*. New York: Knopf, 1996.

Sadat, Anwar el-. *In Search of Identity: An Autobiography*. New York: Harper and Row, 1978.

———. *Revolt on the Nile*. New York: John Day Company, 1957.

———. *Safahat Majhula* [Unknown Pages]. Cairo: Dar Tahrir li-l-tab' wa-l-nashr, 1954.

Sadat, Camelia. *My Father and I*. New York: Macmillan, 1985.

Sadat, Jehan. *A Woman of Egypt*. New York: Simon and Schuster, 1987.

Sand, Shlomo. *The Invention of the Land of Israel: From Holy Land to Homeland*. New York: Verso, 2012.

Sha'al, Moshe Fuksman, ed. *The Camp David Accords: A Collection of Articles and Letters*. Jerusalem: Carmel, 2002.

Shavit, Ari. *My Promised Land: The Triumph and Tragedy of Israel*. New York: Spiegel and Grau, 2013.

Shilon, Avi. *Menachem Begin: A Life*. New Haven, CT: Yale University Press, 2012.

Shlaim, Avi. *The Iron Wall: Israel and the Arab World*. New York: W. W. Norton, 2001.

Silver, Eric. *Begin: The Haunted Prophet*. New York: Random House, 1984.

Sivan, Emmanuel. *Interpretations of Islam*. Princeton, NJ: Darwin Press, 1985.

Sofer, Sasson. *Begin: An Anatomy of Leadership*. Oxford: Basil Blackwell, 1988.

Tamir, Avraham, Maj. Gen. *A Soldier in Search of Peace*. New York: Harper and Row, 1988.

Temko, Ned. *To Win or to Die: A Personal Portrait of Menachem Begin*. New York: William Morrow, 1987.

Teveth, Shabtai. *Moshe Dayan: The Soldier, the Man, the Legend.* Boston, MA: Houghton Mifflin, 1973.

Turner, Barry. *Suez 1956.* London: Hodder, 2007.

Vance, Cyrus. *Hard Choices.* New York: Simon and Schuster, 1983.

Varble, Derek. *The Suez Crisis 1956.* Oxford: Osprey Publishing, 2003.

Wagner, Heather Lehr. *Anwar Sadat and Menachem Begin: Negotiating Peace in the Middle East.* New York: Chelsea House, 2007.

Walsh, Kenneth. *From Mount Vernon to Crawford: A History of Presidents and Their Retreats.* New York: Hyperion, 2005.

Weizman, Ezer. *The Battle for Peace.* New York: Bantam, 1981.

———. *On Eagles' Wings.* New York: Macmillan Publishing, 1976.

White, Theodore H. *Breach of Faith: The Fall of Richard Nixon.* New York: Atheneum, 1975.

Wright, Lawrence. *The Looming Tower: Al-Qaeda and the Road to 9/11.* New York: Knopf, 2006.

索　引

（本索引页码为原书页码，即本书页边码。）

图书在版编目(CIP)数据

九月的十三天：卡特、贝京与萨达特在戴维营 / （美）劳伦斯·莱特（Lawrence Wright）著；邓海平译 . --北京：社会科学文献出版社，2017.9

书名原文：Thirteen Days in September：Carter，Begin，and Sadat at Camp David

ISBN 978-7-5201-1152-2

Ⅰ.①九… Ⅱ.①劳… ②邓… Ⅲ.①中东问题-研究 Ⅳ.①D815.4

中国版本图书馆 CIP 数据核字（2017）第 175550 号

九月的十三天：卡特、贝京与萨达特在戴维营

著　　者 / ［美］劳伦斯·莱特(Lawrence Wright)
译　　者 / 邓海平

出 版 人 / 谢寿光
项目统筹 / 段其刚　董风云
责任编辑 / 周方茹

出　　版 / 社会科学文献出版社·甲骨文工作室（010）59366551
地址：北京市北三环中路甲 29 号院华龙大厦　邮编：100029
网址：www. ssap. com. cn
发　　行 / 市场营销中心（010）59367081　59367018
印　　装 / 三河市东方印刷有限公司

规　　格 / 开 本：889mm × 1194mm　1/32
印 张：12.625　字 数：295 千字
版　　次 / 2017 年 9 月第 1 版　2017 年 9 月第 1 次印刷
书　　号 / ISBN 978-7-5201-1152-2
著作权合同登记号 / 图字 01-2015-3604 号
定　　价 / 68.00 元

本书如有印装质量问题，请与读者服务中心（010-59367028）联系